ITD-VERLAG

**Schriftenreihe Dienstleistungsmanagement:
Tourismus, Sport, Kultur**
Herausgegeben von Prof. Dr. Axel Dreyer

BAND 3

Schriftenreihe Dienstleistungsmanagement:
Tourismus, Sport, Kultur
Herausgegeben von Prof. Dr. Axel Dreyer

Band 3

Groß/Dreyer (Hrsg.)

Tourismus 2015
Tatsachen und Trends im Tourismusmanagement

Beiträge von den Tourismus-Dozenten der Hochschule Harz

Prof. Harald Bastian

Prof. Karl Born

Prof. Dr. Axel Dreyer

Dr. Matilde Sophie Groß

Prof. Dr. Andrea Heilmann

Prof. Dr. Karla Henschel

M.A. Renate Hesse

Dr. Katja Loderstedt

Prof. Dr. Michael-Thaddäus Schreiber

Prof. Dr. Armin Willingmann

Anlässlich der Verabschiedung und zu Ehren des Kollegen
Prof. Dr. Karsten Kirsch

ISBN 3-9808845-6-2
ITD-VERLAG, Hamburg

Bibliografische Information Der Deutschen Bibliothek

Die Deutsche Bibliothek verzeichnet diese Publikation in der Deutschen Nationalbibliografie; detaillierte bibliografische Daten sind im Internet über http://dnb.ddb.de abrufbar.

ISBN 3-9808845-6-2

© ITD-VERLAG, Hamburg 2004

www.itd-verlag.de

Das Werk ist einschließlich der Abbildungen urheberrechtlich geschützt. Jede Verwendung außerhalb der engen Grenzen des Urheberrechtsgesetztes ist ohne Zustimmung des Verlages unzulässig und strafbar. Das gilt insbesondere für Vervielfältigungen, Übersetzungen, Mikroverfilmungen und die Einspeisung und Verarbeitung in elektronischen Systemen und Medien.

Umschlaggestaltung: Rank Art + Design, Wetzlar

Druck: Hubert & Co., Göttingen

INHALT

Vorwort der Herausgeber..9

Zwischen Wissenschaft und Management – gewidmet Prof. Dr. Karsten Kirsch, dem ehemaligen Rektor der Hochschule Harz,
(Prof. Dr. Armin Willingmann, amtierender Rektor der Hochschule Harz, Wernigerode/Halberstadt).....................13

Geleitwort des Gründungsrektors der Hochschule Harz,
(Prof. Heinz Kuckertz) 17

Zukunft des Tourismus
(Karl Born)...23

Reiseveranstalter

Der virtuelle Reiseveranstalter
(Harald Bastian) 29

Aktuelle Probleme der Pauschalreise und ihre Chancen zu einer erfolgreichen Weiterentwicklung
(Karl Born)...51

Öko-Tourismus und reisevertragliche Gewährleistung - Zur Verantwortlichkeit des Reiseveranstalters für Umfeldrisiken der Pauschalreise
(Armin Willingmann)..75

Hotellerie und Gastronomie

Kettenhotellerie vs. Individualhotellerie? Zu Entwicklungen auf dem Hotelmarkt
(Karla Henschel) 87

Tourismus und Gastronomie – ein sinnliches Erlebnis
(Matilde Sophie Groß) 113

Destinationen

Kongress- und Tagungstourismus
(Michael-Thaddäus Schreiber)............................135

Risikobewusstsein und Krisenplanung in Destinationen - mit Ergebnissen empirischer Studien
(Axel Dreyer) 147

Umweltmanagement im Tourismus - Entwicklungstendenzen und ausgewählte Konzepte
(Andrea Heilmann)...171

Tourismusstudium

Das Tourismusstudium in Deutschland: Die Auswirkungen der Internationalisierung auf Studium und Lehre (Katja Loderstedt) 185

Mobil ohne Auto am Beispiel 'Semesterticket' (Renate Hesse) 199

Anhang

Zu den Autorinnen und Autoren 217

Verzeichnis der unter Leitung von Karsten Kirsch angefertigtem Diplomarbeiten 223

VORWORT DER HERAUSGEBER

Unser sehr verehrter Kollege Karsten Kirsch geht in den Ruhestand. Diese Gelegenheit haben wir - die Tourismusdozenten/-innen der Hochschule Harz - zum Anlass genommen, gemeinsam ein Buch zu verfassen, um es Karsten Kirsch zu widmen. Diese Festschrift ist in der Landschaft der deutschen „Tourismus-Fachhochschulen" ein neues, bisher wohl einmaliges Projekt. Und mit Innovationen ist unser Kollege Kirsch bestens vertraut Als Gründungsdekan des Fachbereichs Wirtschaftswissenschaft der Fachhochschule Harz (heute: „Hochschule Harz") setzte er die Idee in die Tat um, einen tourismuswirtschaftlichen Studiengang in Ostdeutschland zu etablieren. Dieser war der erste seiner Art in den damals noch jungen Bundesländern und hatte auch im Westen nur wenige Mitanbieter. Inzwischen ist die Zahl der Studierenden von 12, die das Tourismusstudium 1991 in Wernigerode aufgenommen hatten, auf rund 700 angewachsen und das Angebot an Tourismusstudiengängen hat viele Nachahmer gefunden. Der Beitrag von Katja Loderstedt berichtet über die jüngsten Entwicklungen in der Hochschullandschaft unter Berücksichtigung der zunehmenden Internationalisierung, für die Karsten Kirsch sich ganz besonders eingesetzt hat.

Schon damals - aber auch bei steigenden Studentenzahlen - hatte Karsten Kirsch stets ein offenes Ohr sowohl für die Angelegenheiten der Studierenden als auch für die Belange seiner Kolleginnen und Kollegen. Mit-Herausgeber Axel Dreyer kann dies gut beurteilen, denn er war im März 1993 der dritte Kollege eines alsbald stürmisch wachsenden Fachbereichs, dem der Dekan Kirsch seinen Stempel aufdrückte. Das Prinzip der offenen Tür war in der Zeit des Aufbaus und der dabei erforderlichen kreativen Problemlösungen Karsten Kirschs Führungsstil, der den jungen Kollegen bei ihrer Aufbauarbeit sehr hilfreich war.

Trotz der umfangreichen administrativen Tätigkeiten ließ es sich Karsten Kirsch nicht nehmen, Fachbeiträge zu veröffentlichen; z.B. beteiligte er sich an in Wernigerode entstandenen Veröffentlichungen zum Kulturtourismus sowie zum Sporttourismus, wo er auf eines seiner zentralen Themen, die Raumplanung als Element der Tourismuspolitik, einging.

Die Studierenden schätzten seine offene und umgängliche Art ebenso wie seine Vermittlung wissenschaftlicher Arbeitsmethoden. Die enorme Zahl betreuter Diplomarbeiten legt ein beredtes Zeugnis dafür ab. Im Anhang ist chronologisch nachzulesen, welche Diplomanden Karsten Kirsch mit welchen Themen betreut hat. Nur während der Zeit seiner Rektorentätigkeit, die der Beitrag des amtierenden Rektors Armin Willingmann ausführlich würdigt, musste die Betreuungstätigkeit weitgehend ruhen. Ein für die

die Betreuungstätigkeit weitgehend ruhen. Ein für die Studierenden relevantes Thema greift Renate Hesse auf, die sich mit der studentischen Mobilität ohne Auto auseinandersetzt, indem sie auf des „Semesterticket" eingeht.

Alles in allem zeigen die Beiträge im vorliegenden Werk einen Ausschnitt aus dem Wirken der Harzer Hochschuldozenten und sind ein Mix aus stärker praxisorientierten Artikeln und wissenschaftlichen Arbeiten, die aus anwendungsbezogener Forschung resultieren. Die Inhalte stammen aus den unterschiedlichsten Bereichen der touristischen Wertschöpfungskette und spiegeln das breite Spektrum an Themen wider, das vom Kollegium in Forschung und Lehre abgedeckt wird. Gerne hätten wir noch mehr Beiträge berücksichtigt, denn tourismusrelevante Inhalte, z.B. personalwirtschaftliche oder wirtschaftspsychologische Themen, werden nicht nur vom engeren Kreis der Tourismusdozenten und Dozentinnen gelehrt, aber dies hätte den Rahmen des Buches gesprengt.

Den Beginn der Fachbeiträge macht der ehemalige TUI-Vorstand Karl Born, indem er einen Blick in die Zukunft des Tourismus wagt, der von den anderen Autoren in ihren Ausführungen - meist als Ausblick am Ende der Artikel - ergänzt wird. Harald Bastian setzt sich mit der künftig immer wichtiger werdenden Frage des virtuellen Reiseveranstalters auseinander. Die Darstellungen der generellen Besonderheiten und Merkmale virtueller Unternehmen sowie der Geschäftsprozesse eines traditionellen Reiseveranstalters werden vorangestellt, um anschließend zu konkretisieren, welche Auswirkungen "virtuelle" Geschäftsaktivitäten auf die touristischen Kernprozesse eines Reiseveranstalters haben werden.

Die Entwicklung bei den Reiseveranstaltern wird ergänzt durch Karl Borns Überlegungen zur Entwicklung der Pauschalreise, die aktuell besonders in der Krise zu sein scheint. Mit Dynamic Packaging, Internet-basierter Pauschalreise und stärkeren Steuerungsmöglichkeiten direkt durch den Kunden werden die Zukunftschancen der Pauschalreise skizziert, während Armin Willingmann deren rechtliche Aspekte im Hinblick auf den - übrigens von Karsten Kirsch besonders beachteten - Öko-Tourismus unter die Lupe nimmt. Dem Umweltmanagement widmet sich außerdem Andrea Heilmann mit ihrem Beitrag.

Die Entwicklungen des Beherbergungsgewerbes im Hinblick auf die Marktsituation bei Ketten- und Individualhotellerie werden von Karla Henschel analysiert. Ausgehend von einer untergeordneten Rolle der deutschen Hotellerie im internationalen Maßstab zeigt der Beitrag die duale Struktur des deutschen Hotelmarktes auf. Dabei wird die Dominanz der kleinen Hotelbetriebe und die wachsende Marktmacht von Hotelketten herausgestellt. Es wird insbesondere auf das Problem der Überkapazitäten und auf qualitative

Nachfrageveränderungen und deren Konsequenzen für die Individual- und Kettenhotellerie eingegangen.

Matilde Sophie Groß betrachtet die sinnliche Seite der Gastronomie, die in Zukunft eine immer größere Rolle spielen wird. Es werden verschiedene Produktvarianten vorgestellt, die geeignet erscheinen, positive Gourmeterlebnisse zu vermitteln. Als besondere Erfolgsfaktoren werden abschließend Erlebnisqualität und Inszenierungskonzept sowie Zukunftstrends abgeleitet.

Aus dem Bereich der Destinationen widmet sich Michael Thaddäus Schreiber dem immer bedeutsameren Tagungs- und Kongresstourismus und Axel Dreyer greift die hochaktuelle Fragestellung auf, wie es in Destinationen um das Risikobewusstsein bestellt ist und wie man sich auf mögliche Krisensituationen durch gezieltes Informationsmanagement und Krisenpläne vorbereiten kann.

Matilde Sophie Groß und Axel Dreyer

Wernigerode, im Juli 2004

ZWISCHEN WISSENSCHAFT UND MANAGEMENT
– GEWIDMET PROF. DR. KARSTEN KIRSCH, DEM EHEMALIGEN REKTOR DER HOCHSCHULE HARZ

Prof. Dr. jur. Armin Willingmann, Rektor der Hochschule Harz, Wernigerode/Halberstadt

Normalerweise ist es eine heikle Aufgabe, als Nachfolger im Amte die Einleitung für die Festschrift anlässlich der Verabschiedung des Vorgängers und Kollegen zu schreiben.

Nicht so bei dem hier zu Ehrenden, dessen klare Amtsführung und honorige Persönlichkeit bis heute auf das Rektorat der Hochschule Harz ausstrahlt. Diese besondere, ja einzigartige Rolle im Kollegium der Hochschule gestattet einen kurzen Rückblick auf sein Wirken in Wernigerode, ohne dass dabei auch nur im Ansatz ein Anspruch auf Vollständigkeit erhoben werden könnte.

Nach BWL-Studium in Tübingen und Köln, Tätigkeit in der Stadtverwaltung Hildesheim, Wissenschaftlicher Assistenz und Promotion am Institut für Wirtschaftswissenschaften der Technischen Universität Braunschweig wurde Karsten Kirsch 1980 Fachhochschullehrer am Niedersächsischen Studieninstitut für kommunale Verwaltung, der Trägerin der Fachhochschule für Verwaltung und Rechtspflege. Insoweit bestens mit akademischer Lehre und Selbstverwaltung vertraut, erstaunt es nicht, dass schon kurz nach Schaffung des erforderlichen Rechtsrahmens im Lande Sachsen-Anhalt im Sommersemester 1992 der Ruf auf eine Professur für Betriebswirtschaftslehre und Fremdenverkehrswirtschaft bei gleichzeitiger Übertragung des Amts eines Gründungsdekans des Fachbereichs Wirtschaftswissenschaften erfolgte.

Schon mit dieser ersten Doppelaufgabe, die Karsten Kirsch übernommen hat, zeigt sich sein besonderer Zugang zur Hochschule: die Kombination aus Wissenschaft und Management, wobei gerade die ersten Jahre - der nachfolgende Beitrag des Kollegen Kuckertz betont dies ebenfalls - geprägt sind von jenen nachgerade typischen Anfangsstimmungen und Innovationsschüben, die zum Aufbau einer Wissenschaftseinrichtung - nicht nur - in den neuen Bundesländern gehört. Wer sich so einbringt, wer über derart vielseitige Qualitäten verfügt und - last not least - wer sich der Hochschule über das übliche Maß hinaus verpflichtet fühlt, der kommt kaum umhin, auf für das Amt des Rektors vorgeschlagen - und gewählt - zu werden. Und so verwundert es nicht, dass Karsten Kirsch zum 1. April 1994 sein Amt als erster gewählter Rektor der Fachhochschule Harz angetreten hat; zugleich nahmen die erstmals gewählten Gremien der Hochschule ihre Arbeit auf. Dieser Amtsantritt markiert einen wichtigen Fortschritt in der Hochschulgeschichte, war damit doch zugleich die erste Aufbauphase unter der Leitung des aus Wolfenbüttel „entliehenen" Gründungsrektors Prof. Heinz Kuckertz abgeschlossen. Die für die Hochschulentwicklung so wichtige Kontinuität konnte dadurch gewahrt bleiben, dass dem neuen Rektor der erste Kanzler der Fachhochschule - Klaus Bernert - erhalten blieb, und damit ein fließender Übergang gesichert war. Dies wurde auch dadurch erleichtert, dass Karsten Kirsch mit den Beteiligten bereits seit seiner Zeit als Gründungsdekan des Fachbereichs Wirtschaftswissenschaften eng vertraut war.

Nun galt es, die Hochschule weiter voran zu bringen und jene Feinarbeit zu leisten, die vonnöten ist, um eine junge Hochschule in der Wissenschaftslandschaft eines Bundeslandes zu etablieren. Dabei kam dem Rektor Kirsch zugute, dass in diesen zweiten „Gründerjahren" des Landes Sachsen-Anhalt noch jene unbürokratischen Zustände herrschten, um deren (Wieder-)Gewinnung sich in jüngster Zeit zahllose Gesetzgebungsverfahren - erfolglos - bemühen.

Arbeitsfelder bestanden an allen Ecken und Enden, es folgten unzählige Beratungen mit Senat, Konzil, Staatshochbauämtern, Studentenwerk, Kultusbürokratie, regionaler Wirtschaft, in der Landesrektorenkonferenz, den ersten Partnerhochschulen zu Themen wie Hochschulentwicklung, Ausbaustufen, Einrichtung neuer Studiengänge ... kurzum, Karsten Kirsch war es vergönnt, in jenen Aufbruchjahren einer Hochschule maßgeblich gestalten zu können.

Vieles davon ist bis heute - im wahrsten Sinne des Wortes - sichtbar; dies gilt namentlich für die baulichen Aktivitäten der Hochschule seit 1994, die entscheidend dazu beigetragen haben, zunächst in Wernigerode - inzwischen auch in Halberstadt - jenes geschlossene Campus-Ensemble zu schaffen, das bis heute Studierende, Gäste und Lehrkörper begeistert und um das wir mancherorts durchaus beneidet werden. Zu nennen ist hier insbesondere die Planung und Fertigstellung des Neubaus für den Fachbereich Wirtschaftswissenschaften, das so genannte Haus 4. Doch damit nicht genug. Da auch für den wachsenden Fachbereich Automatisierung und Informatik Laborräume benötigt wurden, entstand die - heute kaum mehr nachvollziehbare - Idee, einen Teil des Parks für diese Laborbauten zu nutzen. Es ist ein besonderes Verdienst des der Kultur wie Natur gleichermaßen verbundenen Kollegen Kirsch, dass diese Pläne - verdientermaßen - im Papierkorb verschwanden und statt dessen die Umgestaltung des Geländes der ehemaligen Papierfabrik, einer Industriebrache gegenüber dem Hochschulgelände ins Auge gefasst wurde. Dass wir diesen Neubau im April 2004 beziehen konnten, ist ohne jene umsichtige wie geschickte Amtsführung des Rektors Kirsch kaum vorstellbar.

Ein weiterer wichtiger Mosaikstein in der Entwicklung der Hochschule Harz fällt ebenfalls in seine Amtszeit: die Externalisierung der akademischen Verwaltungsausbildung und die damit einhergehende Überleitung von Teilen der Fachhochschule für Verwaltung und Rechtspflege des Landes Sachsen-Anhalt als Fachbereich Verwaltungswissenschaften in die Hochschule Harz. Nachdem die Grundsatzentscheidung gefallen war, konnte im Wintersemester 1996/97 eine Gründungskommission für diesen Fachbereich eingesetzt werden, die zügig erste Stellen dort ausschreiben und nach Gremienentscheidungen der Hochschule durch den Kultusminister berufen lassen konnte.

Ebenfalls zum Markenzeichen der Hochschule Harz ist die unter dem Rektorat Kirsch eingeleitete Internationalisierung. Hier hat Karsten Kirsch maßgeblich zur Entwicklung der Dual-Degree-Programme beigetragen, den Aufbau von Austauschkooperationen organisiert, Kontakte geknüpft und Partnerschaftsverträge unterzeichnet. Dass nicht alles bis heute Bestand hat, vielleicht auch nicht alles gleichermaßen gewürdigt wurde, schmälert dieses Verdienst in keiner Weise.

Neben diesen besonderen Höhepunkten, deren nachhaltiger Bestand fortwährende Aushängeschilder der Hochschule sein werden, sind es aber auch viele kleinere Selbstverständlichkeiten unseres heutigen Auftritts, die ihren Ursprung in der Amtszeit des Rektors Kirsch haben. So hat insbesondere der Umgang mit der Öffentlichkeit eine neue Qualität erfahren, etwa die Tage der offenen Tür in Wernigerode und Halberstadt, erste Vorlesungen im Rahmen des „Studium Generale", Kunstausstellungen im Foyer der Rektoratsvilla und das - erstmals im Juni 1994 ausgerichtete - hochschulöffentliche Sommerfest, bis heute ein besonderes Ereignis für Studierende, Lehrende, Anwohner und Gäste im Sommer eines jeden Jahres.

Es würde zu weit führen, wollte man hier alle neuen Ideen, Studiengänge und Studiengangspläne aufführen; auch die Namen aller Ehrengäste aus Wirtschaft, Wissenschaft und Politik zu nennen, würde zu weit führen. Karsten Kirsch wird es in der ihm eigenen Zurückhaltung sicherlich in Erinnerung behalten, dass sich die Hochschule im März 1995 erstmalig auf der CeBIT Hannover präsentiert, im August 1995 der damalige Bundespräsident Roman Herzog die Hochschule besucht, im Dezember 1995 die Deutsch-Japanischen Wissenschaftstage und Januar 1996 das Symposium Tourismus-Umwelt-Sport auf dem Campus stattgefunden hat und im September 1996 Rektor Kirsch und Bildungsminister Reck die 1.000. Studentin an der Fachhochschule begrüßen konnten. Und gerade der Erfolg „seines" Studiengangs Tourismuswirtschaft wird Karsten Kirsch bis heute freuen: seit dem WS 1996/97 ist dieser außerordentlich erfolgreiche Studiengang immerhin der zweitgrößte seiner Art in Deutschland; lediglich die FH München hat darin mehr Studierende immatrikuliert.

Wenn wir diese Erfolge betrachten, wenn wir sehen, was hier in den Anfangsjahren der Hochschule geleistet wurde, dann stellt sich auch die ganz persönliche Frage, was denn den Nachfolger am Vorgänger im Amte besonders beeindruckt? Und da fällt die Antwort leicht: Es ist die Fähigkeit Karsten Kirschs, Ideen anzuregen, Pläne voranzubringen, mit Veränderungen leben und Dinge auch wieder loslassen zu können. Sein souveräner Umgang mit dem Ausscheiden aus dem Amt im Jahr 1997 und der weiteren Entwicklung der Hochschule, der er in drei Amtsjahren seinen Stempel aufgedrückt hat, gebietet Respekt. Seine Fähigkeit, sich nach Jahren erfolgreicher Leitung und Administration wieder in Forschung und Lehre im besonders schnelllebigen Fachgebiet Tourismuswirtschaft einzubringen, auf Fachbereichsebene Verantwortung für die Internationalen Studiengänge zu übernehmen und namentlich den Kontakt zu nordeuropäischen Hochschulen - etwa Esbjerg oder Lillehammer - voranzubringen, legen Zeugnis ab von einem Menschen, der als Wissenschaftler wie als Manager stets das Ganze im Blick hatte und Großes für die Hochschule geleistet hat. Es sei dem - jüngeren - Nachfolger daher gestattet, an dieser Stelle auch Dank zu sagen für stete wie spontane Hilfsbereitschaft in schwierigen Hochschulfragen, für uneingeschränkte und gänzlich uneitle Unterstützung des amtierenden Rektorats, für Loyalität und seine dezente Rolle als „elder statesman", die man sich als Rektor nur wünschen kann!

Karsten Kirsch gebührt jener Dank, der - auf völlig anderer Ebene in Deutschland - Exponenten in besonderer Form feierlich zuteil wird. Jene aus dem antiken Rom adaptierte Formel, die auch heute noch uneingeschränkten Respekt, Dank und Anerkennung ausdrückt: Karsten Kirsch hat sich seit 1992 um die Hochschule Harz verdient gemacht!

GELEITWORT DES GRÜNDUNGSREKTORS DER HOCHSCHULE HARZ
- ZUM EINTRITT IN DEN RUHESTAND VON PROF. DR. KARSTEN KIRSCH

Prof. Heinz Kuckertz

Lieber Herr Kollege Kirsch,

mit den folgenden Worten möchte ich Ihnen nochmals in Erinnerung rufen, wie es am Anfang Ihrer Tätigkeit an der Hochschule Harz war.

Die Hochschule Harz sollte nach der Benennung des Gründungsrektors und des Kanzlers im August 1991 bereits im Oktober mit dem Studiengang Tourismus beginnen. Erfreulicherweise stand eine Gründungskommission bereit, die beim Erstellen des ersten Curriculums half. Studienpläne anderer Fachhochschulen wurden durchleuchtet um schnellstmöglich einen Lehrplan aufstellen zu können. Seminarräume wurden inspiziert und das Mobiliar gesichtet, damit wir anfangen konnten. Es stellte sich aber schnell heraus, dass die Hochschule für einen zukunftsweisenden und durchdachten Studienplan einen Gründungsdekan für den Bereich Wirtschaftswissenschaften braucht. Aber woher sollten wir ihn nehmen? In dieser Gründungsphase suchten alle neu gegründeten Hochschulen dringend nach solchen qualifizierten Personen.

Dann stellten Sie sich vor. Erste klärende Gespräche führten wir direkt und ich erkannte schnell, dass ich Sie der Gründungskommission vorstellen sollte. Diese stimmte nach der üblichen strengen Auswahl zu und Sie konnten mit Ihrer Arbeit beginnen.

Jetzt folgte eine äußerst fruchtbare Zeit an der Hochschule Harz. Studienrichtungen wurden diskutiert, Studienziele wurden festgelegt, die dazugehörigen Curricula entwickelt. Aber mit der Entwicklung neuer Studienrichtungen im Bereich Wirtschaftswissenschaften war es nicht getan. Das gesamte Profil der Hochschule musste entwickelt werden, da auch der technische Studiengang mit betrachtet werden musste. Es freut mich heute noch, dass trotz vieler gegensätzlicher Betrachtungsweisen der Aufbau des geisteswissenschaftlich orientierten Studiengangs und des technisch orientierten Studiengangs so gut funktionierte.

Dies alles geschah in erfreulich sachlichen Diskussionen, in die Sie Ihren ganzen Sachverstand und Ihre Erfahrungen einbrachten. Die ausgezeichneten Ergebnisse dieser Arbeit kann man heute noch an der Entwicklung der Hochschule Harz ablesen.

Zu diesen ganzen Aufgaben kam aber auch der Aufbau des Lehrkörpers hinzu. Stellen mussten beantragt (was erfreulich unkompliziert war), die zugehörigen Ausschreibungen veröffentlicht, Berufungskommissionen mussten gegründet werden. Dann kamen die Auswahl von geeigneten Kandidaten, die Probevorträge und die dazu gehörigen Gespräche. An Arbeit mangelte es nicht und Sie haben sich auch hier hervorragend eingebracht.

Wodurch war der Tagesablauf noch geprägt? Seminarräume planen, ein Sprachenzentrum entwerfen, Gebäude umplanen, Diskussionsrunden mit dem Staatshochbauamt, die Abstimmungsgespräche in der Hochschulleiter-Runde, ein Hochschul-Logo aussuchen, mit dem Ministerium verhandeln und auch noch Lehrveranstaltungen abhalten.

Der Gründungsrektor Heinz Kuckertz und der erste Kanzler Klaus Bernert zusammen mit Karsten Kirsch

Foto: Hochschule Harz

Dies alles, sehr geehrter Herr Kollege, lieber Herr Kirsch, haben Sie in vorbildlicher Weise bewältigt. Das große Vertrauen, dass Sie sich in dieser Zeit bei Studierenden und im Kollegenkreis erworben haben, zeigte sich in Ihrer Wahl zum ersten gewählten Rektor der Hochschule Harz.

Lieber Herr Kirsch, ich danke Ihnen für Ihre Arbeit an unserem gemeinsamen Projekt Hochschule Harz. Ich danke Ihnen für die vielen interessanten Diskussionen, die vielen Anregungen und für das gute Verhältnis, das unsere Zusammenarbeit bestimmte. Ich kann immer noch nicht ganz glauben, dass Sie vor mir in den Ruhestand gehen und wünsche Ihnen alles Gute.

Prof. Kuckertz
Gründungsrektor der Hochschule Harz

Karsten Kirsch bei einer Feierstunde mit dem Bundespräsidenten Roman Herzog und dem Ministerpräsidenten Sachsen-Anhalts, Reinhard Höppner

Foto: Hochschule Harz

Prof. Dr. Karsten Kirsch

Foto: Hochschule Harz

ZUKUNFT DES TOURISMUS

Karl Born

„Was die Zukunft betrifft, ist nur eines gewiss: Sie ist ungewiss", so lautet ein beliebtes Bonmot unter Zukunftsforschern. Aber wahrscheinlich gerade deshalb haben die Menschen immer davon geträumt „einen Blick in die Zukunft" zu werfen.

Die Wissenschaft der Zukunftsforschung begann schon relativ früh. Astrologen, Wahrsager, Sternendeuter und Hellseher profitieren schon seit Hunderten von Jahren mit nicht immer seriösen Vorhersagen davon. Im Unterschied dazu haben sich Wissenschaftler und Zukunftsforscher ernsthaft und seriös mit diesem Thema beschäftigt.

Der konzentrierte Ausdruck der gerade aktuellen Zukunftsvorstellungen wurde ab Mitte des 19. Jahrhunderts in den Weltausstellungen präsentiert. Im 563 Meter langen „Kristallpalast" trafen sich die Nationen 1851 in London zum ersten Mal. Im Zusammenhang mit dieser Weltausstellung wurde ein Pionier weit über sein Heimatland hinaus bekannt: Thomas Cook. Mit den von ihm organisierten Besucherreisen trug er wesentlich zum sensationellen Erfolg dieser ersten Weltausstellung bei.

Was das Reisen betrifft, so haben sich vor allem Schriftsteller hervorgetan, mit teilweise für die damalige Zeit noch abenteuerlichen Phantasien.

Noch heute kann, wer in den Werken Jules Vernes schmökert, die Kraft der Visionen jener Zeit nachempfinden. Sein 1873 geschriebener Roman „In 80 Tagen um die Welt" war bald von der Wirklichkeit überholt. Verne schickte seinen Held sogar per Superkanone rund um den Mond - das Flugzeug war noch nicht erfunden (1969 landete der Amerikaner Neil Armstrong dann tatsächlich auf dem Mond). Mit anhaltender Begeisterung schilderte Jules Verne immer neue Vehikel zur Überwindung des Raumes: Ballone und Unterseeboote, Luftschiffe und Hubschrauber. Teilweise war er den Entdeckern und Pionieren eng auf den Fersen, meistens jedoch ihnen ein paar Nasenlängen voraus. Der Schriftsteller sparte keine Reisemöglichkeit und keine Gegend in der Welt aus.

Inzwischen hat sich die Wissenschaft mit der Zukunft intensiv beschäftigt. Die Menschen interessieren sich unverändert dafür, was die Zukunft bringen mag. Kurzum: Trendvorhersagen liegen selbst im Trend!

Trends sind in einem frühen Stadium nicht einfach identifizierbar, insbesondere die Vorhersage ihres Ausmaßes und ihrer zeitlichen Ausdehnung bereitet Schwierigkeiten. Trendbestimmung heißt nicht, den Ist-Zustand hochzurechnen. Den Bruch eines Trends (bzw. die Entstehung eines neuen Trends) vorherzusagen ist die Kunst, denn jeder Trend trägt in sich auch den Keim des Gegentrends. Insofern ist nie mit Sicherheit vorhersehbar, welche Zukunftsträume sich wann und ob überhaupt erfüllen.

Diese Schwierigkeiten ergeben sich besonders aus drei Gründen:

1. Entwicklungen verlaufen selten eindimensional, sondern fast immer mehrdimensional. Menschen können zwar ziemlich präzise ihren Alltag vorausdenken, liegen aber oft daneben, wenn es um das Erkennen größerer Zusammenhänge geht und noch mehr, wenn es um die Vernetzung verschiedener Entwicklungen geht![1].

2. Die „Wild Cards des Lebens" sind das Salz der Zukunft. Die spannendsten Wild Cards ahnen wir nicht einmal. Die Ereignisse des 11.September 2001 haben innerhalb weniger Stunden und Tage alle Zukunftsprognosen (auch und besonders in der Touristik) obsolet werden lassen.

3. Nicht alles was technisch möglich ist, findet auch ein relevantes Verbraucherinteresse. Während des gesamten 20. Jahrhunderts träumten Techniker vom Bildtelefon und glaubten an eine schnelle Verwirklichung. Trotz der inzwischen technischen Möglichkeit hat es sich nicht durchgesetzt. Dagegen hielten viele Wissenschaftler und Erfinder (z.B. Thomas Edison) ein Mobiltelefon für technisch unmöglich. Es ist heute aus unserem Alltag nicht mehr wegzudenken. Ähnliche Überlegungen muss man zur Frage des Weltraumtourismus anstellen (siehe weiter unten).

Die Frage ist, ob die Fülle der Vorhersagen zur Entscheidungshilfe führt oder zur Verunsicherung, zumal einerseits aktuell schon die Ankündigung von Veränderungen als bedrohend empfunden wird und andererseits man schon kürzere Zeiträume nicht verlässlich planen kann.

Aber gerade in turbulenten Zeiten sollte man den Blick für das Langfristige schärfen.

Höhere Geschwindigkeit verlangt mehr Weitblick. Je stärker sich Veränderungen beschleunigen, desto weiter muss man den unternehmerischen Entscheidungshorizont ausdehnen.

---

[1] Siehe hierzu besonders: Vester, F. (2000): Die Kunst vernetzt zu denken, Stuttgart

Die professionelle Touristik hat sich mit Zukunftsvisionen bislang nicht sehr hervorgetan. In der Blütezeit des Massentourismus hielt man es nicht für notwendig, weil das kurzfristige Geschäft wirtschaftlich so erfolgreich war. Und das Krisenmanagement der letzten Jahre hat eher zu einer Blockade solcher Überlegungen als zu der eigentlich notwendigen Forcierung geführt.

Auch die Wissenschaft hat hinsichtlich der Zukunftsprognosen noch Nachholbedarf. Die Komplexität im Tourismus ergibt sich vor allem dadurch, dass Tourismus eine Querschnittsdisziplin ist, zu der viele Wissenschaftsbereiche beitragen. Entsprechend muss in der touristischen Zukunftsforschung komplex, vernetzt und ganzheitlich gedacht werden.

Das Thema „Zukunft des Tourismus" oder „Zukunft der Freizeit" stellt eigentlich unsere gesamte Lebensart zur Diskussion, d.h. es gibt eine gegenseitige Befruchtung der Trends des normalen Lebens mit den Urlaubstrends und umgekehrt[2].

Ungeachtet dieser Überlegungen hat die Tourismusbranche eine sehr positive Entwicklung genommen. Die „Serienfertigung" ermöglichte günstige Preise und dies führte wiederum zu größerer Menge. Seit dem 11. September 2001 ist diese sich gegenseitig beschleunigende Entwicklung jedoch unterbrochen.

Vorher glaubte man, dass der Erfolg des Tourismus sein größtes Problem werden könnte, weil Engpässe am Boden und in der Luft die weitere Entwicklung begrenzen würden. Heute sind es eher inhaltliche Fragen wie Urlaubswünsche, Urlaubsmotivation und daraus resultierend die grundsätzliche Wertigkeit von Tourismus in einem sich rapide verändernden Umfeld.

Bei der Einschätzung der weiteren Entwicklung, kann man an die Frage eher traditionell herangehen, in dem man Urlaubsformen wie Wellness, Cluburlaub, Reisen zu Events, All Inclusive, Kreuzfahrten, die z.Z. die höchsten Zuwachsraten haben, nach einem gemeinsamen (Erfolgs-)Muster untersucht, um daraus ihre weitere Zukunftsfähigkeit abzuleiten. Schnell wird sich dabei als Erfolgsrezept herausstellen, dass die z.Z. starken Verbrauchertrends und -wünsche Multioptionalität und Individualisierung in besonderer Weise Umsetzung gefunden haben. Insofern wird man diese Urlaubsformen auch im nächsten Jahrzehnt noch als erfolgreich bezeichnen können (bei Wellness kommen noch weitere Aspekte hinzu, die sich aus dem Umdenken im Umgang mit dem Thema Gesundheit ergeben).

---

[2] Siehe hierzu besonders: Freyer, W. (1996): Zukunft des Tourismus, Dresden

Eine ganz andere, wesentlich weitergehende und fast gegensätzliche Betrachtungsweise ergibt sich, wenn man aus den sich abzeichnenden veränderten Gewichtungen in unserer persönlichen Lebensordnung (beispielsweise Auflösung der traditionellen Trennung von Arbeit und Freizeit) Konsequenzen auf künftiges Reiseverhalten zieht. Steht hier ein Epochenumbruch bevor (oder sind wir bereits mittendrin)[3], dann gilt das weiter oben zu Trend und Gegentrend gesagte. Damit würden Ableitungen aus Vergangenheit und Gegenwart weitgehend hinfällig werden.

Ganz andere Aspekte hinsichtlich der Zukunft des Tourismus ergeben sich, wenn man darüber nachdenkt, welche technischen Möglichkeiten das Leben und Erleben der Touristen künftig erleichtern könnten.

So meinte Robert Jungk schon 1965 für das Jahr 1985[4] voraussehen zu können, welche „praktischen" Mittel für unterwegs sehr hilfreich sein könnten, indem ein persönlicher „Prädiktor" (Vorhersager) einem ins Ohr flüstert, „Achtung, in 10 Minuten treffen Sie auf diesem Boulevard Ihren ehemaligen Chef. Empfehlung: Abstecher ins Straßencafé. Dort sind gerade Makronen nach Ihrem Geschmack verbilligt im Angebot."

Inzwischen erfüllen solche elektronischen Reiseführer, häufig schon in Museen, in Ansätzen auch als generelle Stadtführer eingesetzt, ihre Aufgabe als persönlicher Guide. Damit können bestimmte touristische Erlebnisse (Beispiel Städtereisen und „Gruppenführung") so sehr „individualisiert" werden, dass dadurch nicht nur das bisherige Klientel zufriedener ist, sondern sogar neue Kundenschichten angesprochen werden können, die bisher eine solche Reise nicht buchen wollten. Auch der seit kurzem mögliche Check-In bei Lufthansa per Mobiltelefon und die Mitteilung des Abfluggates per SMS gehen in die gleiche Richtung. Künftig ist denkbar, dass selbst während des Fluges noch letzte Anweisungen an den Reiseveranstalter gegeben werden können.

Jungk hatte für das Jahr 2020 Kleidung mit integriertem Computer vorhergesagt. Dies gibt es in Ansätzen bereits heute. Noch wichtiger werden Hilfsmittel werden, die der Sicherheit dienen, z.B. sog. Outdoor-Overalls. Darunter versteht man einen Skianzug, der mit einem Life-Support-System ausgerüstet ist, der nach einem Skiunfall Alarm auslöst und alle Lebensfunktionen eine Zeitlang aufrecht erhält. Ohnehin werden in die Kleidung integrierte Chips grundsätzlich GPS-fähig sein, eine Orientierung in fremder Umgebung ist dann kein Problem mehr. Auch „verlorengegangene"

---

[3] siehe hierzu besonders Romeiß-Stracke, F. (2003): Abschied von der Spaßgesellschaft, Freizeit und Tourismus im 21. Jahrhundert, München

[4] Jungk, R. (Hg.) (1965): Unsere Welt 1985, München

Kinder findet man jetzt schnell wieder. Die Sportmode wird neben modischen Effekten zunehmend von integrierten Schutzfunktionen geprägt werden, wie z.B. Abwehr gefährlicher UV-Strahlen durch mikrofeine Keramikfasern.

Der Skihandschuh mit integriertem Chip für die Liftbenutzung dient nicht nur der Sicherheit, sondern auch der größeren Bequemlichkeit.

Interessant dürfte die weitere Diskussion über das Thema Authentizität im Tourismus werden. Für die meisten Touristen ist allerdings der Gegensatz von künstlich und authentisch im Tourismus kein echtes Problem. Die Welt wurde für den Touristen schon immer in den Reisegebieten und Reiseerlebnisse künstlich arrangiert. Venedig, Salzburg u.a. sind auch teilweise künstlich bzw. „echt" restauriert für die Touristen. Die Grenzen verwischen immer mehr. Im Vogelreservat Wallnau auf Fehmarn wurde eine Teichwirtschaft nachgebildet, die es schon lange nicht mehr gibt. Sie wurde künstlich hergestellt, um natürlichen Lebensraum zu schaffen. „Künstliche Echtwelt oder echte Kunstwelt?", wahrscheinlich mehr eine Diskussion für Theoretiker als für den Touristen der Zukunft.

Noch interessanter dürfte zu beobachten sein, inwieweit künstliche Erlebniswelten traditionellen Urlaub teilweise oder komplett ersetzen werden. Dahinter stehen Fragen nach Authentizität, nach Umweltschutz und letztendlich auch danach, ob künstliche Erlebniswelten das Fast Food für Touristen seien.

Aber vielleicht ist das zu komplex diskutiert und die Lösung viel einfacher. „Die Konsumenten finden in den künstlichen Erlebniswelten, was sie in der Großstadt und in den Ballungszentren vermissen: Sicherheit, Zuverlässigkeit und Freundlichkeit", wie es Opaschowski formuliert. Packen wir noch die menschliche Neugier als Antriebskraft für Tourismus hinzu, steht Künstliches gleichberechtigt neben Echtem.

Noch im Zeitraum bis 2015 wird es eine ernsthafte Diskussion darüber geben, wie realistisch Weltraumurlaub sein kann. Die Diskussion wird unter vier verschiedene Blickwinkel geführt werden können:

1. Was können wir technisch und wie wird die weitere technische Entwicklung sein?
2. Was sind die Verbraucherwünsche und wollen wir alles, was technisch möglich ist?

3. Die Nachfrage wird durch den Preis determiniert? Was wird ein solcher Urlaub kosten?
4. Was ist die Alternative[5]? Das Bessere ist der Feind des Guten.

Danach wird das Thema „Virtuell reisen" die touristischen Schlagzeilen beherrschen. Wann wird die Technik soweit sein, dass sie Reisen nicht mit Hilfe von Cyberbrillen u.ä. „vorspielt", sondern gezielt das Lebensgefühl Reisen simulieren kann? Der Begriff Reisen wäre dann nicht mehr ganz zutreffend, da die Definition von Reisen, durch die fehlende körperliche Veränderung nicht mehr erfüllt würde.

Die Krönung des Tourismus wären zweifellos Zeitreisen. Sie könnten die Mode schlechthin werden, eine Touristenattraktion gegen die Weltraumreisen langweilig wären. Ob es jemals solche Reisen geben wird, gilt als unwahrscheinlich. Wenn wir zum Urlaub in die Vergangenheit reisen könnten, dann könnten auch „Andere" aus anderen Zeiten zu uns kommen. Konsequenterweise meint dann auch der größte Denker der Gegenwart, Stephen Hawkins, „Zeitreisen wird es nie geben, sonst hätten wir schon Besuch aus der Zukunft gehabt".

Hierzu gibt es auch eine andere Betrachtungsweise: Waren andere uns soweit voraus, dass sie die Erde schon vor mehreren tausend Jahren besuchten (Däniken-Variante)? Vielleicht steht seit damals im Reiseführer dieser Galaxien: Erde uninteressant, keine Hotellerie vorhanden.

Fazit: Auch in Zukunft werden die Reiseträume grenzenlos sein, doch es ist zu befürchten, dass die Reise-Wirklichkeit immer mehr an die Grenzen von

- Planbarkeit
- Organisierbarkeit und vor allem
- Finanzierbarkeit

stoßen wird.

Trost gibt dann der Satz: Hebe Dir noch einige unerfüllte Reiseträume auf. Nur wer keine Wünsche mehr hat, ist wirklich arm.

---

[5] Mit dieser Technologie könnte man z.B. auch in vier Stunden nach Australien fliegen.

DER VIRTUELLE REISEVERANSTALTER

Harald Bastian

1 Einleitung 30

2 Merkmale des virtuellen Unternehmens 31

3 Der traditionelle Reiseveranstalter 35

    3.1 Kernprozess Marketing 36

    3.2 Kernprozess Produktentwicklung 38

    3.3 Kernprozess Vertrieb 41

    3.4 Yield Management 42

    3.5 Reisedurchführung und Beschwerdemanagement 43

4 Veränderte Geschäftsprozesse beim virtuellen Reiseveranstalter 45

    4.1 Virtualisierung im Kernprozess Produktentwicklung .. 46

    4.2 Virtualisierung im Kernprozess Vertrieb 47

    4.3 Virtualisierung des Yield Managements 48

    4.4 Reisedurchführung und Beschwerdemanagement 48

5 Schlussworte 48

Literatur 49

1 Einleitung

Bereits im Jahre 1990 haben Barlett/Ghoshal auf der Grundlage einer internationalen Studie auf die Veränderungen der Organisationsstruktur und der Steuerungsmechanismen weltweit agierender Unternehmen aufmerksam gemacht.[1] Die Netzwerkorganisation gilt seit dieser Studie als zukunftsweisendes Strukturmerkmal der organisatorischen Gestaltung unter globalen ökonomischen Bedingungen.[2]

Insbesondere durch die intensive Nutzung moderner Informations- und Kommunikationstechnologien wurde die Koordination der gemeinsam agierenden Akteure innerhalb eines Netzwerkes real umsetzbar und verlies damit den Status eines theoretischen Modells zukunftsweisender Unternehmensführung.

Mit der Netzwerkorganisation und den modernen Technologien sind zwei wesentliche Merkmale genannt, die als Eckpfeiler der Realisierung „virtueller Unternehmen" gelten.

Nun erfahren wir aus den touristischen Fachzeitschriften[3], dass die TUI AG gemeinsam mit dem „Touristikprofi" Georg Eisenstein einen „virtuellen Reiseveranstalter" gründen und damit spätestens 2005 auf den Markt kommen will. Für den Leser dieser Artikel fällt die Bedeutung des Technologieeinsatzes sofort ins Auge: „virtuell", das heißt für die Fachjournalisten „Webangebote im Internet", „Dynamic Packaging" als Synonym für dynamisch zusammenstellbare buchbare Reisen, „Multi-Channel-Vertrieb" mit der Zusammenführung traditioneller und moderner Vertriebswege auf Basis gemeinsamer Produktdatenbanken.

Allerdings werden die modernen Informations- und Kommunikationstechnologien (IuK-Technologien) ohnehin in der Touristik schon intensiv genutzt (von alt bewährten Computer-Reservierungs-Systemen bis hin zum E-Commerce): der „virtuelle Reiseveranstalter" muss also Besonderheiten aufweisen im Vergleich zu den traditionellen Reiseveranstaltern. Die Nutzung der, wenn auch spezifischen IuK-Technologien allein, erklärt offensichtlich nicht die „Virtualität".

Um diese Besonderheiten des „virtuellen Reiseveranstalters" herauszustellen, soll im folgenden zunächst anhand der vollständigen Merkmale definiert werden, was allgemein unter einem virtuellen

---

[1] Bartlett/Ghoshal 1990, S.12ff.

[2] Vgl. Riedl 1999, S. 41ff.

[3] Hildebrandt 2004, S. 10; Scharrer 2004, S.8ff.

Unternehmen verstanden wird. Um dieses Verständnis auf die Touristik zu übertragen, werden die Geschäftsprozesse eines traditionellen Reiseveranstalters dargestellt, um abschließend anhand ausgewählter Aufgabenstellungen des Reiseveranstalters die Veränderungen unter „virtuellen" Bedingungen exemplarisch aufzuzeigen.

2 Merkmale des virtuellen Unternehmens

Ausgangspunkt der Erläuterungen zur virtuellen Unternehmung mit seinen spezifischen Merkmalen bildet das Konzept des integrierten Managements von Bleicher[4], dessen Darstellung der Dimensionen der Organisationsstruktur (Abb. 1) die vielfältigen Ausprägungen der Veränderungen hin zu einem virtuellen Unternehmen beinhaltet.

Abb. 1: Dimensionen der Organisationsstruktur

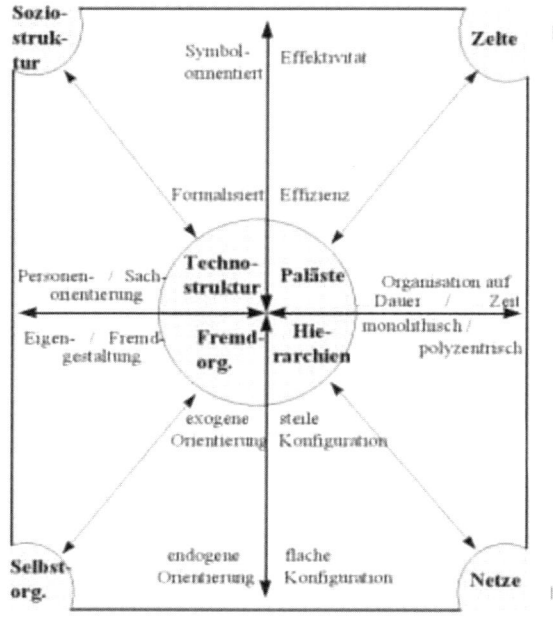

Quelle: Bleicher 2001, S. 347

[4] Bleicher 2001, S. 336ff.

Konfrontiert mit Herausforderungen, deren Ursachen in den Megatrends der Veränderung mit

- der Globalisierung
- den Konzentrationsprozesse der Unternehmen
- den politische Instabilitäten durch Terrorismus
- der dynamischen technologischen Entwicklung
- dem demografischer Wandel und
- dem Wertewandel in der Gesellschaft

weltweit, branchenübergreifend für jedes Unternehmen und jedes Individuum konkret erfahrbar sind, stellen sich Fragen des strategischen Wandlungs- und Abpassungsprozesses im Unternehmen.

Die Dimensionen der Unternehmensstruktur, in die Bleicher die umfassenden Trends der Veränderung projiziert, berühren nicht nur die Gestaltung der Abbauorganisation sondern damit einher gehend die Ablauforganisation. Mehr noch, Bleicher sieht einen Paradigmenwechsel im Management mit der Notwendigkeit eines ganzheitlichen Denkens zur Bewältigung gestiegener Komplexität[5] und damit einen integrierten Zusammenhang des normativen, strategischen und operativen Managements einerseits sowie der Strukturbestimmung, der operativen Aktivitäten und der verhaltenskulturellen Einflussmöglichkeiten andererseits.[6]

Die tradierte tayloristische Organisation mit ausgeprägten Hierarchien, einer Misstrauensorganisation, zentralistisch mit monolithischen Strukturen kontrolliert und gesteuert mit starker formaler Prägung, muss weichen, um flachen Organisationskonfigurationen Platz zu machen, die Freiräume der Selbstorganisation schaffen und flexible, zeitlich befristete Projektstrukturen ermöglichen.

Das Konzept der Netzwerkorganisation verfolgt diese Zielsetzungen und bildet damit das Fundament der virtuellen Organisation.

Die Netzwerkorganisation führt rechtlich und wirtschaftlich selbständige Unternehmen zusammen, optimiert die im Netzwerk geschaffene Wertschöpfung dadurch, dass die Komplexität der Aufgaben bei den Beteiligten reduziert wird. Die Reduktion der Komplexität wird erreicht, weil sich die beteiligten Akteure auf ihre Kernkompetenzen konzentrieren. Damit beinhaltet die Netzwerkorganisation den Ansatz des „Outsourcing", nicht ausschließlich mit der traditionellen Zielsetzung der Kosteneinsparung (Offshore

---

[5] Bleicher 2001, S. 44ff.

[6] Bleicher 2001, S. 81ff.

Outsourcing = Ausnutzen von Gehaltsunterschieden durch Verlagerung in Niedriglohnländer), sondern mit der strategischen Zielsetzung der Verbesserung der Kompetenzen durch den Einsatz von Partnern, die aufgedeckte Kompetenzlücken schließen können.

Die Zusammenarbeit hat dabei häufig Merkmale der Projektorganisation, sie ist zeitlich befristet („Zelt"-Strukturen im Sinne Bleichers, ggf. mit einer Zusammenarbeit beschränkt auf die Durchführung nur eines Auftrages), die Partner sind überregional, sogar global verteilt und werden weniger durch formale Mechanismen, sondern durch intensive Interaktionen, durch Kooperationsbeziehungen auf Basis von Kompetenz, Verlässlichkeit und Vertrauen zusammengehalten.

Die Virtualität ergibt sich damit aus der interorganisationalen Vernetzung mit intensiven ein- bzw. wechselseitigen Leistungsbeziehungen, die räumliche und zeitliche Grenzen überwindet. Obwohl umfangreiche Vertragswerke als Grundlage der Zusammenarbeit häufig fehlen – sie werden ersetzt durch lose Übereinkünfte und gegenseitiges Vertrauen – treten die Unternehmen nach außen (z.B. Vertrieb) homogen auf.

Die Konzentration der Partnerunternehmen innerhalb dieses virtuellen Unternehmens auf ihre Kernkompetenzen mit einem hohen Grad der Spezialisierung, mit zudem wechselnder Konstellation der Akteure, stellt hohe Anforderungen an die unternehmensübergreifende Koordination. „Total Management Systems Provider"[7] nennt Bleicher diese Generalunternehmer, die die virtuellen Formen der Kooperation zusammenführen, steuern und dann auch beendend abwickeln.

Die Kooperation der interorganisationalen Zusammenarbeit mit zeitlicher Begrenzung und räumlicher Distanz kommt nicht aus, ohne dass die intensive Kommunikation mittels multimedialer IuK-Techologien unterstützt wird. Es ist dabei nicht nur das Internet mit seinen Kommunikationsmöglichkeiten der Kernanwendungen world wide web und der eMail-Funktion, sondern die Organisationsnachbildung zu einer „virtual reality" gilt als anzustrebendes technisches Virtualisierungsziel.

Die technologischen Voraussetzungen einer elektronischen Infrastruktur für die Kommunikation und Kooperation mit dem Ziel der Steuerung und Überwachung von interbetrieblichen Geschäftsprozessen ist mit Groupwaresystemen (oder auch als computer supported cooperative work –CSCW – bezeichnet) und Workflow-Management-Systemen längst „virtuelle Realität" mit dynamischer Weiterentwicklung.

---

[7] Bleicher 2001, S.327

Bei der Betrachtung dieser Systemwelten wird nachvollziehbar, warum uns beim Begriff der virtuellen Unternehmen die Assoziation zu scheinbaren, nicht physischen oder real existierenden Konstrukten in der EDV führt.

Die multimediale Systemunterstützung hat noch weitere Hilfsmittel für die virtuellen Unternehmen parat:

- Videokonferenzen kommen mit den Audio- und Videotechniken der Face-to-face-Kommunikation am nächsten und reduziert kosten- und zeitintensive Geschäftsreisen
- Dokumenten-Management-Systeme ermöglichen die gemeinsame Ablage und den Zugriff auf Dokumente in der unternehmensübergreifenden Zusammenarbeit
- Enterprise Resource Planing (ERP)-Systeme sind integrierte Client/Server-Systeme, die die Ressourcen (know how des Personals, Rohstoffe, Anlagen, Finanzmittel etc) elektronisch abbilden und dem Benutzer zugänglich machen.

Nach diesen technischen Ausprägungen soll noch kurz auf den gerade in der Dienstleistungswirtschaft wichtigen sozialen Aspekt der Zusammenarbeit (die weichen Faktoren der Organisation) eingegangen werden.

Die Reduktion auf Kernkompetenzen innerhalb einer virtuellen Unternehmenskooperation mit unabhängigen Akteuren führt wieder zurück zur intensiven Arbeitsteilung des Taylorismus mit den potenziellen Identifikations- und Motivationsproblemen, die durch heute aktuelle Organisationsmodelle (ganzheitliche, objekt-, teamorientierte Prozessorganisation) überwunden werden sollte.

„One-face-to-the-customer" kennzeichnet ein weiteres Problem: die am Leistungsprozess beteiligten unabhängigen Akteure müssen zusammengeführt und nach außen homogen auftreten. Diese Zusammenführung muss auf gemeinsamer Vision und einer Kultur des Vertrauens (also weiche Erfolgsfaktoren) basieren, denn die kostenintensiven Bürokratien zur Steuerung und Kontrolle passen nicht in „virtuelle Welten".

Abschließend soll in diesem Abschnitt die Darstellung eines virtuellen Unternehmens im Internet (www.virtuelleunternehmen.de; Zugriff 09.08.04) für die zusammenfassende Definition genutzt werden:

„Ein virtuelles Unternehmen ist ein loser, dynamischer Zusammenschluss mehrerer rechtlich oder organisatorisch unabhängiger Unternehmen oder Organisationseinheiten, mit dem Ziel, die Kernkompetenzen der kooperierenden Partner in einem gemeinsamen Wertschöpfungsprozess unter Zuhilfenahme einer multimedialen informationstechnischen Vernetzung synergetisch und komplementär zu nutzen".

3 Der traditionelle Reiseveranstalter[8]

Innerhalb der touristischen Wertschöpfungskette der Pauschalreise (Abb. 2) nimmt der traditionelle Reiseveranstalter die klassische Funktion wahr, touristische Leistungen von Leistungsträgern (Fluggesellschaften, Hotels etc.) zu beschaffen, diese dann zu neuen, eigenständigen Leistungspaketen (Pauschal-, Urlaubsreisen) zu bündeln und diese „in eigenem Namen, auf eigenes Risiko und auf eigene Rechnung"[9] meist durch Unterstützung durch Reisemittler (Reisebüros) den privaten Verbrauchern anzubieten.

Abb. 2: *Die touristische Wertschöpfungskette der Pauschalreise*

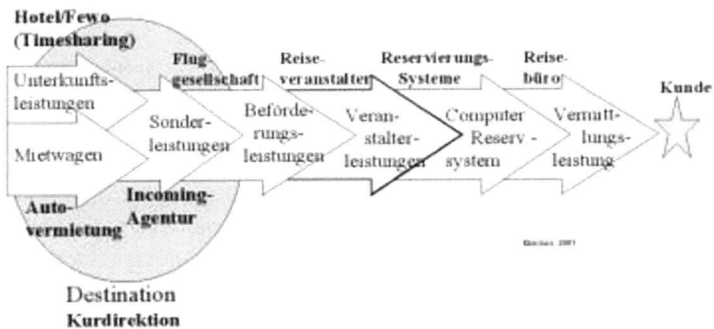

Quelle: Bastian 2004, S. 34

Das Geschäftsmodell des traditionellen Reiseveranstalters beruht demnach auf intensiven Kommunikations- und Vertragsbeziehungen mit wirtschaftlich und rechtlich eigenständigen Geschäftspartnern der Tourismuswirtschaft, die einerseits die Durchführung der

---

[8] Vgl. Bastian 2004, S. 33ff.

[9] Pompl 1997, S. 29ff.

einzelnen in der Pauschalreise gebündelten touristischen Leistungen eigenverantwortlich übernehmen (die sogenannten Leistungsträger der Beförderungs-, Unterkunfts-, Transferleistungen etc.), andererseits die Informations-, Beratungs- und Reservierungsaufgaben im indirekten Vertrieb der Pauschalreisen für den Reiseveranstalter als Reisemittler übernehmen.

Diese allgemein formulierte Aufgabenstellung des traditionellen Reiseveranstalters konkretisiert sich in den touristischen Kernprozessen eines Reiseveranstalters (Abb. 3), deren inhaltliche Gestaltung spezifiziert wird durch die diversen externen Kommunikations- und Vertragsbeziehungen mit ihren besonderen Ausprägungen.

Abb. 3: Die touristischen Kernprozesse des Reiseveranstalters

Quelle: Bastian 2004, S. 36

In der nachfolgenden Darstellungen wird nur auf die touristischen Geschäftsprozesse (mit den primären Aktivitäten Marketing, Produktentwicklung, Vertrieb, Yield Management, Reisedurchführung sowie Beschwerdemanagement) eingegangen, während die unterstützenden Aktivitäten hier unkommentiert bleiben.

3.1 Kernprozess Marketing

Beim traditionellen Reiseveranstalter wird das Marketing verstanden einerseits als strategische Vorgabe der Unternehmensführung hinsichtlich einer Markt-, Wettbewerbs- und Kundenorientierung für sämtliche Unternehmensprozesse, andererseits als operative Aktivität zur Umsetzung der strategischen Vorgaben im Rahmen eines Planungs- und Durchführungsprozesses (Marketing als Planungsmethode) durch abgeleiteten Maßnahmen des Marketing-Mix.

Damit bietet das Marketing eine verbindliche strategische Orientierung (Marketingstrategie) für die operativen touristischen Aktivitäten eines Reiseveranstalters und stellt darüber hinaus eine methodische Unterstützung für die Realisierung der strategischen Zielsetzungen zur Verfügung.

Um den Zusammenhang darzustellen zwischen Marketing und den Aufgabenstellungen der weiteren touristischen Kernprozesse sollen folgende Beispiele aufgeführt werden:[10]

- Für den Kernprozess der Produktentwicklung ist es erforderlich Mengenvorgaben zu entwickeln, die auf Basis der Planteilnehmer für die zu planende Saison Orientierung geben, welche Kapazitäten im Unterkunftsbereich bzw. im Beförderungsbereich für welche Zielgebiete zu beschaffen sind. Neben den Daten aus der vergangenen (Vergleichs-) Saison ist es wichtig, im Rahmen des Informations-Marketings und fortgeführt im Taktischen Marketing, eine Datenerhebung und -einschätzung für die planenden Saison vorzunehmen und zwar sowohl für den Quellmarkt als auch für die Zielgebiete.

- Nicht nur die Mengenvorgabe ist Input für den Prozess der Produktentwicklung, sondern auch Festlegungen des Taktischen Marketings (z.B. zur Produktpolitik) sind hinsichtlich der Hotel-Planung und des Einkaufs wichtige Vorgaben, um Entscheidungen zur Produktzusammenstellung (Bestandteile der Pauschalreise) oder auch zur Art und Qualität der Produktbausteine zu treffen (Unterkunftsart Hotel vs. FEWO; 3-Sterne- oder 4-Sterne Hotels).

- Die Interdependenzen der Marketingaktivitäten zeigen sich deutlich im Taktischen Marketing - zum Beispiel bei der Festlegung auf eine spezifische Reiseart (Studienreise) oder bei einer qualitative Entscheidung (Premiumprodukt) - konkretisiert in der Produktpolitik mit der folgerichtigen Fortführung in der Vertriebspolitik, in der die Zusammenarbeit mit beratungsleistenden Reisebüros anzustreben ist.

  Diese Kette der Zusammenhänge lässt sich beliebig fortführen: selbst die Kataloggestaltung für eine Studienreise (in diesem Falle mit einem emotional, narrativen Design) wird im Detail (bis hin zur Papierqualität) in der Gestaltungsphase des Marketings durchgängig vorzunehmen sein.

---

[10] Bastian 2004, S. 38

3.2 Kernprozess Produktentwicklung

Somit sind die Eingangsdaten für die Teilprozesse der Produktentwicklung (Abb. 4) die quantitativen und qualitativen Vorgaben des strategischen Marketings, die im ersten Teilprozess der Produktfeinplanung konkretisiert werden müssen.

Abb. 4: Die Teilprozesse der Produktentwicklung

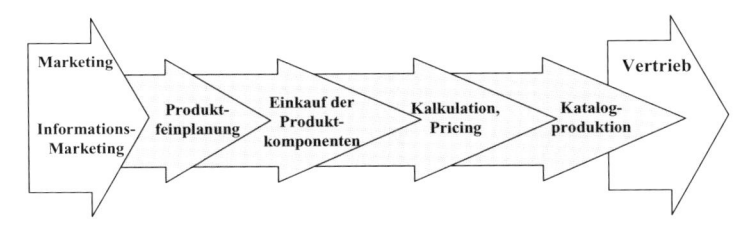

```
Marketing → Informations-Marketing → Produktfeinplanung → Einkauf der Produktkomponenten → Kalkulation, Pricing → Katalogproduktion → Vertrieb
```

Quelle: Bastian 2004, S. 38

Die Zielsetzung der **Produktfeinplanung** besteht darin, Vorgaben für die Einkaufsabteilungen zu entwickeln, die hinsichtlich der Mengen (Unterkunfts- und Beförderungskontingente), der Vertragskonditionen (Einkaufspreise, Vertragslaufzeiten, -risiken), der terminlichen Saisongestaltung (Beginn, Ende, Bettenwechsel, und Verkehrstage) sowie der qualitativen Ausprägungen der Produktkomponenten eine Konkretisierung der benötigten Kapazitäten erreichen.

Basis dieser Operationalisierung sind die Planteilnehmerzahlen auf Zielgebietsebene, die aufgrund strategischer Einschätzungen der Marktentwicklung unter Berücksichtigung des Quellmarktes und des Zielgebietes vorgenommen werden. Diese Planteilnehmerzahlen auf Zielgebietsebene werden auf die Ebenen Zielorte, Unterkunftsarten, Klassifikationen, Zimmerarten und Lage der Zimmer hierarchisch verteilt (Top-down-Aufteilung, vgl. Abb. 5).

Parallel mit der Verteilung der Zielgebietsplanzahlen auf Unterkunftsebene erfolgt eine Planung und Festlegung der Beförderungskapazitäten, die ebenfalls „top-down" auf Abflughäfen, Fluggesellschaften, Terminierung der Ketten etc. heruntergebrochen werden.

Abb. 5: „Top-down"-Konkretisierung der benötigten Kapazitäten

```
                    ┌──────────────────────────────┐
Festlegung auf  ◄───│ Strategische Planteilnehmerzahl │
Zielgebietsebene    └──────────────────────────────┘

        ┌─────────────┬─────────────┬─────────────┐
        │   Zielort   │   Zielort   │   Zielort   │
        ├─────────────┼─────────────┼─────────────┤
        │Unterkunftsart│Unterkunftsart│Unterkunftsart│
        │   Hotel     │ Appartement │    Fewo     │
        ├─────────────┼─────────────┼─────────────┤
        │Hotelklassifi-│Hotelklassifi-│Hotelklassifi-│
        │kation ****  │kation ***   │kation **    │
        ├─────────────┼─────────────┼─────────────┤
        │  Zimmerart  │  Zimmerart  │  Zimmerart  │
        │Doppelzimmer │Familienzimmer│Einzelzimmer │
        ├─────────────┼─────────────┼─────────────┤
        │Lage des Zimmers│Lage des Zimmers│Lage des Zimmers│
        │  Meerblick  │  Meerseite  │  Innenhof   │
        └─────────────┴─────────────┴─────────────┘
```

(Top-Down-Aufteilung ↓ ; Bottom-Up-Rückrechnung ↑)

Quelle: Bastian 2004, S. 39

Festgelegt werden darüber hinaus die Produktvarianten (diverse Abflughäfen) sowie Kombinationsmöglichkeiten der verschiedenen Unterkunfts- und Beförderungsvarianten.

Die konkretisierten Planteilnehmermengen auf Zielgebietsebene für die benötigten Unterkunfts- und Beförderungskapazitäten stellen für den in der Aktivitätenfolge anschließenden Einkauf eine mengenmäßige und qualitative Orientierung dar, die zwar Handlungsalternativen zulassen, die sich allerdings im Gesamt-Einkaufsergebnis widerspiegeln müssen.

Für den **Einkauf** aller Produktkomponenten ist eine intensive Vorbereitung erforderlich, die sich insbesondere in der Analyse und Interpretation der historischen und aktuellen Marktdaten ausdrückt.

In der Durchführungsphase des Einkaufs stehen die Verhandlungen über Vertragsarten und -konditionen im Vordergrund. Bei den Konditionen stehen neben den Einkaufspreisen, den Mengen, den qualitativen (z.B. Hotelkategorie, Lage der Zimmer) und zeitlichen (z.B. Vertragsdauer, Verkehrstage) Aspekten, vor allem die Vermeidung von Auslastungsrisiken im Vordergrund. Die traditionellen Reiseveranstalter schließen deshalb überwiegend (zu ca. 90%) beim Einkauf der Produktkomponenten Reservierungsverträge ab, die ihnen die Möglichkeit der kostenneutralen Rückgabe der reservierten Kontingente erlaubt.[11]

In der **Produktzusammenstellung** werden die bereits in der Produktfeinplanung zusammengestellten Produkte und deren Produktvarianten auf Basis der Einkaufsergebnisse aktualisiert, die Kombinationen der Produktvarianten überarbeitet und ggf. neu zusammengefügt. Das Ergebnis dieser Produktzusammenstellung ist eine Auflistung sämtlicher Produkte und deren Varianten, die kalkuliert und mit Verkaufspreisen (Teilprozess Preisbildung) versehen, abschließend ins Computerreservierungssystem gestellt bzw. im Katalog, mit Bildern, Texten und Preisen versehen, aufgenommen werden müssen.

Die Schwerpunkte des Preisbildungsprozesses sind einerseits die Kostenermittlung der touristischen Kosten (mit den Vertragskonditionen als Basis) der Produktkomponenten der Pauschalreise im Rahmen einer Vorkalkulation und andererseits die Festlegung des Reisepreises

Die (Vor-) Kalkulation ermittelt mit den touristischen Kosten die wesentliche Bestimmungsgröße für eine kostendeckende Mindestpreisforderung. Eine Besonderheit bei der Kalkulation eines Reiseveranstalters ist die Problematik, dass die Kostenermittlung mit Planmengen (z. B. Planteilnehmer) rechnen muss. Dabei wird folgerichtig auch in der Kalkulation mit identischen Datenvorgaben gearbeitet, wie bei den Vorgaben (z.B. Planteilnehmerzahlen), die der Einkauf als Orientierung genutzt hatte.

Beim Pricing erfolgt die Festlegung des Reisepreises zunächst auf Basis der Kosten unter Berücksichtigung eventueller Auslastungsrisiken. Ergänzt wird das Pricing vor allem durch Einflussparameter, die die Wettbewerbssituation berücksichtigen (Marktpreisvergleiche mit preispolitischer Konsequenz und entsprechenden Vorgaben) sowie einer Reihe von Einflussfaktoren, die sich auch bei der Kundenpreisrechnung widerspiegeln. So sind u.a. zeitliche Aspekt (Saisonzeiten, Verkehrstage) oder auch quellmarktbezogene Kriterien (Abflughafen) beim Pricing einzubeziehen.[12]

Auf der Grundlage der strategischen und taktischen Marketingvorgaben für die **Katalogproduktion** (Bestimmung des Auflagenvolumens, Festlegung der Kataloggestaltung mit emotionalem oder informativem Design) sowie der Marktsegmentierung der Kataloge (Zuordnung der Veranstalterprodukte zu unterschiedlichen Katalogen) erfolgt die operative Katalogproduktion. Die für die Preisdarstellung notwendigen Daten liefert das Pricing, die für die farbliche

---

[11] Vgl. Bastian 2004, S. 41ff.

[12] Pompl 1996, S. 219ff.

und textliche Gestaltung die Informationen des Einkaufs und des Produktmanagements nutzt, um Bilder und Texte im Katalog auf Basis einer Gestaltungsvorgabe (Marketing) anzuordnen. Die technische Realisierung (Layout; Druck) erfolgt häufig durch externe Unterstützung. Zumindest der Druck der Kataloge wird extern vergeben und von Druckereien ausgeführt, denen heute schon die Daten digital zur Verfügung gestellt werden.

Die Distribution der Kataloge an die Reisebüros erfolgt zeitlich synchronisiert mit der Buchungsfreigabe für die neue Saison und stellt den Vertragsagenturen eine Kataloganzahl zur Verfügung, die sich aus einem Mindestbestand an Katalogen ergibt, ergänzt um eine umsatzabhängige Anzahl zusätzlicher Exemplare.

3.3 Kernprozess Vertrieb

Aus der vorausgegangenen Produktentwicklung werden für den Vertrieb die zusammengestellten Pauschalreiseprodukte, mit Kontingenten und Preisen versehen in das Computer Reservierungssystem gestellt und damit buchbar gemacht. Dem Vertriebsprozess werden ebenso die Kataloge übergeben bzw. im Rahmen der Katalogdistribution den Reisebüros zur Verfügung gestellt.

Innerhalb des Vertriebsprozesse stehen zunächst strategische Überlegungen im Vordergrund.

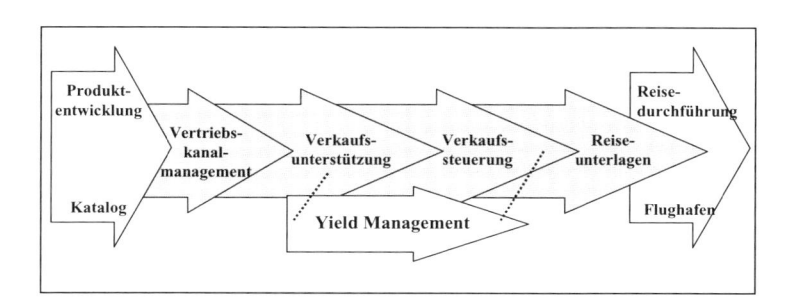

Abb. 6:   Teilprozesse des Vertriebes

Der traditionelle und nach wie vor weitaus bedeutsamste Vertriebskanal der Reiseveranstalter bei Betrachtung des Gesamtmarktes ist der Vertrieb über die Reisebüros in ihrer Funktion als Mittler zwischen Veranstalter und Endkunde (der Direktvertrieb der Pauschalreisen der Reiseveranstalter lag 2003 bei lediglich 10 Prozent).

Bei der Wahl des Vertriebskanals Reisebüro (**Vertriebskanalmanagement**) ist insbesondere die Buchbarkeit der Produkte über ein Computerreservierungssystem (CRS) zu beachten, alternative Möglichkeiten der Buchbarkeit über Internet oder auch Call Center eröffnen die Chancen des Direktvertriebs.

Zu den wesentlichen Aktivitäten im Rahmen des Reisebürovertriebs zählen die Festlegungen der Provisions- und Abrechnungsmodalitäten, die mit den Reisebüros vereinbart (Agenturverträge) werden. Diese Regelungen gehören im vertikalen Preismanagement zu den entscheidenden Steuerungs- und Anreizsystemen der Reiseveranstalter im Reisebürovertrieb.

Zu den operativen vertriebsunterstützenden Aufgaben (**Verkaufsunterstützung**) zählen vor allem die Agenturbetreuung (z.B. Beratung bei Buchungs- und Abrechnungsfragen) und die begleitende Verkaufsförderung (z.B. Werbemittel- und Informationsbereitstellung, Schulungsmaßnahmen für Expedienten).

Die **Verkaufssteuerung** korrespondiert mit den Aufgaben des Yield Management (vgl. Punkt 3.4)

Bei Reiseveranstaltern, die nach den Grundsätzen der Prozessorganisation ganzheitlich und prozessorientiert strukturiert sind, zählt die **Produktion der Reiseunterlagen** und der Versand dieser Unterlagen an die Reisebüros bzw. an die Kunden ebenfalls zum Vertriebsprozess. Die Reiseunterlagen bestehen aus einem Gutscheinheft, in dem die Wertgutscheine der einzelnen Reisebausteine (Flugticket, Hotelvoucher etc.) zusammengefasst sind.

3.4 Yield Management

Im Geschäftsmodell des traditionellen Reiseveranstalters besteht nur dann ein Auslastungs- oder Leerkostenrisiko, wenn neben den vertraglich nur vorreservierter Kontingenten (Optionen mit kostenfreier Rückgabemöglichkeiten) durch übernommene Auslastungsgarantien (Garantieverträge und Festmietvereinbarungen) Abnahmeverpflichtungen eingegangen wurden.

Die Auslastungs- oder Leerkostenrisiko besteht darüber hinaus, wenn durch die Merger und die Integration von Flug- und Hotelgesellschaften die ertragsorientierte Steuerung der Fixkostengeprägten Kontingente erforderlich wird. Dies ist jedoch Merkmal der Geschäftsprozesse integrierter Touristikkonzerne[13], entspricht

---

[13] Vgl. Bastian/Born 2004, S. 17ff.

aber nicht dem Geschäftsprinzip des traditionellen Reiseveranstalters. Aus diesem Grund wird hier auf eine weitergehende Darstellung des Yield Managements und den dazugehörenden Instrumentarien verzichtet.[14]

3.5 Reisedurchführung und Beschwerdemanagement

Zu den Aktivitäten des traditionellen Reiseveranstalters (Abb. 6) im Rahmen dieser Geschäftsprozesse zählen bei einer Pauschalreise (inkl. Beförderung) neben den Aufgabenstellungen der Flughafenstation (nur die marktführenden Reiseveranstalter verfügen über derartige Servicestationen), die Organisation der Transfers bei Ankunft der Kunden im Zielgebiet (Flughafen) in die vorgesehene Unterkunft (ebenso Transfer bei der Abreise).

Abb. 7: *Teilprozesse der Reisedurchführung und des Beschwerdemanagement*

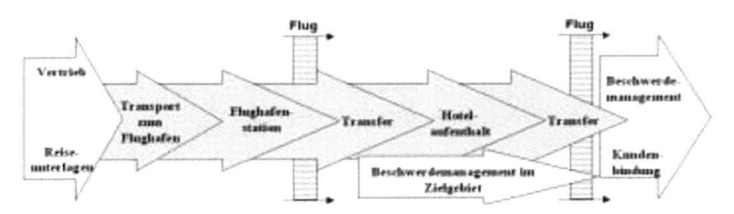

Quelle: Bastian 2004, S. 66

Zumeist wird dieser Transfer von zielortsansässigen Dienstleistungsunternehmen durchgeführt (Einkauf durch den Reiseveranstalter), die auch für angebotene Rundreisen im Zielgebiet oftmals die erforderlichen Ressourcen bereitstellen (Fahrzeug und Begleitpersonal).

Wesentliche Aufgabenstellung im Rahmen der Pauschalreise ist im Zielgebiet darüber hinaus die Reiseleitung mit der Betreuung der Gäste im Zielgebiet: u.a. müssen Informationen bereitgestellt werden, Hilfestellung unterschiedlichster Art muss erfolgen können, Beschwerden müssen aufgenommen, deren Ursachen beseitigt und gegebenenfalls entschädigt werden.

Je nach gebuchter Reiseart (Pauschalreise mit oder ohne Rundreise oder Ausflügen bzw. Studienreise) müssen durch die Reiseleitung weitere und unterschiedliche Aufgabenstellungen erfüllt

---

[14] ausführlicher finden die Instrumente erläutert bei: Bastian 2004, S. 62ff.

werden (bis hin zur wissenschaftlichen Begleitung durch einen Studienreiseleiter).

Der traditionelle Reiseveranstalter verfügt meist nicht über eine unternehmenseigene Reiseleitung im Zielgebiet, sondern kauft die erforderlichen Dienstleistungen ein und lässt diese dann von den entsprechenden Zielgebietsagenturen durchführen. Letztlich ist die Entscheidung darüber, ob eigene Reiseleiter oder Agentur-Reiseleiter eingesetzt werden, von den Kosten determiniert (abhängig vom Volumen der Gäste im Zielgebiet) und ist auf eine qualitative Einschätzung eigener oder einzukaufender Leistungsdurchführung zurückzuführen.

Zu den kurzen Ausführungen zum Beschwerde- oder Reklamationsmanagement (in der Branche werden die Begriffe synonym verwendet) sei daran erinnert, dass der Reiseveranstalter (BGB 651 ff) mit der Bündelung zweier touristischer Hauptleistungen und der Zusammenführung zu einem Gesamtpreis, im Vertrag mit dem Kunden Rechte und Pflichten übernommen hat.

Kommt es in diesem Vertragsverhältnis zu Beschwerden, sind grundsätzlich zwei Durchführungsmöglichkeiten für das Reklamationsmanagement gegeben: dezentral im Zielgebiet durchgeführt durch unternehmenseigene Reiseleiter oder/und zentral durch eine Reklamationsabteilung in der Unternehmenszentrale.

Der Vorteil der Zielgebietsdurchführung (Kunden wenden sich an die Reiseleiter, die Mängel werden beseitigt und die Kunden erhalten sofort eine Entschädigung) besteht darin, dass die mängelverursachenden Leistungsträger in den Kompensationsprozess integriert werden können (Übernahme zumindest eines Teils der Kompensationskosten) und - vor allem - die Kunden sofort zufrieden gestellt werden können.

Da die Reklamationsabwicklung im Zielgebiet unternehmenseigene Reiseleiter erforderlich macht, führen die traditionellen Reiseveranstalter zumeist ein zentrales Reklamationsmanagement durch. Dabei wird die Beschwerde des Kunden im Zielgebiet aufgenommen und dies dem Kunden schriftlich bestätigt (möglichst auch die Ursache der Beschwerde beseitigt). Nach seiner Reise wendet sich der Kunde dann an den Reiseveranstalter, um seine Forderungen aufgrund des erlittenen Mangels anzuzeigen. Um die Forderungen des Kunden beurteilen und bearbeiten zu können, benötigen die Mitarbeiter in der zentralen Reklamationsabteilung Informationen über den Sachverhalt aus dem Zielgebiet.

Sollte sich mit dem Kunden keine einvernehmliche Regelung für den Ausgleich eines erlittenen Mangels finden lassen, können derartige Reklamationsfälle vor Gericht entschieden werden.

4 Veränderte Geschäftsprozesse beim virtuellen Reiseveranstalter

Konstituierende Merkmale des Geschäftsmodells des traditionelle Reiseveranstalter decken sich mit wesentliche Elementen der Netzwerkorganisation und damit der virtuellen Organisation. So ist der traditionelle Reiseveranstalter innerhalb der Wertschöpfungskette der touristischen Pauschalreise der Generalunternehmer, der „Total Management Systems Provider", der die interorganisationalen Vernetzung mit unabhängigen Akteuren und deren intensiven ein- bzw. wechselseitigen Leistungsbeziehungen koordiniert. Dieser touristische „Generalunternehmer" konzentriert sich auf seine Kernkompetenz, nämlich die Kommunikation und die Zusammenarbeit koordinieren zu können. Die Leistungsträger konzentrieren sich auf ihre Kernkompetenzen in der Leistungserstellung, die Reisemittler wiederum im Vertrieb der Pauschalreisen stellen die Beratungskompetenz bereit.

Diese Rolle des traditionellen Reiseveranstalters legt schon einmal die wesentliche Basis für den „virtuellen Reiseveranstalter mit dem Netzwerks unabhängiger Partner und der Selbstbeschränkung auf die Rolle des Koordinators. Doch zur Virtualität müssen noch weitere Aspekte hinzukommen.

Zunächst erfordert die Arbeit im Netzwerk, dass der Weg der vertikalen Expansionen mit den Synergiepotenzialen der Integration der Wertschöpfungskette (vertikale Expansion)[15], die zum Geschäftsmodell der integrierten Touristikkonzerne wurde, nicht beschritten wird.

Im Gegenteil: Virtualität bedeutet zwar Koordination, aber im Zuge einer Desintegration und Dezentralisation, verbunden mit Reduzierung der Geschäftsrisiken, die in der Touristik mit Übernahmen von Auslastungsgarantien und Durchführung wertschöpfender Aktivitäten auf „fremden" Feldern anderer Wertschöpfungsebenen gegeben sind.

Bezugnehmend auf die touristischen Kernprozesse soll dies exemplarisch verdeutlicht werden.

---

[15] Bastian 2004, S. 1ff.

4.1 Virtualisierung im Kernprozess Produktentwicklung

Die ersten Schritte auf dem Wege zum virtuellen Reiseveranstalters sind bereits vollzogen worden. Neben der Fertigung des Standardprodukts Pauschalreise sind die Reiseveranstalter dazu übergegangen, Reisekomponenten zu fertigen, die über Buchungsplattformen im Internet einzeln oder miteinander kombinierbar vertrieben werden können.[16]

Eine noch weitergehende Flexibilisierung erfordert Veränderungen in der Vertragsgestaltung im Einkaufsprozess. Um entsprechend der Nachfrageentwicklung die Preisgestaltung der Reisen und deren Komponenten tagesaktuell halten zu können, müssen die derzeitigen Allotmentverträge reformiert werden. Noch zusätzlich flexibilisierte Kontingente und Einkaufskonditionen helfen den Leistungsträgern und den Reiseveranstaltern bei der schnellen Anpassung an Marktveränderungen.

Zugriffsmöglichkeiten der Leistungsträger auf die Veranstalter-Datenbanken der Produktkomponenten mit den Möglichkeiten der Veränderungen von Verkaufsparameter sind zum Teil schon heute realisiert (z.B. Hotelplattform TUI-Hotels.de).

Diese Flexibilisierung bedeutet dann jedoch, dass das Konzept der Pauschalreise mit der festen Verknüpfung der einzelnen Komponenten aufgegeben werden muss. Diese Kombination ist ein wesentliches Hemmnis der Flexibilität, den die Veränderung einer Komponente zieht zwangsläufig Konsequenzen für das Gesamtprodukt nach sich. Damit würden die Teilprozesse der Produktzusammenstellung, der Gesamtprodukt-Kalkulation sowie des Pricings des Gesamtpauschalpaketes entfallen.

Zugleich der beim traditionellen Reiseveranstalter langfristig angelegte Planungs- und Realisierungsprozess gefährdet. Dieser Prozess, der mit der Bereitstellung des Kataloges zum Abschluss kommt, basiert auf planbare Größen (Mengen und Kontingenten), die durch das nach wie vor längerfristig angelegte Buchungsverhalten der privaten Reisekunden gedeckt wird.

Aber warum dann noch Kataloge, die die Preisflexibilität einschränken, die Ergänzung um neue Reiseprodukte beschränken und auf bestimmte Erscheinungstermine fixiert, herausgegeben werden. Der virtuelle Katalog wird nur tagesaktuelle Produktangebote mit entsprechenden Preise kennen.

---

[16] Inwieweit dies rechtliche Konsequenzen für die Übernahme von Haftungsrisiken für die Endkunden hat, soll hier nicht diskutiert werden.

Die Marktsegmentierung der Kataloge, derzeit ein strategischer Erfolgsfaktor in der Katalogproduktion, wird durch Eingabe der Parameter des Kunden im Internet zu einer systemunterstützten Produktdarstellung zusammengestellter Komponenten, diese selbstverständlich individualisiert zugeschnitten auf den spezifischen Kunden.

Diese veränderte Präsentation der Produkte unter Verzicht auf die herkömmlichen Kataloge lässt enorme Rationalisierungspotenziale erwarten.

4.2 Virtualisierung im Kernprozess Vertrieb

Die Virtualisierungspotenziale im Vertriebsprozess basieren insbesondere auf der Digitalisierung der Daten und der sich daraus ergebenden multimedialen Möglichkeiten der Präsentation auf unterschiedlichen Plattformen (Internet, TV-Reisekanal, Call Center, Selbstbedienungs-Automaten etc.) und den entsprechenden Buchbarkeit.

Damit bietet sich der Direktvertrieb an, nur – Konzentration auf die Kernkompetenzen – auch hier sollte bei gesteigerter Komplexität der Reiseangebote dem unabhängigen Reiseberater eine Chance im Netzwerk gegeben werden.

Die Vergütungs- und Steuerungsmodelle im herkömmlichen Vertrieb sind ohnehin stark in der Reformdiskussion: wird aufgrund der Komplexität der Reiseangebote ein „Navigator" benötigt, warum sollte dieser nicht von demjenigen, der geleitet wird und dem die Beratung zu Teil wird, honoriert werden?

Sobald der Vertrieb über digitalisierte Wege geleitet wird, ergeben sich im Vertriebsprozess zusätzlich ungeheure Marketingchancen in der Kundenbindung (Kundenwünsche erkennen und erfüllen) durch die Bereitstellung von Daten für das Permission Marketing.[17]

Die Reiseunterlagen als Papier-Voucherheft sind längst überholt: die Low-Fare-Airlines gehen heute schon den Weg, die Unterlagen vom Kunden drucken zu lassen. Es wird nicht mehr viel Zeit vergehen bis auch die Reiseveranstalter diese Abwicklung (modifiziert) bevorzugen werden.

---

[17] Vgl dazu: Hirche 2004, S. 407.

4.3 Virtualisierung des Yield Managements

Das heute schon bekannte Yield Management und sein Instrumentarium basiert auf Datentransparenz und Prognose unter Nutzung aktueller Buchungszahlen und historischer Daten. Die Bedeutung des Yield Managements wird beim virtuellen Reiseveranstalter erheblich zunehmen, sogar zum zentralen Geschäftsprozess des Unternehmens werden.

Mit den multimedialen IuK-Technologien, die durchgehend sämtliche Prozesse erfassen und in Groupware- bzw. Workflow-Managementsystemen abgebildet werden, ist die Grundlage gelegt für die funktionale Vollendung der Instrumente des Yield Managements. Ob Nesting, Bid Pricing, Überbuchungssteuerung, alles heute schon angewendete Funktionen, sie werden weiter verfeinert und erweitert werden können.

4.4 Reisedurchführung und Beschwerdemanagement

In diesen Prozessen findet der Kern der Dienstleistung statt, nämlich die Reiseleistungen entsprechend der Kundenwünsche perfekt vorzubereiten und dann in sozialer Interaktion mit sozialem Engagement durchzuführen.

Dies ist die Aufgabe nicht des Reiseveranstalters, schon gar nicht des virtuellen Reiseveranstalters. Mit der Zielsetzung der Desintegration und der Dezentralisation, sollten die Zielgebietsleistungen bei Agenturen vor Ort eingekauft und auch das Beschwerdemanagement dezentral organisiert werden.

Für die Bereitstellung von Informationen während der Reisedurchführung bietet es sich dann allerdings doch noch an, auf die multimedialen IuK-Technologien des Reiseveranstalters zuzugreifen (Daten zum Zielgebiet; Termine; Buchungen für Zusatzleistungen; Buchung des nächsten Urlaubs etc.).

5 Schlussworte

Schöne, neue virtuelle Welt des Reisens? Cyberbased Reisen ist nicht gemeint und wird vom virtuellen Reiseveranstalter wohl auch nur ergänzend zu real durchzuführenden Reisen angeboten werden. Nein, virtuelle Geschäftsprozesse bergen erhebliche Risiken in sich, die bei fortgeschrittener Virtualisierung den Reiseveranstalter aus seiner derzeitigen Rolle verdrängen werden und zum „Total Management System Provider" mutieren lassen.

Eine Aufgabestellung wird dann durchzuführen sein, bei der „touristisches Know how" vor allem durch Kooperationskompetenz und virtuosen Umgang mit IuK-Techologien ergänzt werden wird.

Literatur

Bartlett, C./Ghoshal, S. (1990): Internationale Unternehmensführung, Frankfurt a.M.

Bastian, H. (2004): Die touristischen Kernprozesse des Reiseveranstalters; in: Bastian, H./Born, K. (Hg.), Der integrierte Touristikkonzern, S. 33-68, München/Wien.

Bleicher, K. (2001): Das Konzept Integriertes Management, Visionen - Missionen - Programme, 6. Aufl., Frankfurt a.M./New York.

Freyer, W. (2000): Tourismus-Marketing. 2. Aufl., München/Wien.

Gora, W./Bauer, H. (Hg.) (2001): Virtuelle Organisationen im Zeitalter von E-Business und E-Government, Berlin usw.

Hildebrandt, K. (2004): Touropas Wiederkehr, in: fvw 6/2004, 19.03.2004, S. 10

Hirche, T. (2004): Kundenbindung im Touristikkonzern - von der Bindung zur Beziehung, in: Bastian, H./Born, K. (Hg.), Der integrierte Touristikkonzern, S. 395-422, München/Wien.

Mundt, J. (Hg.) (2000): Reiseveranstaltung. 5. Aufl., München/Wien.

Ohm, M. (2004): Internet als Vertriebskanal; in: Bastian, H./Born, K. (Hg.), Der integrierte Touristikkonzern, S. 475-484, München/Wien.

Picot, A./Reichenwald, R./Wiegand, R. (1998): Die grenzenlose Unternehmung. Information, Organisation und Management, Wiesbaden.

Pompl, W. (1997): Touristikmanagement 1, 2. Aufl., Berlin/Heidelberg.

Pompl, W. (1996): Touristikmanagement 2, Berlin/Heidelberg.

Riedl, C. (1999): Organisatorischer Wandel durch Globalisierung – Optionen für multinationale Unternehmen, Berlin usw.

Schräder, A. (1996): Management virtueller Unternehmen: Organisatorische Konzeption und informationstechnische Unterstützung flexibler Allianzen, Frankfurt a.M./New York.

Scharrer, J. (2004): Neue Seiten, vertraute Spieler, in: Touristikreport 7/04, 18.03.2004, S.8ff.

Teichmann, K./Wolf, J./Albers, S. (2004): Typen und Koordination virtueller Unternehmen, in: Zeitschrift Führung + Organisation (zfo) 2/2004, S. 88-96.

Vier, C. (1996): Unternehmenstransformation und Netzwerkorganisation, Bern/Stuttgart/Wien.

Weiss, P./Längsfeld, M. (2002): Studie Virtuelle Unternehmen, FZI Forschungszentrum Informatik, Karlsruhe.

http://wwwold.fzi.de/v1/vfw/studie_vo_2000/node184.html (10.08.2004)

AKTUELLE PROBLEME DER PAUSCHALREISE UND IHRE CHANCEN EINER ERFOLGREICHEN WEITERENTWICKLUNG

Karl Born

1 Einleitung 52

2 Ist die traditionelle Pauschalreise am Ende? 55

3 Probleme der Pauschalreise 56

   3.1 Generelle Nachfrageprobleme in der Touristik 56

   3.2 „Modetrend" Individualisierung 57

   3.3 „Modetrend" Billig 57

   3.4 Kapazitätssteuerung vs. Kundenwünsche 60

   3.5 Kannibalisierungseffekte durch zusätzliche Angebote 61

4 Weiterentwicklungsmöglichkeiten der Pauschalreise 62

   4.1 Inhaltliche Weiterentwicklung 62

   4.2 Neue Angebotsformen 64

      4.2.1 Dynamic Packaging 64

      4.2.2 Internet-basierte Pauschalreise 66

      4.2.3 Der Kunde steuert den Prozess 68

5 Ausblick 71

Literatur 73

1 Einleitung

Am 5.7.1841 brachte der Engländer Thomas Cook 570 Personen mit einem Sonderzug, für den er ermäßigte Fahrpreise ausgehandelt hatte, von Leicester nach Loughborough, zu einer Veranstaltung gegen Alkoholmissbrauch. Statt zwei Schillinge zahlten seine Kunden nur die Hälfte und dafür waren sogar Tee und Schinkenbrote eingeschlossen Dies ist die erste ausführlich überlieferte Pauschalreise[1].

Als erster überregional bekannter Pauschalreiseveranstalter in Deutschland wurde im Jahr 1928 Dr. Tigges-Fahrten gegründet. Neben anderen Reisen veranstaltete er 1934 die erste Pauschalreise deutscher Touristen nach Mallorca. Die Einreisestatistik von Mallorca verzeichnet für jenes Jahr 37 Deutsche.

Die Pauschalreisewelle nach dem 2. Weltkrieg begann in Deutschland im Jahre 1948. Wenige Tage vor Weihnachten rollte der erste Sonderzug der Vorgängergesellschaft des späteren Reiseveranstalters Touropa nach Ruhpolding.

Die Fahrzeit betrug von Berlin aus 22 Stunden (zum Thema Entwicklung der Pauschalreise in Deutschland siehe insbesondere Schneider, 2001).

Einen nie erwarteten Aufschwung nahm die Pauschalreise in Deutschland in den 1960er- und 1970er-Jahren. Besondere Meilensteine waren dabei 1962 die Gründung des Reiseunternehmens Neckermann Versand KG (Slogan: „Neckermann macht`s möglich"), 1963 Verabschiedung des Bundesurlaubsgesetzes, 1964 erste tarifliche Einführung von Urlaubsgeld, 1965 Beginn des Jet-Zeitalters im deutschen Flugtourismus. 1968 reisten erstmals mehr Deutsche ins Ausland als zu inländischen Zielen, 1971 wurde von der Fluggesellschaft Condor mit der Boeing 747 das erste Großraumflugzeug im Ferienflugverkehr eingesetzt.

Urlaubsreisen wurden so preiswert, dass es sich jetzt auch immer mehr Familien leisten konnten, zumal durch die Einführung der Reiserücktrittskosten-Versicherung in 1968 und anderer Zusatzleistungen die Pauschalreise durch ein „Rundum-Sorglos-Paket" ergänzt werden konnte. Dazu kam im Jahre 1979 die Einführung des verbraucherfreundlichen deutschen Reisevertragsrechtes.

---

[1] Siehe auch Homepage der Thomas Cook AG, www.thomascookag.com

Ohne die Pauschalreise wäre die Entwicklung des Massentourismus nicht möglich gewesen. Am Ende des 20. Jahrhunderts erreichte die Zahl der Pauschalurlauber in Deutschland erstmals fast die Zahl der Individualreisenden.

Die Erfolge der Pauschalreise waren nur möglich, weil sie sich über die Jahrzehnte hinweg, entsprechend der sich wandelnden Verbraucherwünsche, auch weiterentwickelt hatte. Im Fokus der Weiterentwicklung standen dabei primär vier Punkte:

1. Die Pauschalreise preislich günstiger zu gestalten als der getrennte Erwerb der Einzelleistungen. Dies wurde erreicht durch:

   - Produktivitätsvorteile beim Veranstalter aus Mengensteigerung (Skaleneffekte) - harter Einkaufswettbewerb im Zielgebiet
   - Kostenvorteile im Flugverkehr (Effizienzvorteile durch technischen Fortschritt im Flugzeugbau, Skaleneffekte durch größere Flugzeuge, bessere Auslastungssteuerung sowohl hinsichtlich Stundenauslastung als auch Sitzplatzauslastung)
   - Härterer Preiswettbewerb am Markt.

   Die Erfolgsgeschichte der Pauschalreise war über viele Jahre hinweg nachhaltig durch den Werbeslogan „Billiger als im Vorjahr" gestützt.

2. Immer mehr Leistungen in die Pauschalreise einzuschließen, um sie attraktiver zu machen. Dies waren vor allem Zusatzleistungen

   - in den Hotels und in den Destinationen, aber auch
   - im Quellmarkt (z.B. Zug zum Flug).

   Hinzu kam die rechtliche Absicherung bei Buchung einer Pauschalreise.

3. Das Angebot innerhalb der Pauschalreise immer vielfältiger zu gestalten und sie damit für den Nachfrager auch individualisierbarer zu machen. Am Anfang der Pauschalreise waren die Bestandteile fest: Flug, Transfer, Hotel und dazu Halb- oder Vollpension und starre Reisezeiten (zwei- oder drei Wochen). Heute ist fast alles veränderbar. Darunter sind vor allem zu verstehen:

   - Vielfältigeres Hotelangebot
   - Vielfalt in den Zimmervariationen und in den Verpflegungsleistungen
   - Vielfalt im Transfer

- Zusätzliche optionale Angebote im Zielgebiet (Buchung von Mietwagen, verschiedene Sportangebote u.a.)
- Erweiterung des Angebotes hinsichtlich Anzahl Abflughäfen, Verkehrstage, Abflugzeiten
- Flexibilisierung hinsichtlich Urlaubsdauer und nicht zuletzt
- Kombinationsmöglichkeit fast sämtlicher Angebote

Ziel der Veranstalter war: Der Urlauber kann sich die einzelnen Elemente der Pauschalreise so individuell zusammenstellen, dass sich hieraus „seine" persönliche Pauschalreise ergibt.

4. Offensive werbliche und vor allem PR-mäßige Vermarktung der Pauschalreise durch die Reiseveranstalter

Der ungeheure Erfolg der Pauschalreise (und damit des Massentourismus) wurde gleichzeitig auch zu ihrem stärksten Kritikpunkt. „Hilfe, die Neckermänner kommen" wurde als Synonym für alle Pauschalreisende verwendet. Dieser permanente Konflikt zwischen realer Vorteile der Pauschalreise und psychologisch negativer Bewertung prägte ein ambivalentes Bild dieser erfolgreichen Reiseform. Die Veranstalter haben diese Diskussion jahrzehntelang erfolgreich ausgestanden. Der Verfasser erinnert sich an eigene Veröffentlichungen zu diesem Thema Anfang der 1990er-Jahre unter der Überschrift „Opas Pauschalreise ist tot - es lebe die Pauschalreise" oder wenige Jahre später in der FAZ (Born 1998): „Da bleibt nur ein kleines Imageproblem. Die Pauschalreise ist vielen zu „pauschal". Ihr haftet der Geruch des Massentourismus an." Es war immer das gleiche Problem: Die Pauschalreise als Erfolgsmodell, aber etwas abgenutzt in der öffentlichen Anerkennung. Vor wenigen Jahren kam der neue Diskussionspunkt hinzu, ob der Name „Pauschalreise" noch zeitgemäß sei (siehe hierzu Born 2002).

Interessanterweise, aber inzwischen nicht mehr überraschenderweise, sind genau diese vier Punkte wieder die aktuellen Diskussionspunkte, wenn es um die Zukunft der Pauschalreise geht.

In der Vergangenheit schaffte es die Pauschalreise aus jeder Diskussionen individualisierter und damit verbessert hervorzugehen, was gleichzeitig verstärkt kommuniziert wurde und damit die „Liebe" des Verbrauchers zu diesem Produkt immer wieder neu „entflammen" ließ.

Im folgenden Beitrag sollen die aktuellen Probleme ausführlicher analysiert und Weiterentwicklungsmöglichkeiten aufgezeigt werden.

2 Ist die traditionelle Pauschalreise am Ende?

Entsprechend dem Marketing-Grundsatz, dass die Kundensicht die alles entscheidende sei, soll diese Frage auch zuerst aus der Nachfrager-Perspektive beantwortet werden.

„Die meisten Pauschalreisenden sind von den Vorteilen „ihrer" Form des Reisens überzeugt. Ein schlechteres Image hat der Pauschalurlaub dagegen bei den Individualreisenden. Negative Vorurteile finden bei ihnen eher Bestätigung, während den Vorurteilen nicht so recht getraut wird" (F.U.R. 2004).

Demzufolge sind die „Verwender" zufrieden, während es offensichtlich nicht gelingt die bisherigen „Nicht-Verwender" von der Pauschalreise zu überzeugen.

Was der Pauschalreisende an seinem Produkt schätzt, sind:

- Orientierungshilfe bei der Buchung
- Freundliche und kompetente Beratung
- Attraktive Produkte und Innovationen die seinen Wünschen entsprechen
- Fairen Preis und berechenbare Urlaubskasse
- Reibungsloses Urlaubsvergnügen ohne negative Überraschungen
- Bequemlichkeit und Sorglosigkeit
- Rechtssicherheit

Auch und sogar insbesondere, ist die kurzfristigere Buchung ein Argument für die Pauschalreise. Je weniger Zeit der Kunde hat um sich um die Reisevorbereitung zu kümmern, desto mehr braucht er die vorgefertigte Pauschalreise. Deshalb ist das Gegenargument, dass immer mehr potenzielle Kunden die Fähigkeit hätten, sich ihre Reise selbst zusammenzustellen, nur ein Teilaspekt der Entscheidung pro/contra Pauschalreise. Aus Zeit- und Bequemlichkeitsgründen buchen viele aus diesem Personenkreis trotzdem eine Pauschalreise, obwohl sie die Reise selbst organisieren könnten.

Auch aus Sicht der großen Reiseanbieter ist die Pauschalreise ebenfalls unverzichtbar, weil sie unverändert quantitative Basis des Geschäftes ist. Die Probleme auf Seite der Anbieter entstehen durch die zunehmende Marktsegmentierung und dadurch eintretende Kannibalisierungseffekte (siehe Punkt 3.5), sowie dem sich in letzter Zeit wieder verstärkenden Preisdruck. Die Veranstalter reagierten darauf mit straffen Sparmaßnahmen um in der Produktion kostengünstiger zu werden, was sich allerdings teilweise negativ in der Qualität (Zuverlässigkeit, Bequemlichkeit) der

Pauschalreise niedergeschlagen hat (typisches Beispiel: Mehrfache Veränderung der Abflugzeiten in der Zeit von Buchung bis Abflug). Dies hat zu einer nachhaltigen Verunsicherung der Reisenden geführt (siehe hierzu ausführlicher Born 2004a). Damit ist ein traditioneller Vorteil gegenüber Selbstorganisieren verloren gegangen.

Zu einer zusätzlichen Verwirrung hat die Diskussion auf Seite der Anbieter beigetragen, ob der Name „Pauschalreise" noch zeitgemäß sei. Daraus ist missverständlicherweise die erneute Diskussion entstanden, ob die Pauschalreise selbst noch zeitgemäß sei. Aber ob sie „Flexible Bausteinreise", „vorgefertigte Reise", „individuelle Reisezusammensetzung" oder „Veranstalterreise" heißt, wenn die Pauschalreise künftig vor allem hinsichtlich des Preises nicht dynamischer angeboten wird, ändert auch eine Umbenennung nichts.

Die Reiseveranstalter haben inzwischen den Ernst der Situation erkannt und überprüfen das traditionelle Geschäftsmodell auf notwendige Veränderungen. Zusätzlich starteten sie eine kommunikative Offensive pro Pauschalreise im Allgemeinen und pro Qualität im Besonderen.

3 Probleme der Pauschalreise

3.1 Generelle Nachfrageprobleme in der Touristik

Die erfolgreiche Gestaltung der Pauschalreise und ihr attraktiver Preis haben zu ihrem außerordentlichen quantitativen Erfolg geführt. Die jährlichen Mengensteigerungen gaben wiederum neuen Handlungsspielraum für Weiterentwicklungen ohne Preiserhöhungen (zumindest keine wesentlichen) vornehmen zu müssen. Diese über Jahrzehnte unverändert erfolgreiche positive Spirale wurde durch die Attentate vom 11. September 2001 und darauf folgende weitere größere Krisen (SARS, Irak-Krieg usw.) und anderen Störungen nachhaltig durchbrochen. Mit dem Verlust der jährlichen Mengensteigerungen, die man unglücklicherweise zuerst nur für eine vorübergehende Erscheinung hielt, ist quasi einer der wesentlichen Erfolgsfaktoren der Pauschalreise weggebrochen.

Dies setzte nun eine umgekehrte Spirale von Kalkulations- und Preisproblemen mit folgenden weiteren Mengenverlusten usw. in Gang.

Die Branche hat im Prinzip bis heute darauf keine adäquate Antwort gefunden.

3.2 „Modetrend" Individualisierung

Der generelle Verbraucherwunsch nach Individualisierung ist kein Modetrend, sondern ein starker und stabiler Kundenwunsch. Hinzu kommt, dass in den letzten Jahren das allgemeine Verbraucherverhalten immer stärker auch das branchenspezifische Verbraucherverhalten beeinflusst.

Im Tourismus haben wir es aber mit dem ganz besonderen Phänomen zu tun, dass sich der Massentourist resp. der Pauschalurlauber nicht zu seiner Gattung bekennt. Man kann diese Feststellung leicht verifizieren, indem man Urlaubsreisenden im persönlichen Gespräch nach ihren Gewohnheiten, Vorlieben und Erfahrungen fragt. Von einem sehr großen Teil wird man vernehmen, dass man dem Tourismus selbstverständlich aus dem Weg gehen, dass man diesen oder jenen Ort meiden müsse, weil er „touristisch verseucht" sei, und dass touristisch unberührte Plätze unglücklicherweise immer seltener würden. Anschließend wird der Befragte voller Freude von einem Platz erzählen, als Geheimtipp, ohne die üblichen Touristen. Eine Kneipe, in der nur Einheimische sitzen, aber nie Touristen.

Niemand will Pauschalreisender sein, im Unterschied zum Besuch anderer Massenveranstaltungen (wie z.B. großen Sportveranstaltungen), wozu man sich gerne und voller Stolz bekennt[2].

So vermeidet die TUI-Premiummarke airtours, wo immer es geht, ihre Zugehörigkeit zum größten Touristikkonzern TUI zu betonen, weil ihre Kunden keine Pauschalreisende sein wollen und dies auf Befragen (vielleicht sogar „ohne besseres Wissen") bestreiten würden[3].

„Wenn schon organisiert verreisen, dann bitte individuell", von diesem „verschämten" Anspruch individuell sein zu wollen, hin zum tatsächlichen Selbstorganisieren ist es dann nur noch ein kleiner Schritt.

Wer selbst „bastelt" ist derzeit trendy!

3.3 „Modetrend" Billig

Einer der stärksten allgemeinen Verbraucherwünsche lautet „More quality for less money" und ist bei gleichzeitiger Polarisierung der

---

[2] Ein ähnliches Phänomen kann man nur beobachten, wenn Verbraucher hartnäckig bestreiten Leser der auflagenstärksten Zeitung (BILD) und regelmäßige Seher der erfolgreichsten TV-Serie (Lindenstraße) zu sein.

[3] Ein Branchenspott sagt, das Wertvollste an einer airtours-Reise sei der Kofferanhänger „airtours", weil dieser signalisiere, dass man kein Pauschalreisender sei.

Nachfrage sowohl für das Preis- wie auch für das Qualitätssegment zutreffend. Der Preiskäufer orientiert sich dabei primär am Preis, will dafür aber höchstmögliche Qualität, während der Nutzenkäufer (Qualitätskäufer), sich primär an seinem Nutzen orientiert, dabei aber so wenig wie möglich zahlen will.

Im harten Preiswettbewerb des Einzelhandels hat sich die Argumentations- bzw. Entscheidungsrelevanz scheinbar stark in Richtung Preis verkürzt. „Billig ist Trumpf" und „Geiz ist geil" sind aktuelle Werbeslogans im sich verschärfenden Kampf um den Endverbraucher. Wobei es keine Rolle mehr spielt, dass dieser Trend nicht als Verbraucherwunsch, sondern aus dem Konkurrenzkampf der Anbieter (im Einzelhandel) entstanden ist. Qualitative Unterschiede nur über den Preis zu vermitteln, ist hierbei nicht mehr möglich. Die Vorstellung über den Wert einer Ware ist mehr als fraglich geworden. Im Sinne eines Schnäppchens, wird jeder Preis für möglich gehalten. Diese Entwicklung, auch unter dem Schlagwort „Aldisierung" bekannt, hat nun auch Eingang in die Diskussion um die Pauschalreise gefunden, obwohl die Ausgangslage nicht vergleichbar ist:

Tab. 1: Vergleich Prinzip Aldi zu Pauschalreise

„Prinzip Aldi"	„Prinzip Pauschalreise"
Konstant günstige Preise	→ Saisonzeiten, Ermäßigungen, Ab- und Zuschläge, Preisaktionen für Frühbucher und Last Minute, fehlende Preistransparenz
Limitiertes Angebot	→ Vielfältiges Angebot, komplexes Produkt, Bündel mehrerer Einzelleistungen und diese wiederum vielfältig kombinierbar
Gleichbleibende Qualität	→ Pauschalreise ist Dienstleistung, unterschiedliches Verbraucherempfinden, hoch emotionales Produkt
Einfacher Vertrieb	→ mehrstufiger Vertrieb, teilweise beratungsbedürftig, aufwendige Werbeaktionen

Quelle: eigene Darstellung

„Dabei ist Urlaub komplex, beratungsintensiv, wertig und emotional, das ist alles anders als im Lebensmittelhandel" (Munsch 2002).

Der wesentlichste Unterschied in der Pauschaltouristik gegenüber allen anderen Branchen liegt in der Forderung des Käufers, insbesondere des Preiskäufers, nach „zweimal Best-Offer". Die Problematik ergibt sich aus der Zeitspanne zwischen Kauf (Buchung) und Verbrauch (Reisebeginn) und den sich in der Zwischenzeit verändernden Preisen, wie das folgende Beispiel zeigt:

Kauf eines Kühlschrankes	**Kauf einer Pauschalreise**
Käufer will am Tag des Kaufes den bestmöglichen Preis. Verändert sich dieser acht Wochen später, tangiert ihn das nicht, weil er das Produkt in der Zwischenzeit „gebraucht" hat.	Käufer will den günstigsten Preis a) am Tag des Kaufes (Buchung) und acht Wochen später auch b) am Tag des Gebrauchs (Beginn der Urlaubsreise)

Dieses spezielle Käuferverhalten kann durch das traditionelle Angebot im starren Reisekatalog nicht gelöst werden. Daraus resultiert zu einem wesentlichen Teil die Verschiebung der Kaufentscheidung in Richtung Last Minute, weil der „smarte" Konsument aus Erfahrung weiß, dass es zu diesem Zeitpunkt noch genügend Angebote und diese teilweise wesentlich billiger gibt[4].

Die unterjährigen Preisveränderungen sind teilweise branchentypisch und deshalb grundsätzlich nicht zu vermeiden (höchstens vom Umfang reduzierbar).

Gründe für unterjährige Preisveränderungen in der Pauschaltouristik

- Die ökonomischen Rahmenbedingungen im Quellgebiet haben sich geändert
- Preise der Konkurrenz
- Zielgebietspräferenzen der Verbraucher haben sich geändert
- Ereignisse im Zielgebiet hemmen die Nachfrage
- Saisonale Schwankungen in der Nachfrage
- Geänderter Buchungsverlauf
- Generelle Überkapazitäten auf der Anbieterseite

---

[4] Ein weiterer Grund für das Ansteigen der Last Minute-Buchungen ist im Wunsch der Konsumenten nach Multioptionalität begründet. Ein Teilaspekt dieses Verbraucheranspruches liegt darin, „sich so spät wie möglich zu entscheiden".

Einige Veranstalter haben hieraus Konsequenzen gezogen und experimentieren mit variablen Preisangeboten in den Katalogen, so z.B. der Veranstalter Neckermann mit dem Angebot „Extra-Knüller" und dem Kataloghinweis, dass diese Preise je nach Nachfrage schwanken. Die TUI-Tochter airtours gibt im Sommerkatalog 2004 Preisspannen an, innerhalb derer sich der Preis während der Saison ändern kann. Unterjährige Hotel- und Flugpreisschwankungen will airtours an die Kunden weitergeben.

Obwohl ausreichende Erfahrungen mit diesen Angeboten noch ausstehen, ist die erste Reaktion der Verbraucher eher enttäuschend. Abgesehen davon, dass dieser Vorstoß ein Beitrag zur Katalogehrlichkeit ist, wird dadurch nicht das grundsätzliche Problem des „zweimal best-offer" gelöst. Darüber hinaus vermisst ein Teil der Nachfrager die eindeutige Preisangabe zur Erstorientierung in der Hotelauswahl (Vorauswahl, „was kommt für mich preislich überhaupt in Frage?").

Letztlich entsteht neuerdings als größtes Problem, dass durch die Angebote der Billigfluggesellschaften und der Hotelportale, die Pauschalreise nicht mehr grundsätzlich billiger ist. Das nagt am wesentlichsten Selbstverständnis der Pauschalreise[5]. „Im Grunde ist es ganz einfach: Die Pauschalreise hat nur dann eine Existenzberechtigung, wenn sie preiswerter ist, als die individuell zusammengestellte Reise. Wenn diese Regel nicht mehr gilt, kann die Pauschalreise sich verabschieden" (Kastner 2004).

3.4 Kapazitätssteuerung vs. Kundenwünsche

Die mehr als 160 Jahre alte These von Thomas Cook: „Lieber ein Maximum zu ermäßigten Preisen, als voller Tarif für leere Züge", ist inzwischen zum Credo im Yieldmanagement der Reiseveranstalter und touristischen Leistungsträgern geworden. Insbesondere das Ergebnis der integrierten Touristikkonzerne hängt davon wesentlich ab. „Das Management der eigenen Assets ist die unternehmerische Herausforderung." (Frenzel 2002).

---

[5] Siehe oben Kapitel 1, 1. Punkt.

Um dies erfolgreich umzusetzen sind zwei Dinge von besonderer Bedeutung:

a) Je standardisierter die Produkte sind, desto leichter ist die Auslastung zu planen.

b) Die Reisebüros, speziell die konzerneigenen, sind aufgefordert, vorrangig jene Reisen zu verkaufen, die dazu beitragen noch offene Flug- bzw. Hotelkapazitäten besser auslasten. Die Reisebüros erhalten dafür zusätzliche Provisionszahlungen[6].

Beides muss nicht unbedingt den originären Kundenwünschen entsprechen. Ein bestimmter Reisewunsch, der bei einem Veranstalter ausgebucht ist, könnte durch Kombination von Flug und Hotel unterschiedlicher Veranstalter doch noch erfüllt werden.

Erfahrene Reisebüros (und erfahrene Reisende) wissen das und suchen in diesem Falle nach eigenen Lösungen.

3.5 Kannibalisierungseffekte durch zusätzliche Angebote

Unter dem Druck nachlassender Buchungszahlen bei der klassischen Pauschalreise (siehe oben Punkt 3.1) versuchten insbesondere die großen Reisekonzerne durch Verbreiterung der touristischen Produktpalette zusätzliche Marktsegmente zu generieren. Zudem sind diese Unternehmen, insbesondere unter dem Börsendruck, gezwungen auch auf jeden neuen Hype aufzuspringen. Die Kannibalisierung des Hauptproduktes, der klassischen Pauschalreise, ist die zwangsläufige Folge.

Das Agieren der Low-Cost-Carrier, verstärkte Teilleistungs-Angebote über Internet, Eigenveranstaltung der Reisebüros, Ferienwohnrechte und andere „zeitgemäße Innovationen" können nicht ohne Auswirkung auf die Pauschalreise bleiben. Es wird zwar immer wieder betont, dass die Low-Cost-Carrier eine Kundenschicht ansprechen würden, die bisher nicht diese Art der Reise unternommen hätten. Dies mag zwar richtig sein, aber die Touristen haben nur ein Reisebudget, d.h. Ausgaben bei dieser Reiseform werden an anderer Stelle eingespart (z.B. durch eine kürzere oder preiswertere Haupturlaubsreise als zuvor).

---

[6] Dieser Vorgang wird mit dem Fachbegriff „das Reisebüro kann steuern" bezeichnet. D.h. das Reisebüro kann die Nachfrage auf die noch offenen Hotel- bzw. Flugkapazitäten des Leitveranstalters „steuern" im Sinne von lenken.

Aufgrund des veränderten Umfeldes muss man zur Kenntnis nehmen:

a) Die Pauschalreise ist auf ihrem hohen Niveau quantitativ nicht mehr steigerbar (aber durchaus noch qualitativ steigerbar).

b) Eine weitere Abwanderung hinzu Last Minute und No Frills muss gestoppt werden.

c) Letzteres kann nur erreicht werden, durch alternativen Einschluss in die Pauschalreise (würde sogar zu zusätzlicher Individualisierung führen).

Sofern das Pauschalangebot nur preislich auf diese neuen Herausforderungen reagiert, wird ihr Niedergang verzögert aber nicht verhindert.

4 Weiterentwicklungsmöglichkeiten der Pauschalreise

4.1 Inhaltliche Weiterentwicklung

Der Kundenutzen ist die Grundlage eines jeden erfolgreichen Geschäftssystems und zwar für beide Seiten. Die Schaffung einer intensiven und auf Dauer gerichteten Kundenbeziehung muss im Mittelpunkt der unternehmerischen Bemühungen stehen.

Demzufolge müssen am Ausgangspunkt der Überlegungen zur Weiterentwicklung der Pauschalreise die Fragen stehen:

a) Was sind heute und noch mehr in Zukunft die Wünsche der Pauschalreisenden? und

b) Wie kann der Reiseanbieter diese Wünsche erfüllen? (ausführlicher hierzu in Born 2004c).

Obwohl kein Zweifel darin besteht, dass die Fähigkeit von Unternehmen, Kundenorientierung intern und am Markt durchzusetzen, einer der zentralen Erfolgsfaktoren ist, verwundert wie oft, insbesondere aus kurzfristigem Gewinnstreben, dagegen verstoßen wird. Eine der Ursachen liegt darin begründet, dass in der betrieblichen Praxis die Begriffe Marktorientierung und Kundenorientierung oftmals synonym verwendet werden, was nicht richtig ist. Marktorientierung bedeutet primär wettbewerbsorientiert und auf sämtliche Marktteilnehmer ausgerichtet (könnte z.B. vor allem auf einen Konkurrenten ausgerichtet sein). Kundenorientierung dagegen ist primär die Erfüllung des spezifischen Kundenutzens bzw. der Kundenerwartung (Homburg 1998). Sie definiert sich nicht in erster Linie aus Unternehmenssicht, sondern aus Sicht des Kunden. Die Interaktion mit dem Kunden ist dabei der Erfolgsfaktor. Damit wird Kundenorientierung immer automatisch auch zur Marktorientierung (aber nicht umgekehrt).

Um Kundenwünsche wirklich zu erfüllen ist insbesondere in der Touristik ein sehr tiefes und detailliertes Kundenwissen nötig:

- welche Produkteigenschaften sind dem Kunden wirklich wichtig,
- welcher Zusatznutzen ist für ihn von Bedeutung,
- welche emotionale Faktoren entsprechen seinen Träumen und
- welcher dieser Faktoren ist für die Kaufentscheidung maßgeblich.

Trotz hohem Mitteleinsatz in Bezug auf Costumer Relationship Management (CRM), sind die Informationen entweder nicht vorhanden, nicht im richtigen Moment verfügbar oder werden aus anderen Gründen nicht verwendet. Aber es gilt in der Touristik noch mehr als in anderen Branchen die Forderung von McKenna (1997) „From Data Content to People Content". Lerch (2004) formuliert es ähnlich: „Tourismus ist und bleibt People`s Business, auch wenn die Branche gut daran tut, systematischer und vielleicht auch etwas industrieller zu denken."

Bevor neue Angebotsformen beschrieben werden, erscheint es notwendig auf die grundsätzlichen Inhalte, quasi als Basics, hinzuweisen. Wenn der Pauschalreisende nicht überzeugt ist, dass die Anbieter die für ihn individuell beste Lösung in ihrem Portfolio haben, wird er sich schnell auf die Suche nach „seiner" eigenen Lösung machen.

Die künftige Pauschalreise muss demnach folgende Forderungen erfüllen:

- Sie muss preislich attraktiver sein, als die Addition der Einzelleistungen.
- Sie muss so modular aufgebaut sein, dass der Kunde seine individuelle Pauschalreise zusammensetzen kann, sowohl hinsichtlich der realen Reisekomponenten als auch hinsichtlich der Betreuung während des Urlaubs.
- Sie muss alle Komponente in Echtzeit und vakanzgeprüft anbieten.
- Sie muss zu jedem Punkt eine Alternative anbieten können, damit der Kunde sicher ist, die für ihn optimale Wahl getroffen zu haben.

- Sie muss dem Kunden einen Mehrwert bieten, den er sich selbst nicht ohne weiteres besorgen kann.
- Sie muss einfach buchbar sein, über welchen Vertriebskanal auch immer.
- Sie muss dem Kunden die Chance geben den Entscheidungs- und Buchungsprozess selbst zu steuern.
- Sie muss ein hohes Maß an Bequemlichkeit und Sorglosigkeit bieten.
- Sie muss Zuverlässigkeit, Sicherheit und Rechtssicherheit bieten.
- Sie muss ein vergleichbares Image im Verhältnis zur Individualreise bieten.

4.2 Neue Angebotsformen

4.2.1 Dynamic Packaging

Die Reiseveranstalter bieten schon heute modulare Angebote:

Variante 1: Traditionelles Baustein-Geschäft

→ Der Kunde kauft nicht gebündelte Einzelkomponente

Variante 2: Traditionelles Veranstalter-Geschäft

→ Der Kunde kauft ein Pauschalpaket, die Einzelleistungen werden durch den Veranstalter oder das Reisebüro „gepackt".

In beiden Fällen basieren die Inhalte auf statisch vorfabriziertem Angebot (auf Basis vorverhandelter Kontingente und Verträge) zu festgelegten Preisen. Das Angebot folgt der Push-Logik, d.h. wird vom Anbieter in den Markt gedrückt.

Beiden Modellen fehlt der vom Kunden gewünschte (geforderte) dynamische Aspekt.

Daraus entwickelte sich

Variante 3: Dynamisches Komponenten-Geschäft

→ Kunde kauft Komponente entweder

a) aus aktuellem dynamischen Bestand (zu aktuellen Preisen) von Veranstalter/Reisebüro oder

b) direkt vom Leistungsträger

In diesem Fall ist der Kunde als Pauschalkunde verloren (nicht immer ist dies dem Kunden allerdings auch bewusst, dies tritt oftmals erst im Rechtsstreit zutage).

Daraus entwickelt sich seit einiger Zeit zaghaft, jetzt und künftig verstärkt

Variante 4: Dynamic Packaging

→ Hier wird veranstalterübergreifend, just-in-time (zu aktuellen Preisen), auf den gesamten aktuellen Marktbestand zugegriffen und dem Kunden ein entsprechendes Angebot geschnürt und mit einem Gesamtpreis verkauft.

Entsprechende lautet die Definition verschiedener Anbieter von Reservierungssystemen (z.B. von Amadeus):

„Dynamic Packaging ist die in Echtzeit erfolgende kundengerechte Auswahl, Bündelung und Buchung von Reisekomponenten aus unterschiedlichen Quellen nach den Regeln des Veranstaltergeschäfts zu einem Gesamtpreis."

Im Unterschied zu den statischen Varianten 1 und 2 wird hier auf einen dynamischen Bestand zugegriffen, der

- verfügbar,
- buchbar, d.h. vakanzgeprüft und
- mit aktuellem Preis versehen sein muss.

Das Geschäft folgt der Pull-Logik, d.h. der Kunde „zieht" das von ihm gewünschte Angebot aus dem Markt heraus.

Im Prinzip ist dies eine (dynamische) Variante der Pauschalreise, aber kein Ersatz. Einige besonders kreative Reisebüros haben dieses Geschäft schon früher betrieben, ohne die Bezeichnung „Dynamic Packaging" zu verwenden. Die Verwendung des neuzeitlichen Begriffes sollte jedoch nicht dazu führen die traditionelle Pauschalreise als „out" zu bezeichnen, sondern sollte eher als weitere Variante zur Individualisierung der Pauschalreise hervorgehoben werden.

Die Probleme dieses Angebotes liegen mehr im technischen Bereich der sog. Schnittstellen:

1. Inhalte: In den wichtigsten Destinationen pflegen die Hoteliers noch enge Bande mit ihren Veranstaltern, Restkontingente sind nicht frei verfügbar. Die meisten Hoteldatenbanken sind noch statisch, d.h. sie sind online nicht mit ihren Partnern verbunden.

2. Komplexität: Dynamic Packaging erfordert großes Datenvolumen und somit eine komplexe Software. (Die Verknüpfung verschiedener Reisedatenbanken ist sehr aufwendig.)

3. Kundenpräferenzen: Ein Teil der Kunden kann durch die Angebotsvielfalt überfordert werden.

4.2.2 Internet-basierte Pauschalreise

Das unter 4.2.1 beschriebene Geschäftsmodell auf das Internet übertragen, wird in der aktuellen Diskussion als „Virtueller Veranstalter" bezeichnet. Dieser Begriff ist irreführend, denn nach strenger Logik müsste man darunter eine virtuelle Organisation verstehen (siehe Bastian, Der virtuelle Reiseveranstalter). Andererseits könnte man darunter einen Anbieter von virtuellen Reisen, wie wir dies aus Science Fiction-Visionen kennen, verstehen.

Der richtige Begriff ist demnach eher „Internet-basierte Pauschalreise", deshalb wird dieser auch im Folgenden so verwendet.

Die Definition lautet:

„In Echtzeit erfolgende kundengerechte Auswahl und Bündelung von Reisekomponenten aus unterschiedlichen *Internetquellen* und direkter Buchung *im Internet*"[7].

TUI hat sich seit 1.5.2004 mit 40% an dem virtuellen Reiseveranstalter Touropa beteiligt, um rechtzeitig in diesem Zukunftssegment tätig zu sein. Buchungsfreigabe soll voraussichtlich Anfang 2005 sein. Angeboten werden diese Reisen ausschließlich über Internet zu tagesaktuellen Preise (Die Touropa-Produkte werden aber auch über Reisebüros erhältlich sein, d.h. die Reisebüros können ihre Kunden via Internet einbuchen und so mitverdienen).

---

[7] Die Abweichungen zur Definition Dynamic Packaging sind kursiv gesetzt. Auf den Definitionsteil „in Echtzeit" wurde hierbei verzichtet, weil dies bei einem Internet-Angebot als selbstverständlich vorausgesetzt wird.

Das frühe Engagement der TUI muss nicht nur in der Zukunftsbedeutung dieses Segments begründet sein. Vielmehr ist anzunehmen, dass TUI über diesen Angebotsweg primär ihre eigenen Produkte präferieren wird. Damit könnte eines der wichtigsten Merkmale dieser Angebotsform entfallen, dass der potenzielle Pauschalreisende marktübergreifend das für ihn passende Angebot suchen kann.

Mit hoher Wahrscheinlichkeit wird der Kunde sich künftig einer Vielzahl virtueller Veranstalter gegenübersehen:

Veranstaltergetriebener virtueller Veranstalter:
→ primäre Kombination von Teilleistungen aus dem eigenem Konzern (Beispielsweise TUI/Touropa)

Hotelgetriebener virtueller Veranstalter:
→ primäres Angebot von Betten der eigenen Hotelkette (könnte beispielsweise ArabellaSheraton sein), zusätzlichen Link auf eine Flugdatenbank

Fluggetriebener virtueller Veranstalter:
→ primäres Angebot der eigenen Flugsitze (könnte beispielsweise Air Berlin sein), zusätzlichen Link auf eine Hoteldatenbank

Mietwagengetriebener virtueller Veranstalter:
→ primäres Angebot der eigenen Mietwagen (könnte beispielsweise Sixt sein), zusätzlichen Link auf eine Hotel- und eine Flugdatenbank

Echter nur internetgetriebener virtueller Veranstalter:
→ hat kein eigenes Angebot (könnte beispielsweise Expedia sein), Link auf Hotel-, Flug- und Mietwagendatenbank – unter Umständen eingeschränktes Angebot, weil nur begrenzter Zugang zu fremdem Content.

Bei dieser Angebotsvielfalt wird das Thema Kundenbindung künftig von noch höherer Bedeutung sein (siehe zum Thema Kundenbindung besonders Kraft 2002).

Vorteile des Internet-basierten Veranstalters:

- Umfassendes Angebot
- Immer aktuelle Preise verfügbar
- Sehr frühe Steuerung möglich bei der Betten- und Flugsitzauslastung

    → Wenn ein Ziel zu wenig Kunden findet, werden rechtzeitig die Preise gesenkt und nicht wie bisher im letzten Moment über Billig-Anbieter verkauft.

→ Wenn sich für ein Ziel eine große Nachfrage abzeichnet, können die Preise steigen (Das System macht gegenüber der traditionellen Angebotsform nur Sinn, wenn dies auch tatsächlich konsequent so umgesetzt wird. Wenn der Kunde keine realistische Befürchtung vor steigenden Preisen hat, wird er weiterhin spätmöglichst buchen. Die Kunden buchen nur dann früher, wenn die Preise für beliebte Ziele tatsächlich steigen, siehe Billigfluggesellschaften).

- Automatische Aufnahme veränderter bzw. neuer Angebote

Probleme:

- Engpass Technik. Das Geschäftsmodelle erfordert neue Techniken; flexible Schnittstellen zu externen Reservierungssysteme aller Art
- Das Modell muss schnell und kostengünstig funktionieren
- Zeit und Übersichtlichkeit für den Kunden als Engpass. Sind die Kunden überfordert, entsteht Beratungsbedarf, der systembedingt nicht geboten werden kann.
- Sicherstellung des Preisvorteils im Paket gegenüber Addition von Einzelleistung
- Wie Mehrwert für den Kunden schaffen
- Zwar steigende Akzeptanz des Internets für Informationssuche, aber für Buchung nur unterproportional akzeptiert (schlechte Look-to-book Rate)

4.2.3 Der Kunde steuert den Prozess

Über das Modell „Internet-basierte Pauschalreise" hinaus gibt es noch viele Möglichkeiten die Pauschalreise weiterzuentwickeln. Ziel ist: Noch weniger statische Vorfabrikation durch die anbietenden Veranstalter, hin zu mehr Steuerung des Produktionsprozesse durch den Kunden (erst dann ist der eigentliche „virtuelle Veranstalter" im Sinne der Bedeutung dieser Definition geschaffen, siehe hierzu Bastian). Hier liegt die Zukunft der Pauschalreise.

Einige wesentliche Punkte auf dem Weg dahin, werden im Folgenden skizzenhaft aufgezeigt:

1. Produktionszyklus

Der heutige zweimalige Produktionszyklus pro Jahr mit dem Durchlaufen aller Teilprozesse der Produktentwicklung von Planung über Einkauf, Produktzusammenstellung, Kalkulation und Pricing bis hin zur Katalogerstellung ist sehr kosten- und zeitintensiv und im Prinzip verzichtbar. Dieser Produktionszyklus kann in einem ersten Schritt auf einen Zyklus pro Jahr und später auf eine einmalige Bereitstellung reduziert werden. Die Veränderungen und Ergänzungen erfolgen unabhängig von einem starren Rhythmus, sondern nur wenn notwendig. Der starre Kalkulations- und Pricingvorgang erscheint angesichts der für die Branche üblichen schnellen Veränderungen ohnehin als Farce.

Ziel: Die Entwicklung der Nachfrage steuert in einem permanenten Fluss die Angebotserstellung und das Pricing.

2. Katalog und Angebot

Abgesehen davon, dass dahingestellt sein kann, in welcher Form (Papier, und hier in welcher Größe, oder elektronisch) die Darstellung des Angebotes erfolgen kann, dürfte unbestritten sein, dass der überwiegende Teil des Kataloges für den Kunden, angesichts seiner persönlichen Präferenzen, unnötig ist und bestenfalls als Bilderbuch zur Reisemotivation dient. Der Katalog in heutiger Form wird deshalb von einigen Anbietern als antiquiert, von anderen aber auch als in Zukunft unverzichtbar angesehen. Letzte argumentieren damit, dass die Fülle der Reisangebote den Urlauber überfordern würde und deshalb eine wie auch immer geartete sinnvolle Vorsortierung notwendig sei.

Dies erfolgt allerdings ohne Zweifel besser on demand. Der Kunde teilt seine Wünsche mit und erhält das für ihn passende Angebot. Hier sind verschiedene Varianten denkbar:

a) Der Kunde erhält seinen persönlichen Katalog (unabhängig ob auf Papier oder elektronisch), als seine persönliche Vorauswahl (mit oder ohne exaktes Pricing denkbar)

b) Der Kunde erhält konkrete Angebote nach den angegebenen Präferenzen hinsichtlich Zielgebiet, Hotelniveau usw.

c) Dies kann auch über eine Vorgabe der Motive erfolgen (siehe hierzu erste Ansätze bei L`tur mit MOPS, Motiv Orientierte Persönliche Suche)

d) In der nächsten Stufe hat der potenzielle Kunde sein persönliches Nachfrageprofil bei seinem Anbieter hinterlegt. Wann immer der Kunde in seine Urlaubsplanung einsteigen will, startet er (im Sinne von „der Kunde steuert den Prozess"!) die für ihn persönliche Angebotserstellung. Da er im Sinne der modernen Kundenbeziehung jederzeit beim Anbieter sein Profil einsehen kann, bleibt es ihm dabei unbenommen, sein persönliches Profil vorher je nach aktueller Situation zu verändern. Dieses System ist umso erfolgreicher, je mehr spezielle Wünsche dabei hinterlegt sind (von der Sitzplatzpräferenz bis hin zur Zimmerausstattung bzw. Zimmerlage usw.), gleichzeitig aber auch technisch anspruchsvoller, weil diese Daten teilweise in den traditionellen Reservierungssystem nicht online hinterlegt sind.

Alternativ steht es dem Anbieter frei, unaufgefordert den Kunden zu informieren, wenn er glaubt das vom Kunden gewünschte Angebot und gerade jetzt zum richtigen Preis (siehe hierzu nächster Abschnitt Preis) verfügbar zu haben. Wie verfahren wird, könnte Vereinbarungssache zwischen Anbieter und Kunde sein.

3. Preis

In Kapitel 3.2 wurde der spezielle Wunsch des Touristen nach „Zweimal Best-offer",

a) zum Zeitpunkt der Buchung und

b) zum Zeitpunkt des Reiseantrittes beschrieben.

Die Forderung zu a) ist beim Internet-basierten Veranstalter durch das Pricing in Real Time grundsätzlich gewährleistet, nicht jedoch die Forderung zu b), wenn zwischen Buchung und Reiseantritt eine Zeitdifferenz liegen sollte. Es kommt jetzt neu sogar noch eine dritte Variante dazu. Das oben beschriebene System, in dem der Kunde den Prozess steuert, funktioniert nur, wenn sich Preise permanent verändern, je nach Nachfrage nach oben oder nach unten. In der bisherigen Pauschaltouristik haben sich die Preise nur nach unten bewegt (oder sind bestenfalls gleich geblieben). Künftig ist denkbar, dass der abgeschlossene Preis für den Tag der Buchung zwar der günstigste ist, es einen Tag vorher aber einen günstigeren Preis gegeben hätte (wie heute schon bei den Low Cost-Carriern).

Jetzt macht die unter 4.2.3, Punkt 2d) beschriebene Variante Sinn, dass der Anbieter den Angebotsprozess anschiebt, nämlich dann, wenn er signalisieren will, dass die Preise steigen werden. Umgekehrt macht es für den Nachfrager nicht länger zwingend Sinn, nachdem er sich für seine Reise grundsätzlich entschieden hat, noch abzuwarten ob sie preiswerter wird, weil es genauso gut auch in die andere Richtung gehen kann.

Denkbar sind jetzt „Order" an das Reisebüro, analog zum Auftrag an die Bank beim Aktienhandel. Oder elektronisch werden vom Kunden selbst Stops gesetzt wie beim Kauf über ebay. „Preispoker beim Urlaub", erhält dann eine neue veränderte Dimension.

4. Alternativangebote

Der multioptionale Kunde will immer mehr als ein Angebot haben, er will wählen können wie aus einer Menükarte. Wie soll der Kunde wissen, was das beste Angebot für ihn ist, wenn er das Zweitbeste nicht kennt? Neben dem schon heute oft angebotenen Alternativvorschlag würde es zusätzlich Sinn machen, die angebotene Reise nochmals in einer vergleichbaren, aber teureren oder billigeren Version anzubieten.

Beispiel 1 Upgradevorschlag:

→ Ergänzend zum Normalangebot bietet das System alternativ Leistungserweiterungen oder höherwertige Leistungen an, beispielsweise Business-Class statt Economy Class oder Suite statt Doppelzimmer.

Beispiel 2 Downgradevorschlag:

→ Ergänzend zum Normalangebot biete das System alternativ qualitativ geringwertigere oder preiswertere Varianten an

Dies macht Sinn für Nachfrager und Anbieter. Der Nachfrager kann das ursprüngliche Angebot nochmals für sich verifizieren und damit seine Entscheidung noch weiter individualisieren.

Der Anbieter hat die Chance beim Upgrade noch einen höheren Ertrag durch das höherwertige Produkt zu erzielen und/oder die Auslastung zu verbessern. Letzteres würde sich ergeben, wenn beispielsweise die Economy Class zu diesem Zeitpunkt schon gut gebucht wäre und der Nachfrager durch ein (preislich) attraktives Upgrade-Angebot entgegen seiner ursprünglichen Absicht zu dieser höherwertigeren Buchung umgeleitet werden könnte.

Eine vergleichbare Situation könnte Beispiel 2 zugrunde liegen. Die attraktiven Außenkabinen könnten im Unterschied zu den weniger attraktiven Innenkabinen besonders gut gebucht sein. Der Anbieter versucht jetzt durch entsprechendes Angebot zu testen ob er diese konkrete Nachfrage umlenken kann.

5 Ausblick

Was eine Pauschalreise heute bietet ist fantastisch und es gibt wenig Produkte die diese Vielfalt (täglichen Abflug, individuelle Aufenthaltsdauer, Zubuchung aller möglichen Sonderleistungen, individuell für jedes Familienmitglied usw., mit Änderungs- und Ergänzungsmöglichkeiten vor Ort und das mit hoher Präzision, zumindest als Vorgabe) zu einem derart interessanten Preis anbieten.

Mancher „Experte" der nach noch mehr Individualisierung ruft, hat nicht unbedingt den Überblick, was heute schon möglich ist. In die gleiche Richtung geht die Meinung von DRV-Präsident Laepple: „König Kunde ist noch lange nicht so individuell und flexibel wie die moderne Pauschalreise". Inhaltlich mag er dabei recht haben, aber der Kunde selbst glaubt von sich flexibler zu sein.

Dazu passt, dass die Diskussion über die Pauschalreise, gerade wieder in einer Zeit aktuell ist, in der die Unternehmenskommunikation zwar überproportional, aber die Produktkommunikation nur unterproportional durch die Reiseunternehmen betrieben wird.

Den Kunden müssen aber verstärkt Vorteile und Stärken (Qualitätsvorteile) der Pauschalreise vermittelt werden. Allein eine Namensänderung für das immer noch hervorragend nachgefragte Produkt würde das Grundproblem nicht lösen.

Die Verbesserung des angeblich verstaubten Images der Pauschalreise muss an anderer Stelle beginnen: In der Kommunikation nicht nur **zu** dem Kunden, sondern **mit** dem Kunden, also interaktiv. Dies vermittelt dem Kunden mehr den Eindruck der Individualisierung als es jeder neue Modebegriff könnte. Anbieter und Nachfrager steuern gemeinsam den Prozess, daraus entwickelt sich das individuell am besten empfundene Angebot.

Diese Individualisierung der Kundenansprache und des Angebotes ist heute ohne jede technische Einschränkung möglich, setzt aber eine andere Denkweise und hohe Präzision der Herangehensweise voraus

Je mehr diese persönliche Betreuung des Kunden, ganzjährig über das Kaufereignis hinaus stattfindet, desto weniger wird er sich Gedanken über den Gattungsbegriff seines Produktes machen, weil er spürt, dass er alles andere als „pauschal" betreut wird. „Die Loyalität der Kunden wird abnehmen" lautet eine der Zukunftsvorhersagen mancher Marketing-Gurus. Wenn dies stimmt, muss umgekehrt proportional die Zuwendung der Anbieter steigen, dann stimmt die Balance wieder. Um das zu erreichen, muss man sich auf das Wesentliche konzentrieren, auf den Kunden und nicht auf Begriffe.

Auch hinsichtlich der Erweiterung der eigenen Angebotspalette müssen die Anbieter neue Wege gehen. Bei jedem neuen konkurrenzierenden Marktangebot muss parallel (und zwar schon vor Einführung) überlegt werden, was dies für den klassischen Urlauber bedeutet und wo die Pauschalreise dagegen ihre Vorteile gezielt ausspielen kann. Das neue Produkt soll schließlich aus neuem Marktsegment wachsen und nicht durch Kannibalisierung. In aller Regel wird die Antwort zu finden sein, wenn man sich die Kundensicht und besonders wichtig, eine ganzheitliche Kundensicht, zu eigen macht. Alle Teillösungen haben nämlich in der Regel einen Nachteil, dass irgendwo im Gesamtablauf eine Lücke bleibt, die mehr oder weniger beim Urlauber trotz Geldersparnis Ärgernis bewirkt. Die Antwort kann nicht im Preis, sondern nur in einem besseren Angebot (selbstredend mit einem exzellenten Preis-/Leistungsverhältnis) liegen. Natürlich hat der Low-Cost-Carrier sein eigenes Klientel, jene Urlauber, die im Sinne des Smart-Shoppers ausschließlich preisfixiert und bereit sind, dafür manche Unbill in Kauf zu nehmen. Genau das muss Inhalt der Gegenstrategie sein, die zuverlässige Vermeidung dieses „Unbill" der Reise, durch die perfekte Pauschalreise. Ein Produkt das dazwischen liegt, mit Qualitätsmängeln behaftet und im Preis ein wenig reduziert, trägt den Keim eines längeren Siechtums in sich. Die Veranstalter, zumindest die Großen der Branche, haben sich über viele Jahre hinweg bemüht aus der Händlerrolle in die Produzentenrolle zu kommen. Mit dem Übergang zum integrierten Reisekonzern ist dies gelungen. Jetzt müssen die Reiseveranstalter darauf achten, dass sie nicht zum Teilelieferant degenerieren bzw. dem auch noch Vorschub leisten.

„Das mag gehen für eine Klientel reiseaffiner Menschen im gehobenen Segment, doch für Otto Normalverbraucher ist das nichts", so die Meinung eines .Reisemanagers. Dies ist sicherlich richtig. Die große Mehrheit der Kunden will weiterhin ein „Rund-um-Sorglos-Pauschalpaket und eine bekannte Marke die Sicherheit und Qualität garantiert und das zum bestmöglichen Preis.

Die oben beschriebenen Ansätze gelten zwar vorerst nur für einen Klientel-Teil, aber

a) dieser Teil wird wachsen und

b) bei der geringen Gewinnspanne der Veranstalter entscheidet schon ein geringer Prozentsatz Abwanderungswilliger über das Jahresergebnis.

Darüber hinaus spielen sicherlich noch andere Nebenbedingungen eine wichtige Rolle für die weitere Entwicklung, die hier nicht erwähnt wurden (beispielsweise sei das Thema Stornierungsgebühren erwähnt).

Nicht zuletzt sei noch darauf hingewiesen, dass ein so hoch emotionales Produkt wie Urlaub vor allem eines braucht: Urlaub muss Spaß machen. Eine der Hauptmotive für Urlaub hieß bislang „Gegenteil vom Alltag". Derzeit wirkt die Präsentation von Urlaub teilweise wie das „Spiegelbild vom Alltag" und dies ist das Schlimmste was man dem Produkt Urlaub antun kann.

Literatur

Born, K. (1998): Pauschal ja – aber individuell, FAZ, 16.11.1998

Born, K. (2002): Und täglich grüßt das Murmeltier – Anmerkungen zu der regelmäßig wiederkehrenden Diskussion ob die Pauschalreise auch in Zukunft noch Pauschalreise heißen darf, Touristik Report, 24.10.2002

Born, K. (2004a): Die besondere Bedeutung des operativen Geschäfts, in: Bastian, H./Born, K. (Hg.): Der integrierte Touristikkonzern, S. 201ff, München/Wien.

Born, K. (2004b): Strategische Vorgaben zur Konzernsteuerung, in: Bastian, H./Born, K. (Hg.): Der integrierte Touristikkonzern, S. 197ff, München/Wien.

Born, K. (2004c): Kundenwünsche erfüllen – unverzichtbare Voraussetzung erfolgreicher Kundenbindung, in: Bastian, H./Born, K. (Hg.): Der integrierte Touristikkonzern, S. 429ff, München/Wien.

Frenzel, M. (2002): Bericht zur Lage des Unternehmens TUI, Hauptversammlung 2002 der TUI AG, Hannover.

F.U.R. (2004): Reiseanalyse 2003, März 2004, Berlin.

Homburg, C./Werner, H. (1998): Kundenorientierung mit System, Berlin.

Krafft, M. (2002): Kundenbindung und Kundenwert, Heidelberg.

Kastner, D. (2004): Interview im Touristik Report 15/2004, S. 8.

Lerch, H. (2004): Der besondere Weg zur Vertikalisierung und Internationalisierung, in Bastian, H./Born, K. (Hg.) Der integrierte Touristikkonzern, München/Wien.

McKenna, R. (1997): Preparing for the Age of the Never Satisfied Customer, New York.

Munsch, N. (2002): Interview in Touristik Report, 20/2002, S. 16.

Schneider, O. (2001): Die Ferienmacher, Hamburg.

ÖKO-TOURISMUS UND REISEVERTRAG-LICHE GEWÄHRLEISTUNG
- ZUR VERANTWORTLICHKEIT DES REISEVERANSTALTERS FÜR UMFELDRISIKEN DER PAUSCHALREISE

Armin Willingmann

1 Vorbemerkung 76

2 Ökologisierung und Reiserecht.. 76

3 Die reisevertragliche Gewährleistung................................. 77

   3.1 Entwicklung der Spezialregelung................................. 77

   3.2 Der reiserechtliche Mangel-Begriff............................... 79

       3.2.1 Garantiehaftung für Zusicherungserklärungen 79

       3.2.2 Einstandspflicht für Fehler der Reiseleistung 80

4 Fazit und Ausblick 84

Literatur 84

1 Vorbemerkung

Die Norm ist an und für sich recht einfach formuliert und allgemein verständlich, ihre Auswirkungen für das Massengeschäft des Tourismus aber sind gravierend. In § 651c Abs., 1 BGB lesen wir:

"Der Reiseveranstalter ist verpflichtet, die Reise so zu erbringen, dass sie die zugesicherten Eigenschaften hat und nicht mit Fehlern behaftet ist, die den Wert oder die Tauglichkeit zu dem gewöhnlichen oder nach dem Vertrag vorausgesetzten Nutzen aufheben oder mindern."

Es ist die zentrale Bestimmung der reiserechtlichen Gewährleistung, der an dieser Stelle ein paar Gedanken gewidmet werden sollen. Vor dem Hintergrund des wissenschaftlichen Werks des mit dieser Festschrift zu ehrenden Kollegen Kirsch soll ein kultureller Aspekt in den Mittelpunkt treten, dessen rechtswissenschaftliche Aufbereitung noch nicht abgeschlossen scheint. Zu den wissenschaftlichen Feldern, mit denen sich Karsten Kirsch in der jüngeren Zeit besonders intensiv befasst hat, gehört auch der Öko-Tourismus. Wie kaum ein anderer vermochte er hier seine Zuhörerschaft durch eine überzeugende Darstellung und prägnante Beispiele für Umweltfragen der Tourismusindustrie zu sensibilisieren.

2 Ökologisierung und Reiserecht

Umweltaspekte fließen heute dank des großen Engagements von Wissenschaftlern, Aktivisten, Politikern und Ökologen auch in den Tourismus - zumal in das Massengeschäft - in vielerlei Hinsicht ein; kaum ein Veranstalter mag darauf verzichten, ist auch die Intensität recht unterschiedlich. Gleichwohl kann man durchaus von einer Ökologisierung des Tourismus in den letzten Jahren sprechen (so Tonner 1994, S.18). Wirbt der eine gar direkt mit dem ökologischen Aspekt, findet sich andernorts lediglich der dezente Hinweis, dass auf „sanften" Tourismus Wert gelegt werde. Zweifelsohne hat die Ökologie auch in die Tourismuswirtschaft Einzug gehalten, sind ihre Probleme ökonomischer Faktor bei der Kalkulation, ein Kriterium bei der Entwicklung neuer Destinationen und Marketingfaktor für den Vertrieb.

Darüber hinaus beschäftigen Umweltfragen seit vielen Jahren auch die reiserechtliche Seite, also die mit dem Reisevertragsrecht befassten Juristen in Anwaltschaft und Justiz. Es sei dem Juristen im Kreise des in dieser Festschrift vereinten Kollegiums der Tourismuswirtschaft gestattet, einige Gedanken zum Zusammenhang von Öko-Tourismus und Reisevertragsrecht beizusteuern.

Um den Sachzusammenhang zu verdeutlichen, sei eine Überlegung vorangestellt. Der fremder Kultur offene Tourist, der sich auch Gedanken um Nachhaltigkeit und Umweltfragen seines Reisens Gedanken macht, wird an zahlreichen Urlaubszielen mit den negativen Folgen für das ökologische System konfrontiert, sei es die unzureichende Müllentsorgung, die Meeresverschmutzung, Verkarstung von Hängen, die Zersiedlung der Urlaubsregionen, anhaltende Trockenheit oder Dürreperioden. Und nicht nur diese aus den Medien oder persönlicher Anschauung hinreichend bekannten Effekte von Tourismus, auch bereits die mit der Anreise per Auto oder Flugzeug auftretende Umweltbelastung wird heute vom Reisenden - zumindest gelegentlich - wahrgenommen.

Kann man den fast unvermeidlichen Folgen des Massengeschäfts offenbar nur mit Abschottung und Kostensteigerung begegnen, so gehört von vertragsrechtlicher Seite ein anderer Aspekt zum Thema „Umwelt und Tourismus", nämlich die Frage des einzelnen Reisenden, ob sich für ihn (Minderungs-)Ansprüche ergeben, wenn er auf seiner Reise mit Umweltproblemen konfrontiert wird. Mit anderen Worten: Kann sich der Kunde an seinen Veranstalter halten, wenn er den Reisepreis - etwa wegen übermäßigen Algenbefalls des Mittelmeers oder übergroßer Verschmutzung der Strände - nachträglich mindern will?

Um diese Frage zu beantworten, bedarf es einer kurzen Einführung in die Systematik reiserechtlicher Gewährleistung, wie sie in §§ 651a ff. BGB geregelt ist; sodann soll ein Blick auf die Judikatur zu dieser Frage geworfen werden. Am Ende folgen einige Erwägungen, in welche Richtung sich diese Rechtsprechung voraussichtlich entwickeln wird.

3 Die reisevertragliche Gewährleistung

3.1 Entwicklung der Spezialregelung

Als der Bundesgesetzgeber vor nunmehr über 25 Jahren daran ging, das Reisevertragsrecht eigenen Regelungen innerhalb des Bürgerlichen Gesetzbuches zu unterwerfen, folgte er damit - wie so oft - jenem Druck, der durch die Zunahme von Rechtsstreitigkeiten zwischen Veranstaltern und Kunden in Folge der rasanten Entwicklung des Wirtschaftsfaktors Tourismus entstanden war. Auch im Reiserecht bestand das Problem, dass die in die Jahre gekommene Zentralkodifikation des deutschen Zivilrechts nur unzureichend in der Lage war, der Probleme moderner Geschäftsfelder und Vertragstypen hinreichend gerecht zu werden. Hinzu trat später die Bestrebung der EG-Kommission, für diesen typischerweise grenzüberschreitenden Regelungsbereich möglichst einheitliche Regelungen in Europa zu schaffen.

Bevor das Reisevertragsrecht Bestandteil des BGB wurde, hatte die Veranstalterseite die Rechtsbeziehungen zum Kunden weitestgehend auf der Basis Allgemeiner Geschäftsbedingungen (AGB) geregelt und auf diese Weise maßgeblich das Recht geformt. Parallel dazu war der Rechtsprechung die Aufgabe zugefallen, durch richterliche Rechtsfortbildung den Rechtsrahmen für ein gesellschaftliches Massenphänomen zu schaffen. Dies geschah durch weitreichende Analogien zum Werkvertragsrecht, wobei einer durchgreifenden Rechtsfortbildung die in der Regel zu niedrigen Streitwerte in Pauschalreiseprozesse entgegen standen – und bis heute stehen (vgl. dazu ausf. Willingmann 1997, S. 91ff.). Mithin finden sich auch kaum Grundsatzentscheidungen des Bundesgerichtshofs aus dieser Zeit. Auf der Hand lag aber, dass die grundsätzliche Zuordnung dieses Rechtsgebiets unter die Werkvertragsregeln der §§ 631ff. BGB allerlei Probleme bereitete, nicht zuletzt infolge der besonderen Fälligkeits- und Gewährleistungssystematik. Es ist eben nicht nur tatsächlich ein Unterschied, ob es um die Errichtung eines Einfamilienhauses, die Reparatur eines Kraftfahrzeugs oder die Buchung einer Pauschalreise geht. Daher wurde das Bundesjustizministerium in den Jahren 1973 und 1975 aktiv und legte Referentenentwürfe eines Reisevertragsgesetzes vor. Dass diese ihren Zweck nicht erfüllt haben, ist bedauerlich, heute aber nur mehr von historischem Interesse (ausf. dazu Führich 2002: Rz. 22ff.). Gleiches gilt für den hartnäckigen Widerstand der Reisebranche gegen die Verabschiedung des geplanten Sondergesetzes über den Reisevertrag in den 70er-Jahren des letzten Jahrhunderts. Schließlich wurde der Entwurf als „Gesetz zur Änderung des BGB" in den Bundestag eingebracht und am 4.5.1979 verabschiedet. Es trat am 1.10.1979 in Kraft, mithin auf den Tag genau 25 Jahre vor der Festveranstaltung für den hier zu ehrenden Kollegen Karsten Kirsch. Maßgeblich ergänzt wurde das Reisevertragsrecht dann zehn Jahre später, als der Rat der Europäischen Gemeinschaft im Sommer 1990 die Richtlinie über Pauschalreisen (90/314/EWG) beschlossen hat (AblEG Nr. L 158 v. 23.6.1990, S. 59 = EuZW 1990, 413) und damit auch gemeinschaftsrechtlich in das nationale Reisevertragsrecht eingegriffen wurde, um innerhalb der Europäischen Gemeinschaft Mindeststandards für dieses Regelungsgebiet zu erreichen. Harmonisiert werden sollten insoweit auch die Standards für Leistungsstörungen und Gewährleistung des Veranstalters. In dieses System hat der Gesetzgeber sodann mit der Schuldrechtsreform zum

1.1.2002 auch nicht unmittelbar eingegriffen, sondern - trotz Novellierung der Verpflichtungen von Verkäufer und Werkunternehmer - die Systematik der speziellen reiserechtlichen Gewährleistung beibehalten (Zur neuen Systematik: KompaktKom-BGB/Willingmann/Hirse, Vor §§ 280ff., Rz. 1ff.; zu den Auswirkungen auf das Reisevertragsrecht: Isermann 2002, S. 133ff.; Teichmann 2002, S. 59ff.)

3.2 Der reiserechtliche Mangel-Begriff

Wo liegt nun die Anknüpfung für unsere Fragestellung zur reisevertraglichen Gewährleistung? Betrachten wir dafür zunächst den Rechtsrahmen, sedes materiae sind die §§ 651c f. BGB. Nach § 651c Abs. 1 BGB gibt es zwei Ausgangspunkte für die Einstandspflicht des Veranstalters: Er muss für Zusicherungen, die er dem Kunden gegeben hat, ebenso einstehen wie für Fehler der Reise, die deren Nutzen zumindest einschränken. Das sind zwei unterschiedliche Kategorien, die ebenso unterschiedlich zu behandeln sind.

3.2.1 Garantiehaftung für Zusicherungserklärungen

Betrachten wir zunächst die Zusicherung, so lebt hier jener Gedanke des Schuldrechts auf, der bis zur Reform des Jahres 2001 auch im Kauf- und Werkvertragsrecht enthalten war (vgl. §§ 463, 635 BGB a.F.). Es begegnet uns eigentlich eine Selbstverständlichkeit: Wer seine Versprechen im Vertrag nicht einzuhalten vermag, haftet für das beim Vertragspartner enttäuschte Vertrauen. Der Veranstalter übernimmt mithin die Gewähr, dass bestimmte Eigenschaften der vereinbarten Reise vorhanden sind, der Kunde kann sich also umgangssprachlich „darauf verlassen". Diese besondere Gewährschaft hat zur Folge, dass die Gewährleistungsrechte des Käufers bereits eingreifen, wenn eine Abweichung zwischen der Zusicherung und dem tatsächlichen Zustand der Reise gegeben ist; ob die konkrete Reise dadurch beeinträchtigt wird, spielt keine Rolle (vgl. statt aller nur BGHZ 82, 219, 224; Palandt-Sprau, § 651c, Anm. 2.). Hier liegt ein wichtiger Ansatzpunkt für zahlreiche Probleme aufgrund enttäuschter Erwartungen, wobei nach wie vor umstritten ist, inwieweit Katalogangaben der Anbieter Zusicherungsqualität haben. Folgt man hier der überwiegenden Meinung, kommt es für die Einordnung als Garantie - nichts anderes ist ja eine Zusicherung - auf die im Einzelfall gestaltete Art der Beschreibung an, etwa auf besondere Hervorhebung oder auf erkennbar entscheidende Bedeutung für den Kunden (vgl. Führich 2002: Rz. 228f.). Mit dieser Relevanz der individuellen Aspekte wird es schwer, allgemeine Kriterien zu definieren; gleichwohl lässt sich an einzelnen Beispielen der Ansatzpunkt dieser Gewährleistung ein wenig konkretisieren. So soll etwa dann eine Zusicherung vorliegen, wenn der Veranstalter mit einer bestimmten Fluggesellschaft wirbt (AG Bielefeld, RRa 1999, 28 = NJW 1998, 924; LG Köln, NJW-RR 2000, 768), wenn der Katalog bestimmte Ausstattungsmerkmale hervorhebt (AG Kleve, RRa 1998, 774: Swimmingpool-Rutsche), wenn eine hochwertige Hotelkategorie beschrieben (AG Düsseldorf, RRa 1997, 240), wenn bei Studienreisen eine qualifizierte Reiseleitung angekündigt wird (LG Frankfurt/M., MDR 1985, 141). Auch im Umfeld unserer Frage nach dem Öko-Tourismus liegt hier ein Urteil vor; so hat das Amtsgericht Bad Homburg v.d.H. entschieden, dass der Veranstalter einer Malediven-Reise bei Werbung mit dem besonderen Merkmal „Öko-Tourismus" einstehen muss, wenn tatsächlich der Müll vor Ort im Meer versenkt wird (NJW-RR 1997, 1139 = RRa 1998, 63). Entsprechend war die (Katalog-)Zusicherung nicht eingehalten, die Reiseleistung mangelhaft und der Minderungsanspruch des Kunden begründet.

Im Falle einer fehlenden Zusicherung liegt der Haftungsgrund mithin in der Garantieübernahme des Veranstalters. Da er es in der Hand hat, entsprechende Erklärungen abzugeben und das Vorhandensein der Merkmale zu überprüfen, rechtfertigt sich die Strenge seiner Haftung.

Für den Zustand der Umwelt, für Verschmutzung oder sonstige Beeinträchtigung des ökologischen Systems haftet der Veranstalter demnach, wenn aus Katalog- oder anderer Erklärung die Gewähr für eine bestimmte Beschaffenheit der Umwelt übernommen wurde. Dies ist übrigens dann wieder zweifelhaft, wenn diese Aussagen im krassen Gegensatz zu allgemein bekannten Zuständen stehen. So mag im Katalog einer Reise an die spanische Atlantikküste ein einwandfreies Ökosystem betont werden, nach Erscheinen desselben havariert dort jedoch ein Öltanker, worüber tagelang in den Medien berichtet wird – hier kann die (frühere) Zusicherung nicht mehr durchgreifen, zugleich obliegt es dem Veranstalter, auf die veränderten Bedingungen hinzuweisen.

3.2.2 Einstandspflicht für Fehler der Reiseleistung

3.2.2.1 Abweichen der Ist- von der Sollbeschaffenheit der Reiseleistung

Problematischer ist die - in der Praxis weit häufigere - Fallgruppe des „Fehlers" einer Reiseleistung. Dieser liegt dann vor, wenn die Ist-Beschaffenheit der Reise nicht der Soll-Beschaffenheit entspricht, wenn also eine negative Abweichung vom vereinbarten Leistungsprogramm vorliegt (vgl. nur Führich 2002: Rz. 203

m.w.N.). Lässt sich bei der Zusicherung eine Haftung erst begründen, wenn dem Veranstalter der Vorwurf gemacht werden kann, in besonderer Weise auf Merkmale seines Angebots hingewiesen oder auf besondere Wünsche seines Kunden eingegangen zu sein, so greift die Verantwortlichkeit für den Reisemangel des Fehlers bereits deutlich unterhalb dieser Ebene. Zudem muss man sich klar machen, dass der Gesetzgeber im Falle der Mangelgewährleistung einen verschuldensunabhängigen Tatbestand schaffen wollte, es mithin nicht auf Kenntnis oder besondere Verantwortlichkeit des Anbieters ankommt. Versuche in der Fachliteratur, hier ein „Beherrschbarkeits-Kriterium" einzuführen, blieben bislang erfolglos (vgl. Tempel JuS 1984, 81, 86; NJW 1985, 97, 99; krit. dazu schon Hacker, JuS 1984, 576; Führich 2002, Rz. 209); m.a.W. haftet der Veranstalter grundsätzlich, wenn eine negative Abweichung der Beschaffenheit vorliegt, das können grundsätzlich auch Umweltveränderungen sein.

3.2.2.2 Einschränkung durch Risikobereiche

Es liegt auf der Hand, dass dieses Kriterium im Kontext der übrigen Vertragshaftung des Bürgerlichen Rechts außerordentlich weit reicht, so dass die Versuche einer Eingrenzung zugunsten des Veranstalters durchaus nachvollziehbar sind; durchgesetzt hat sich bislang aber lediglich die Reduktion der Verantwortlichkeit unter dem Gesichtspunkt eines allgemeinen Lebensrisikos, das auch der Pauschalurlauber in seinem Vertragsgefüge zu tragen hat. Damit wird der - namentlich im Werkvertragsrecht relevante - Sphärengedanke ins Reiserecht übertragen: Der Veranstalter soll dann nicht haften, wenn der Gefahrenbereich ausschließlich im privaten Risikobereich des Kunden liegt, der Mangel oder die Verletzung also nicht reisespezifisch ist, sondern auch im Alltag auftreten kann.

Auch dies mögen einzelne Beispiele aus der Rechtsprechung verdeutlichen. So haftet der Veranstalter nicht, wenn der Kunde anlässlich der Urlaubsreise von einem PKW oder auf der Skipiste angefahren wird, sich beim Baden im Meer verletzt, im Swimmingpool-Bereich ausrutscht oder während der Reise erkrankt (vgl. nur die Übersicht bei Führich 2002, Rz. 211). In diesem Bereich bestehen für den Veranstalter im Grunde jedoch Aufklärungspflichten, wenn besondere Kenntnisse über die Situation am Urlaubsort vorliegen und für den Kunden eine bereits konkretisierte Gefahr gegeben ist (BGH, NJW 1982, 1521 und st. Rspr.).

3.2.2.3 Besonderheit: Das so genannte Umfeldrisiko

Aus dem Gedanken des allgemeinen Lebensrisikos heraus hat sich dann das Ausschlusskriterium des „Umfeldrisikos" herauskristallisiert. Und dies tangiert den Bereich des Umweltschutzes. Betrachtet man die Risikoverteilung im Schuldrecht des Bürgerlichen Gesetzbuches, so kann sich vernünftigerweise die Haftung des Veranstalters nur begrenzt auf das nicht geschuldete Umfeld des Reiseziels beziehen. Für die Sauberkeit des Strandes, des Meeres oder der angrenzenden Stadt übernimmt der Veranstalter in aller Regel weder im Prospekt noch in sonstigen Erklärungen Gewähr. Aber noch weiter: Kann sich der Reisende über allgemein zugängliche Quellen informieren, weiß er aus den Medien über Umweltbelastungen seines Reiseziels, so setzt er sich keine besonderen Gefahr aus, gehört dieses Risiko zu seiner Sphäre. Dieser Gedanke hat vor dem Hintergrund gestiegener Umweltansprüche des Kunden eine breite Ausdifferenzierung erfahren, die Kasuistik in diesem Bereich ist reich und nicht immer schlüssig. So muss der Reisende heute klimatische, biologische und lebenstypische Umfeldrisiken einkalkulieren und kann daraus - weitergehende Beeinträchtigung seiner Reise ausgenommen - keine Gewährleistungsansprüche ableiten. Betrachten wir auch hier die Judikatur, so lassen sich verschiedene Fallgruppen erkennen.

Da sind einmal jene Reisenden, die sich allgemein über die Verschmutzung des Meeres oder der Strände am Urlaubsziel, über „Algenpest" und Seetangbefall beschweren (vgl. LG Frankfurt/M. NJW-RR 1990, S. 761; LG München I, NJW-RR 1994, S. 124). Andere beklagen das Waldsterben, Trockenperioden, einen schneearmen Winter (AG München NJW-RR 1990, S. 190) oder gar die allgemeine Wetterlage. Bisweilen sind die Angelmöglichkeiten eingeschränkt (OLG Frankfurt/M. NJW-RR 1988, S.1328), andernorts fehlt dem Jäger das Wild (LG Köln, RRa 1996, 242). Gravierender als die vorgenannten Fälle sind jene, in denen die Müllentsorgung mangelhaft ist, sei es durch Versenken im Meer - wie beschrieben -, sei es durch Verbrennen auf der Nachbarinsel (AG Bad Homburg, RRa 2001, S. 164).

In den geschilderten Fällen gelangte die Rechtsprechung nahezu ausnahmslos zu dem Ergebnis, dass derlei Beeinträchtigung hinzunehmen seien; auch hier trage der Reisende das Umfeldrisiko, so dass von einem Mangel der Reise keine Rede sein könne. Etwas anderes gelte lediglich, wenn der Veranstalter gerade mit diesen Faktoren in besonderer Weise geworben habe. Darauf weisen die Gerichte auch in jenen Fällen hin, in denen von einer Zusicherung der beschriebenen Art gerade keine Rede sein kann.

Die Rechtsprechung ist hier erkennbar um eine angemessene Risikoverteilung zwischen Veranstalter und Kunden bemüht. Fasst man die vorbenannten Umweltbeeinträchtigungen als Mangel i.S.d. § 651c Abs. 1 BGB auf, würde dies zu einer reinen Risikohaftung des Veranstalters führen, die ihm - zumindest de lege lata - keinerlei Entschuldigungsoption ließe. Dies ist freilich bis heute nicht unumstritten (vgl. Peter/Tonner 1992, S. 1794ff. einerseits und Tempel 2001, S. 19, 22ff. andererseits). Denn auf der anderen Seite steht ein Reisender, der bei dieser Auslegung des Reisevertragsrechts die unbefriedigenden Zustand hinnehmen und den Reisepreis uneingeschränkt bezahlen muss. Ob hier - wie gelegentlich vorgeschlagen - die Kündigungsmöglichkeit wegen höherer Gewalt hilft, ist fraglich.

Die bislang damit befassten Gerichte haben - etwa in den Adria/Algen-Entscheidungen - bisweilen einen Ausweg über die Informationspflicht des Veranstalters gewiesen und landeten so wieder bei der Zusicherung. Dieser Weg steht freilich nur dann offen, wenn es Anhaltspunkte für die Garantieerklärung des Veranstalters gibt. Leichtherzig wurde dies bei Nachfragen des Kunden zur Umweltsituation bejaht, ansonsten mühselig aus den besonderen Katalogangaben herausgelesen bzw. a priori verneint und abgelehnt.

Diese Rechtsprechung privilegiert den aufgeklärten, informierten Reisenden, der sich vor Antritt des Urlaubs mit den Gegebenheiten am Zielort vertraut macht und insbes. ökologische Erwägungen in das Buchungsgespräch und den Vertragsabschluss einfließen lässt. Sie provoziert geradezu die „prophylaktische" Frage nach Algen, Verschmutzung oder Müllentsorgung. Ein solches Verkaufsgespräch wird ganz neue Schwerpunkte bekommen.

3.2.2.4 Besonderheit: Die „Zielgebiets-Beobachtungspflicht"

Man kann dies auch als „Zielgebiets-Beobachtungspflicht" bezeichnen, und gelangt so zu einer gesteigerten Verantwortlichkeit des Veranstalters (ebenso Tonner/Krause 2000, S. 3665, 3667; krit. Tempel 2001, S. 19, 22). Freilich muss dogmatisch dabei klar sein, dass hier weder eine Zusicherung vorliegt - die Fälle gelangten ja deshalb vor Gericht, weil die Kunden eben nicht informiert waren - noch ein Fehler im engeren Sinne gegeben ist, nämlich die Abweichung der Ist- von der Sollbeschaffenheit, solange derlei Informationen nicht im Vertrag mitvereinbart wurden.

Die Rechtsprechung löst diese Fälle über die Begründung einer Schadensersatzpflicht des Veranstalters im Rahmen des § 651f Abs. 1 BGB. Den Kunden mag es einerlei sein, auf welcher Grundlage er einen Teil des Reisepreises zurückerlangt – dogmatisch liegen die Fälle aber durchweg problematisch, und nicht selten für den Reisenden ungünstig (vgl. auch Willingmann 2003, S. 241).

4 Fazit und Ausblick

Die Rechtsprechung der letzten Jahre zeigt, dass Umweltgesichtspunkte und Ökologie-Fragen Eingang in das Reiserecht gefunden haben. Zugleich zeigt sie aber, dass das Reisevertragsrecht nur eingeschränkte Möglichkeiten des Kunden bietet, Mangelgewährleistungsansprüche wegen Umweltbeeinträchtigungen geltend zu machen. Die Hürden dafür sind durch das Abstellen auf eine Zusicherungserklärung des Veranstalters hoch gelegt und werden nur zum Teil durch die Begründung von Informationspflichten wieder abgesenkt. Und soweit die Judikatur ein weites Verständnis vom Lebens- und Umweltrisiko hat, handelt es sich hier durchweg nicht um Mängel i.S.d. § 651c Abs. 1 BGB.

Freilich muss man sich vergegenwärtigen: Mit Mitteln des Reisevertragsrechts wird die weitere Ökologisierung des Reisens nicht voran getrieben. Es ist auch nicht die zentrale Aufgabe des Zivilrechts, selbst wenn man dem Gewährleistungsrecht eine gewisse Präventionskomponente beimisst. „Sanfter" Tourismus und nachhaltiges Umweltbewusstsein wird daher nicht mit Mitteln der vertraglichen Gewährleistung, sondern in erster Linie durch umfassende Information, Aufklärung und Ausbildung erreicht. Um diesen Weg hat sich Karsten Kirsch in seinen Wernigeröder Jahren als Hochschullehrer für Tourismuswirtschaft verdient gemacht.

Literatur

Führich, E. (1991): Umwelteinflüsse bei Pauschalreisen und ihre Konfliktlösung im Reisevertragsrecht, in: NJW 1991, S. 2192-2194.

Führich, E. (2002): Reiserecht. Handbuch des Reisevertrags-, Reiseversicherungs- im Individualreiserechts, 4.Aufl. München 2002.

Hacker, F. (1984): Entwicklungen im Reisevertragrecht - Erwiderung zu Tempel, JuS 1984, 81 ff., in: JuS 1984, S. 576.

Isermann, E. (2002): Neues beim Pauschalreiserecht, in: DRiZ 2002, S. 133-138.

Kothe, W./Micklitz, H.-W./Rott, P./Tonner, K./Willingmann, A. (2002): Das neue Schuldrecht - Kompaktkommentar, Neuwied/München 2002. (zit. Kompaktkom-BGB/*Verf.*)

Palandt, O. (-Verf.) (2004): Bürgerliches Gesetzbuch, 63. Aufl., München 2004.

Peter, M./Tonner, K. (1992): Umweltbeeinträchtigungen auf Reisen, in: NJW 1992, 1794-1798.

Teichmann, A. (2002): Einflüsse der Schuldrechtsreform auf das Reisevertragsrecht, in: DGfR-Jahrbuch 2001, Baden-Baden 2002, S. 59-78.

Tempel, O. (1984): Entwicklungen im Reisevertragsrecht, in: JuS 1984, S. 81-92.

Tempel, O. (1985): Die Bemessung der Minderung der Vergütung in Reisevertragssachen, in: NJW 1985, S. 97-103.

Tempel, O. (2001): Entwicklungen und Tendenzen im Reisevertragsrecht, in: RRa 2001, S. 19-38.

Tonner, K. (1994): Der Reisevertrag - Kommentar zu den §§ 651a - 651l BGB, 3. Aufl., Neuwied/München 1994.

Tonner, K./Krause, K. (2000): Urlaub und Witterungsrisiko, in: NJW 2000, S. 3665-3672.

Willingmann, A. (1997): Prozessuale Modelle zur Vereinheitlichung der Rechtsprechung im Reiserecht, in: RRa 1997, S. 91-104.

Willingmann, A. (2000): Rechtsentscheid. Geschichte, Dogmatik und Rechtspolitik eines zivilprozessualen Vorlagemodells, Berlin 2000.

Willingmann, A. (2003): 2003 - aus reiserechtlicher Sicht, in: RRa 2003, S. 241.

KETTENHOTELLERIE VS. INDIVIDUALHOTELLERIE?
ZU ENTWICKLUNGEN AUF DEM HOTELMARKT

Karla Henschel

1 Zur Stellung der deutschen Hotellerie auf dem internationalen Hotelmarkt..88

2 Die duale Struktur des deutschen Hotelmarktes................90

3 Überkapazitäten auf dem deutschen Hotelmarkt und deren Folgen 93

4 Nachfrageveränderungen und Angebotsreaktionen 100

    4.1 Wachsende Flexibilität und Kurzfristigkeit in der Nachfrage 100

    4.2 Verlagerung der Nachfrage 102

    4.3 Billigeres Reisen 104

    4.4 Gestiegenes Anspruchniveau und zunehmende Differenzierung von Ansprüchen 105

    4.5 Gesunkene Risikobereitschaft.....................................108

5 Ausblick..109

Literatur 110

1 Zur Stellung der deutschen Hotellerie auf dem internationalen Hotelmarkt

Die insbesondere seit den 1980er-Jahren des 20. Jahrhunderts erfolgte rasche internationale Expansion von Hotelketten war verbunden mit der Entstehung immer größerer Hotelunternehmungen, die zunehmend global agieren. Die globale Präsenz internationaler Hotelketten ist Ausdruck einer hohen Dynamik auf dem internationalen Hotelmarkt.

Begünstigt wurde und wird dieser Prozess durch Franchising und eine zunehmende Funktionsentkopplung, d.h. der Verselbständigung der Investitionsfunktion auf der einen und der Betreiberfunktion auf der anderen Seite (vgl. Henschel 2001, S. 32 f.). Dabei fällt auf, dass trotz des investitions- und absatzseitigen Risikos von Hotelleistungen (vgl. Henschel 2001, S. 263 ff.) Investitionen in der Hotellerie gegenüber anderen touristischen Märkten attraktiver zu sein scheinen. Beispielsweise nahmen die Investitionen bei Hotelketten in den 1990er-Jahren in den USA Jahr für Jahr um mehr als 21 Prozent zu. Damit lag das Investitionswachstum in der Hotellerie höher als z.B. bei Autovermietungsfirmen, Kreuzfahrtschiffen, Spielkasinos, Vergnügungsparks oder Airlines (vgl. Koch 2002, S. 199).

Tab. 1: Weltweite Verbreitung ausgewählter Hotelgesellschaften

Hotelgesellschaft	Anzahl Länder	Anzahl Hotels
InterContinental Hotels Group, Großbritannien	100	> 3.500
Accor, Frankreich	90	ca. 4.000
Best Western International, USA	80	> 4.050
Starwood Hotels & Resorts, USA	80	ca. 750
Marriott International, USA	64	ca. 2.600

Quelle: nach Angaben der Hotelgesellschaften, Stand 2004

Der internationale Hotelmarkt zeigt oligopolistische Züge. Immer mehr beeinflussen nur relativ wenige große Hotelketten den Markt, indem sie Standards im Hinblick auf Qualität und Preis-Leistungsverhältnis sowie Maßstäbe bezogen auf die Standortwahl setzen und damit eine bestimmte Marktmacht ausüben.

Obwohl im Jahr 2004 die britische InterContinental Hotels Group die amerikanische Cendant Corporation überholte, spielen US-amerikanischen Hotelgesellschaften auf dem internationalen Hotelmarkt die dominierende Rolle:

- So sind unter den ersten 15 größten Hotelgesellschaften der Welt – gemessen an der Anzahl der Zimmer – neun Gesellschaften mit dem Unternehmenssitz in den USA zu finden.
- Unter den 15 bedeutendsten Hotelmarken gehören elf zu US-amerikanischen Hotelgesellschaften.
- Am weltweiten Hotelmarkt haben US-amerikanische Ketten einen Anteil von 57,6 Prozent (vgl. Hotelverband Deutschland 2004, S. 55).

Lediglich französischen, britischen Ketten und seit einiger Zeit auch der spanischen Kette Sol Meliá ist es gelungen, in die US-amerikanische Phalanx einzudringen. Gemessen an der Anzahl der Hotelzimmer nahmen im Jahr 2004 die InterContinental Hotels Group, Großbritannien (536.318 Zimmer) den ersten und die französische Accor-Gruppe (453.403 Zimmer) den vierten Platz unter den größten Hotelgesellschaften ein (vgl. FVW International 2004, S. 8).

In Relation zum deutschen Hotelmarkt sind das erhebliche Kapazitäten. Diese beiden Hotelkonzerne haben zusammen mehr Zimmer in ihrem Portfolio als die auf dem deutschen Markt verfügbaren 888.987 Zimmer. Beide Hotelketten gehören in Deutschland auch zu den umsatzstärksten Hotelgesellschaften.

Die deutsche Accor-Tochter – die Accor Hotellerie Deutschland GmbH – nimmt Rang eins mit 523 Mio. € Nettoumsatz und 284 Betrieben (2002) und InterContinental mit 226 Mio. € Nettoumsatz und 22 Betrieben (2002) Rang sieben ein (G+J 2004).

Betrachtet man die deutsche Präsenz auf dem internationalen Hotelmarkt, so zeigt sich, dass die TUI Gruppe als integrierter Reisekonzern mit 69.382 Zimmern den Platz 13 einnimmt, während die größten „reinen" Hotelketten die Steigenberger Hotels AG erst auf Platz 44 (12.369 Zimmer) und die Maritim Hotelgesellschaft auf Platz 48 (11.512 Zimmer) folgen (vgl. Hotelverband Deutschland 2004, S.53).

Damit spielen deutsche Hotelgesellschaften in der internationalen Hotellerie eine untergeordnete Rolle. Das wird auch dadurch unterstrichen, dass die in Deutschland beheimateten Hotelgesellschaften einen weltweiten Marktanteil von nur 2,2 Prozent, im europäischen Hotelmarkt von 6,7 Prozent haben (vgl. Hotelverband Deutschland 2004, S.55).

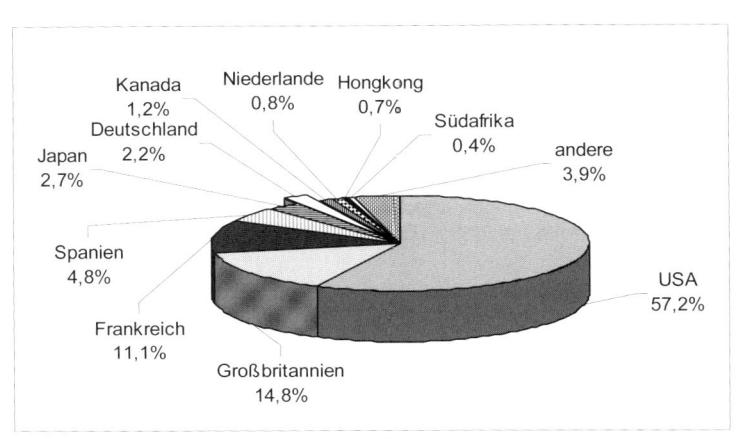

Abb. 1: Marktanteile der Hotelgesellschaften nach ihrer Nationalität

```
Kanada         Niederlande  Hongkong
1,2%              0,8%        0,7%   Südafrika
Deutschland                            0,4%        andere
Japan    2,2%                                      3,9%
2,7%

Spanien
4,8%                                                USA
                                                    57,2%
Frankreich
11,1%
              Großbritannien
                 14,8%
```

Quelle: Hotelverband Deutschland 2004, S. 55

2 Die duale Struktur des deutschen Hotelmarktes

Der deutsche Hotelmarkt ist durch eine zweigeteilte Struktur gekennzeichnet:

- auf der einen Seite durch die traditionelle, mehrheitlich einzelbetrieblich strukturierte und vorwiegend national handelnde Individualhotellerie und

- auf der anderen Seite durch die Kettenhotellerie, die in der Regel mit größeren Betrieben in Erscheinung tritt und auch international tätig ist. Letzteres ist aber differenziert zu bewerten, in Abhängigkeit davon, ob der Sitz der Muttergesellschaft in Deutschland liegt oder nicht. So ist das internationale Engagement der Hotelgesellschaften mit dem Unternehmenssitz in Deutschland gering ausgeprägt (vgl. Frei 2000, S. 368). Wesentliches Merkmal der Kettenhotellerie ist die Ausprägung von Marken.

Feststellbar ist, dass die Individualhotellerie die Struktur des deutschen Hotelmarktes mit einem Anteil von über 90 Prozent der Betriebe des klassischen Beherbergungsgewerbes[1] prägt. Die vom Unternehmer selbst oder der Unternehmerfamilie in der Regel als Eigentümer oder Pachtbetriebe geführten Hotelbetriebe sind vor allem kleine und mittlere Unternehmen (KMU).

So hatten 1999

- fast ein Drittel der Hotels und über 40 Prozent der Hotels garnis nur bis zu 15 Beherbergungseinheiten[2].

- Demgegenüber verfügten nur 7,7 Prozent der Hotels und 0,9 Prozent der Hotels garnis über Kapazitäten von 100 und mehr Beherbergungseinheiten (Statistisches Bundesamt 2000).

Damit unterscheidet sich die deutsche Hotellerie nicht vom europäischen Hotelmarkt, in dem über 95 Prozent der Hotels in der Europäischen Union und in der Schweiz KMU darstellen (OECD 1997).

Die Branche selbst schätzt ein, dass die Kettenhotellerie am deutschen Hotelmarkt noch über einen relativ geringen Anteil verfügt. Der Deutsche Hotel- und Gaststättenverband (DEHOGA) und der Hotelverband Deutschland (IHA) gehen gegenwärtig von 108 Unternehmen mit 2.929 Hotels aus, die zu Hotelketten oder Hotelkooperationen gehören[3] und unter dem Begriff Markenhotellerie zusammengefasst werden. Darunter werden die Hotelgesellschaften und Hotelgruppen verstanden, die über mindestens vier Hotels verfügen, wovon sich zumindest eines in Deutschland befindet. Sie agieren mit einer eigenen Dachmarkenstrategie am deutschen Hotelmarkt, die sich u.a. im Hotelnamen zeigt (vgl. Hotelverband Deutschland 2004, S. 44). Ungeachtet dessen, ob eine solche Definition allgemeinen Gesetzmäßigkeiten der Markenbildung entsprechen oder nicht, sind damit Aussagen zur Marktsituation möglich.

---

[1] Unter dem klassischen Beherbergungsgewerbe werden die Betriebsarten Hotel, Hotel garni, Gasthof und Pension mit mindestens neun Betten verstanden, die in der amtlichen Statistik erfasst werden.

[2] selbständig vermietbare räumliche Einheiten mit Betten und sonstigen Schlafgelegenheiten

[3] Hierbei kann es zu einem Doppelzählungseffekt kommen, da Hotels zu unterschiedlichen Kooperationen oder einzelne Kettenhotels auch zu Kooperationen gehören können.

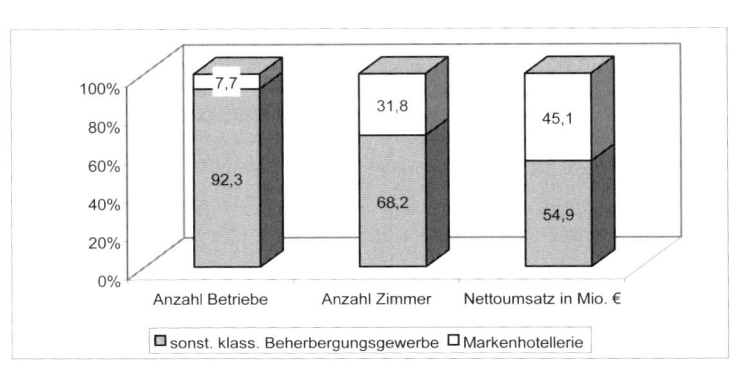

Abb. 2: Anteile der Markenhotellerie am klassischen Beherbergungsgewerbe

	Anzahl Betriebe	Anzahl Zimmer	Nettoumsatz in Mio. €
Markenhotellerie	7,7	31,8	45,1
sonst. klass. Beherbergungsgewerbe	92,3	68,2	54,9

Quelle: Hotelverband Deutschland 2004, S. 50

Die zur Markenhotellerie gezählten Hotels haben einen 7,7 Prozent an den 38.155 Betrieben des klassischen Beherbergungsgewerbes. Da es sich bei diesen Hotels in der Regel um größere Betriebe handelt, liegt der Anteil in Bezug auf die Zimmerkapazitäten mit 31,8 Prozent und mit 45,1 Prozent am Umsatz wesentlich höher (vgl. Hotelverband Deutschland 2004, S. 50). Indem relativ wenige Betriebe einen relativ hohen Anteil der Nachfrage (Umsatz) auf sich vereinigen können, wird die Marktmacht der Markenhotellerie deutlich.

Seit Mitte der 1980er-Jahre ist tendenziell eine Zunahme des Einflusses der Markenhotellerie feststellbar, indem sich immer mehr Hotels an Hotelkooperationen oder Hotelketten anschlossen bzw. sich Hotelketten auch zu größeren Unternehmen zusammenschlossen. Dabei fällt auf, dass sich Unterschiede im Agieren auf dem Markt zwischen Hotelketten einerseits und Hotelkooperationen andererseits zunehmend verwischen.

Mit ihrer Markenstrategie heben sich die Hotelketten und Hotelkooperationen von der Vielzahl von „No names"-Hotels ab und reagieren so auf den Nachfragetrend einer gesunkenen Risikobereitschaft, die sich u.a. in einer stärkeren Hinwendung zu bekannten Marken zeigt.

Abb. 3: Entwicklung der Markenhotellerie in Deutschland

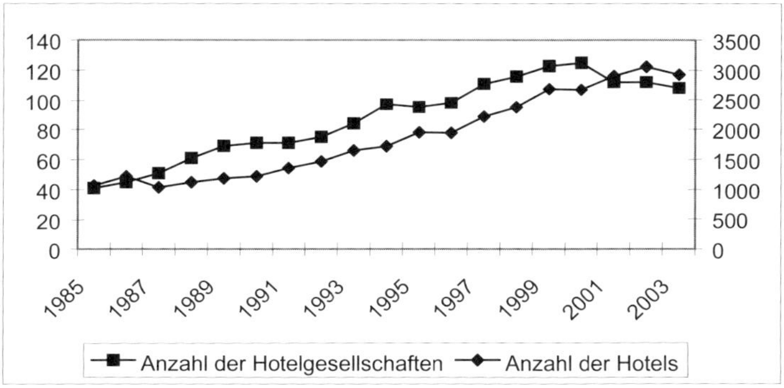

[Diagramm: Anzahl der Hotelgesellschaften und Anzahl der Hotels, 1985–2003]

Quelle: Hotelverband Deutschland:, 2004

3 Überkapazitäten auf dem deutschen Hotelmarkt und deren Folgen

Ein wesentliches Merkmal des deutschen Hotelmarktes sind Überkapazitäten. Damit sind nicht die Überkapazitäten gemeint, die leistungsprozessbezogen und damit unumgänglich sind (vgl. Henschel 2001, S. 62ff.), sondern die Kapazitäten, die durch die unterschiedliche Entwicklung von Nachfrage und Angebot entstanden sind.

In den 1960er- und 1970er-Jahren wuchs die Nachfrage nach Hotelleistungen sowohl im Urlaubs- bzw. Freizeittourismus als auch im Geschäftstourismus schneller als die Hotelkapazitäten. Hohe Wachstumsraten, lange Buchungsfristen, Sicherheit in Auslastung und Ertrag kennzeichneten die Hotelmarktsituation. Managementaufgaben schienen hauptsächlich darin zu bestehen, genügend Personal, auch für gering qualifizierte Arbeiten zu akquirieren (übrigens ein Problem, welches heute immer noch besteht) oder die zahlungskräftigsten Zielgruppen zu erreichen (heute wieder ein Problem).

Die wirtschaftlicher Stagnation in den 1980er-Jahren führte zu mehr Wettbewerb. Die Angleichung von Leistungsangeboten und ihre zunehmende Austauschbarkeit machten es notwendig, sich stärker mit Chancen und Gefahren im sich verändernden Unternehmensumfeld auseinanderzusetzen und sich strategisch zu orientieren. Kleine und mittlere Hotelbetriebe konnten sich dieser Herausforderung nur bedingt stellen, da ihnen entsprechende Managementvoraussetzungen und Strukturen fehlten. In dieser Zeit ist auch eine Zunahme von Hotelkooperationen und die Verstärkung des Einflusses von nationalen und internationalen Hotelketten auf dem deutschen Hotelmarkt zu verzeichnen.

Ab Anfang der 1990er-Jahre hatte sich der Übergang zum Käufermarkt auf dem deutschen Hotelmarkt vollzogen. Einer sich langsamer entwickelnden Nachfrage nach Hotelleistungen standen gewachsenen Hotelkapazitäten gegenüber.

Abb. 4: *Übernachtungen, verfügbares Bettenangebot und nicht belegte Betten im klassischen Beherbergungsgewerbe*

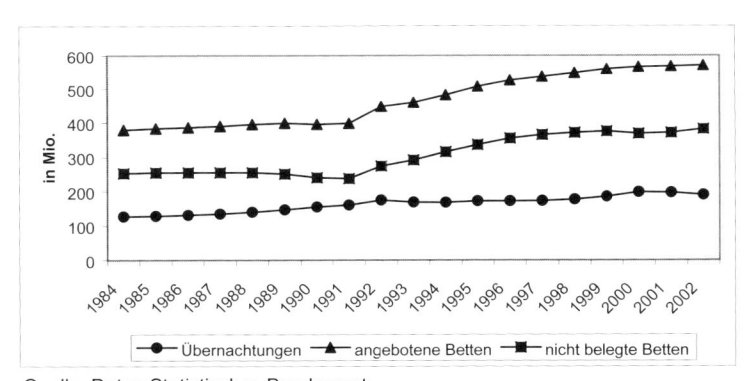

Quelle: Daten Statistisches Bundesamt

So stieg seit 1984 bis 2002 die Zahl der Übernachtungen im klassischen Beherbergungsgewerbe um 49,3 Prozent an, gleichzeitig nahm das Angebot (ausgedrückt in den angebotenen Bettentagen[4]) um 50,3 Prozent zu. Die nicht belegten Betten wuchsen damit um 50,7 Prozent.

Die Entwicklung der Hotelkapazitäten hat sich in den zurückliegenden Jahren nicht an der Nachfrage orientiert mit der Konsequenz einer unzureichenden Kapazitätsauslastung. Das hat dazu

---

[4] Bettentage = angebotene Betten x Öffnungtage

geführt, dass in Deutschland nur ein Drittel der Kapazitäten im klassischen Beherbergungsgewerbe genutzt wird oder anders ausgedrückt: seit Jahren täglich über eine Millionen Betten leer stehen.

Die mit den nicht genutzten Kapazitäten verbundenen negativen Folgen für die Wirtschaftlichkeit von Hotelbetrieben, die mit hohen absoluten und relativen Fixkosten belastet sind, liegen auf der Hand.

Abb. 5: Auslastung der angebotenen Kapazität im klassischen Beherbergungsgewerbe

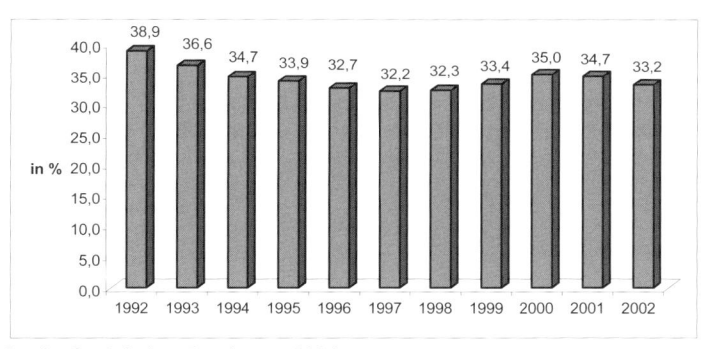

Jahr	Auslastung in %
1992	38,9
1993	36,6
1994	34,7
1995	33,9
1996	32,7
1997	32,2
1998	32,3
1999	33,4
2000	35,0
2001	34,7
2002	33,2

Quelle: Statistisches Bundesamt 2004a

An dieser Entwicklung, die durch einen qualitativ notwendigen, aber quantitativ überdimensionierten Kapazitätsausbau in den neuen Bundesländern nach 1990 begünstigt wurde, wird sich in den nächsten Jahren wenig zu ändern. Zwar befinden sich „nur noch" 355 Hotelneu-, -anbauten oder -umbauten in der Planung oder Umsetzung, die in den nächsten drei Jahren den Markt „bereichern" sollen. Im Vorjahr waren es noch 542 Projekte. Auf Grund einer gestiegenen Betriebsgröße der Projekte werden jedoch zusätzlich 38.121 Hotelzimmer (das sind 4,3 Prozent des gesamten Zimmerbestandes) die Situation auf dem deutschen Hotelmarkt verschärfen (vgl. Hotelverband Deutschland 2004, S. 15).

Interessant ist in diesem Zusammenhang, dass sich eine Verschiebung in den Investitionsschwerpunkten vom Fünf- und Vier-Sterne-Bereich in den Drei-Sterne-Bereich ergibt. Damit scheinen Investoren dem Trend des preisgünstigeren Reisens sowohl im Urlaubstourismus als auch im Geschäftstourismus Rechnung zu tragen. Gleichzeitig verschärft sich damit aber die Wettbewerbssituation für „alte" Betriebe der Individualhotellerie in diesem Segment.

Bei der Auslastung der Kapazitäten muss berücksichtigt werden: Es handelt sich um die Auslastung der angebotenen Betten[5] des klassischen Beherbergungsgewerbes. Darunter sind die in der amtlichen Statistik erfassten Kapazitäten in den Betriebsarten Hotel, Hotel garni, Gasthof, Pension enthalten, die eine differenzierte Auslastung aufweisen.

Tab. 2: **Durchschnittliche Auslastung der angebotenen Betten im klassischen Beherbergungsgewerbe nach Betriebsarten**

Betriebsart	1980	1985	1990	1995	2000	2002
Hotel	38,9	36,9	42,3	35,8	37,9	35,7
Hotel garni	37,2	37,0	41,4	35,3	36,1	34,4
Gasthof	23,9	23,4	29,2	25,2	24,0	22,9
Pension	35,2	34,4	40,1	34,1	32,3	30,2

Quelle: Statistisches Bundesamt

Die Betriebsart Hotel weist die günstigste Auslastung auf, wohl auch weil sie dem gestiegenen Anspruchsniveau von Gästen wohl am ehesten entsprechen kann. Für Letzteres spricht auch, dass die Anzahl an Hotels gewachsen ist, während die anderen Betriebsarten rückläufig sind.

---

[5] Eine Auslastung der Zimmerkapazitäten ist in der amtlichen Beherbergungsstatistik erst ab 2003 vorgesehen, was auch die internationale Vergleichbarkeit erhöht.

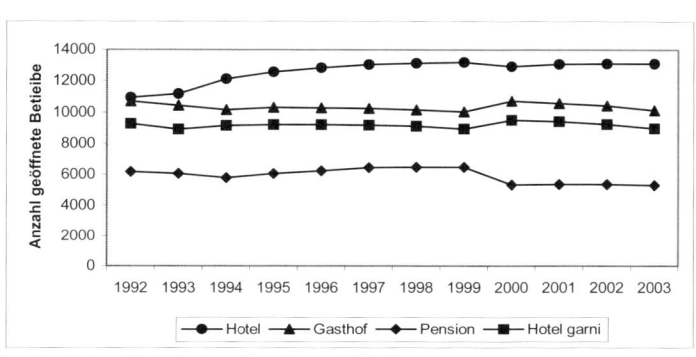

Abb. 6: Entwicklung der Betriebsarten im klassischen Beherbergungsgewerbe

Quelle: Daten Statistisches Bundesamt 2004b

Die aus welchen Gründen auch immer nicht angebotenen Bettenkapazitäten bleiben unberücksichtigt, so dass die Auslastung der tatsächlich vorhandenen Kapazitäten noch ungünstiger ist. So betrug die Auslastung aller vorhandener Betten im Jahr 2002 in den Hotels nur 33,9 Prozent (vgl. Statistisches Bundesamt 2004b).

Bei den durch die amtliche Statistik erfassten Beherbergungsbetrieben sind alle Betriebe ab 9 Betten enthalten, unabhängig von ihrer Konzeptionsform oder ihrem Konzeptionsgrad (vgl. Henschel 2001, S.17f.). Das bedeutet, dass es sich bei den Auslastungsgraden um einen Durchschnitt handelt, der sowohl die Individual- als auch die Kettenhotellerie erfasst. Da es sich bei Individualhotels in der Regel um KMU, bei Kettenhotels jedoch um größere Betriebe handelt und ein Zusammenhang zwischen Betriebsgröße und Auslastung besteht, muss die Kapazitätsnutzung differenziert bewertet werden.

Abb. 7: **Zusammenhang zwischen Auslastung und Betriebsgröße im klassischen Beherbergungsgewerbe, gemessen an Bettenanzahl pro Beherbergungseinrichtung**

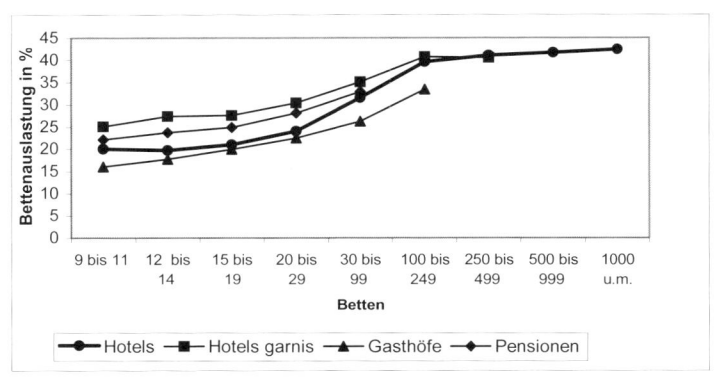

Quelle: Statistisches Bundesamt, eigene Berechnungen

Die mit zunehmender Betriebsgröße steigende Auslastung lässt den Schluss zu, das vor allem die KMU bis unter 30, aber auch bis unter 100 Betten die größten Auslastungsprobleme haben. Ähnliches zeigt sich auch in Bezug auf den Umsatz pro Betrieb. Die sehr kleinen Hotels (Durchschnitt 14 Betten und unter 250.000 € Umsatz) weisen eine Belegung von knapp 22 Prozent aus. Auf Grund eines hohen Kostenniveaus können trotz straffer Kostenstrukturen damit keine ausreichenden Betriebsergebnisse erreicht werden (vgl. BBG-Consulting/TREUGAST 2003, S. 8 ff.), um dem zunehmenden Wettbewerbsdruck standzuhalten.

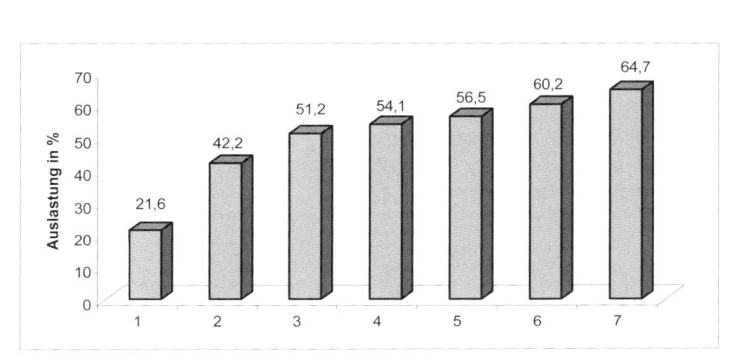

Abb. 8: Zusammenhang zwischen Auslastung und Betriebsgröße, gemessen an Umsatzhöhe pro Hotel

Kategorie	1	2	3	4	5	6	7
Auslastung in %	21,6	42,2	51,2	54,1	56,5	60,2	64,7

Erläuterung: **1**: Umsatz bis 250.000 €; **2**: Umsatz 250.000 – 1 Mio. € ; **3**: Umsatz 1 – 2,5 Mio. € u. Beherbergungsanteil bis 50%; **4**: Umsatz 1 – 2,5 Mio. € u. Beherbergungsanteil ab 51%; **5**: Umsatz 2,5 – < 7,5 Mio.. € u. Beherbergungsanteil bis 55%; **6**: Umsatz 2,5 Mio. – < 7,5 Mio. € u. Beherbergungsanteil ab 56%; **7**: Umsatz ab 7,5 Mio. €

Quelle: Daten BBG-Consulting/TREUGAST 2003, S. 8ff.

Damit müssten vor allem kleine Betriebe aus dem Markt ausscheiden. Obwohl Unternehmensinsolvenzen im Gastgewerbe im Jahr 2002 gegenüber 2000 um 20,5 Prozent zunahmen (vgl. Statistisches Bundesamt 2004a, S. 159) und im Jahr 2003 ein weiteres Ansteigen um 16,9 Prozent zu verzeichnen war (vgl. Deutscher Hotel- und Gaststättenverband 2004, S. 8)[6], führt das nicht zu einer notwendigen Marktbereinigung im größeren Umfang, da freiwerdende kleine Betriebe häufig von Existenzgründern übernommen werden, oft auch aus Mangel an anderen beruflichen Möglichkeiten. Die niedrigen Eintrittsbarrieren für das Gastgewerbe fördern dieses.

Hier könnten die Anforderungen, die sich aus Basel II ergeben, den Marktbereinigungsprozess beschleunigen. Es ist anzunehmen, dass Förderinstitute (KfW Mittelstandsbank) und Hausbanken bei nicht marktgerechten Betrieben nicht weiter auf Forderungen oder Teile davon verzichten und schneller Kreditkündigungen und Abwicklungen herbeiführen werden (vgl. TREUGAST 2003, S. 77).

---

[6] Das Statistische Bundesamt nimmt keine weitere Gliederung des Gastgewerbes vor. Insofern kann damit nur bedingt eine Aussage zu Hotelinsolvenzen getroffen werden.

4 Nachfrageveränderungen und Angebotsreaktionen

Individual- und Kettenhotellerie unterliegen in unterschiedlichem Maße Nachfrageveränderungen (vgl. Henschel 2001, S. 41ff.), die sich seit Jahren zwar auch in anderen touristischen Märkten zeigen, aber vor allem den Wettbewerbsdruck auf dem inländischen Hotelmarkt verschärfen. Die sich vollziehenden Veränderungen wirken allerdings nicht alle gleichzeitig und in eine Richtung und können somit durchaus widersprüchlich für einzelne Marktsegmente in Erscheinung treten.

4.1 Wachsende Flexibilität und Kurzfristigkeit in der Nachfrage

Das zeigt sich in kürzeren Reisen, häufigeren Reisen sowie einem kurzfristigeren Buchungsverhalten und Preisverhandlungen von Gästen.

Diese Entwicklung hat dazu geführt, dass sich die Aufenthaltsdauer in den Beherbergungseinrichtungen verkürzt hat. Betrug die durchschnittliche Aufenthaltsdauer im Jahr 1980 in Hotels durchschnittlich 2,3 Tage und in Hotels garnis 2,8 Tage, so waren es im Jahr 2002 in Hotels 2,1 Tage und in Hotels garnis 2,4 Tage (vgl. Statistisches Bundesamt 2004a). Das führt nicht nur zu weniger Übernachtungen und Umsatzeinbußen im Logis-Bereich, sondern auch im Food-&-Beverage-Bereich oder in Nebenabteilungen.

Auch die Unsicherheit in der Belegung ist dadurch gewachsen. Das zwingt Hoteliers zunehmend, sich auf Preisverhandlungen mit Nachfragern einzulassen und relativ frühzeitig mit Preisnachlässen zu arbeiten, um ihr Auslastungsrisiko möglichst gering zu halten. Wenn dadurch aber nicht die gewünschte Auslastung erreicht wird, sinken Betriebsergebnisse weiter, da auf der Kostenseite häufig keine Einsparungspotenziale mehr zu erschließen sind. Die Folge ist ein Preiswettbewerb, der zum Verdrängungswettbewerb wird und besonders die Betriebe betrifft, die auf Grund ihrer Größe keine Kostenvorteile erreichen können.

Aber nicht nur die KMU, die hauptsächlich im Segment der Urlaubs- und Freizeitreisenden tätig sind, sind von den Auswirkungen eines solchen Preiswettbewerbs betroffen. Auch die Hotelketten, die ihren Schwerpunkt in der Businesshotellerie haben, bleiben davon nicht verschont. Vor allem in weltpolitisch und wirtschaftlich unsicheren Zeiten sind Auswirkungen im Geschäftstourismus, darunter besonders für die Luxus- und First-Class- sowie die Tagungshotellerie, spürbar. Unternehmen optimieren ihre Reisekostenbudgets. Die Dauer von Geschäftsreisen wird verkürzt und es werden weniger und / oder kürzere Tagungen / Kongresse mit weniger Teilnehmern und schlankeren Programmen oder in längeren Intervallen durchgeführt. Ein professioneller gewordenes Business Travel Management in den Unternehmen erschließt dabei Kostensenkungspotenziale, die in erster Linie zu Lasten der Hotellerie gehen. Vor allem Hotels des oberen Preissegments müssen mit erheblichen Preiszugeständnissen auf die zurückgehende Nachfrage eragieren, um dem Verdrängungswettbewerb standzuhalten.

So ging im Jahr 2003 in den Hotels der Markenhotellerie die Zimmerauslastung nach Rückgängen in den Jahren 2001 (- 5,3% zum Vorjahr) und 2002 (- 2,6 Prozent zum Vorjahr) zwar nicht weiter zurück, aber nur zu Lasten der um 4,5 Prozent gesunkenen durchschnittlichen Zimmerpreise (2001: - 0,8 Prozent; 2002: - 0,4 Prozent) (G+J 2004, S. 1). Diese Entwicklung scheint sich weiter fortzusetzen. So verzeichneten die Hotels in den ersten Monaten des Jahres 2004 zwar gestiegene Auslastungszahlen, allerdings oft nur über erhebliche Preiszugeständnisse (vgl. Deutscher Hotel- und Gaststättenverband 2004, S. 10)

Als aktuelles Beispiel kann auch der Berliner Hotelmarkt dienen. Der Bettenkapazitäten sind seit 1990 jährlich um 8,6 Prozent gewachsen. Gleichzeitig sanken die Preise stark unter das internationale Niveau. So liegt heute der durchschnittliche Zimmerpreis in Berlin in der Vier- und Fünf-Sterne-Hotellerie mit rund 130 € wesentlich unter dem Niveau anderer europäischer Hauptstädte, wie z.B. Paris oder London. Mit den gesunkenen Preisen und zahlreicher anderer Marketingaktionen konnte im Jahr 2003 im Vergleich zum Vorjahr zwar eine höhere Zimmerauslastung (+ 4 Prozent) erreicht werden, aber der durchschnittliche Room Yield (Belegung × durchschnittliche Zimmerpreis) ging um 5,2 Prozent zurück (Renken 2004, S. 10). Nachdem im Jahr 2004 weitere Luxushotels eröffnet wurden (Ritz-Carlton, Marriott, Radisson SAS, Mövenpick), zieht sich nun die Four Season Hotelkette aus dem Berliner Markt zurück. Zu einer Marktbereinigung führt das allerdings nicht, da Rezidor SAS das Hotel am Gendarmenmarkt übernimmt.

Im Buchungsverhalten haben sich insofern Veränderungen ergeben, dass die Frühbuchungen abnehmen, weil Reiseentscheidungen später getroffen oder geändert werden, wenn mit günstigeren Angeboten gerechnet werden kann.

Ein kurzfristigeres Buchungsverhalten erhöht ebenfalls die Unsicherheit in der Belegung. In diesem Zusammenhang muss die Zunahme Internet als Medium zur Informationsbeschaffung und Buchung gesehen werden. Über 50 Prozent der Reisenden nutzen das Internet bereits zur Informationsbeschaffung, weitere 20 Prozent können es sich vorstellen (F.U.R. 2004).

Obwohl die telefonische und schriftliche Buchung über Brief oder Fax mehr als 60 Prozent der Buchungen in der deutschen Hotellerie ausmachen, wächst der Anteil der Online-Buchungen. Daher sind die Hotels, die „online" sind, im Vorteil, weil sie kurzfristig und einfach buchbar sind. Das ist insbesondere für die KMU eine Herausforderung, aber auch eine Chance.

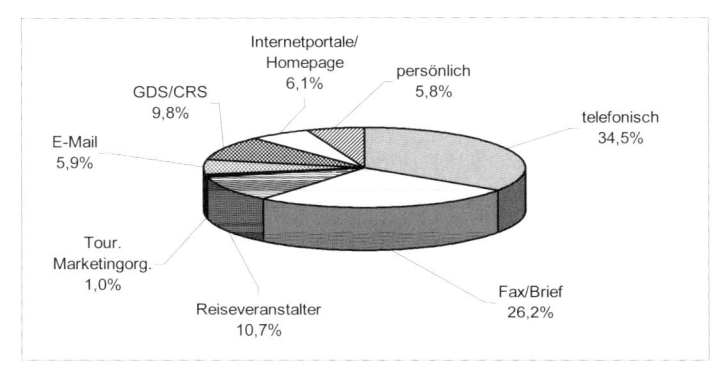

Abb. 9:   Buchungswege der Hotels in Deutschland 2003

- Internetportale/Homepage 6,1%
- GDS/CRS 9,8%
- persönlich 5,8%
- E-Mail 5,9%
- telefonisch 34,5%
- Tour. Marketingorg. 1,0%
- Reiseveranstalter 10,7%
- Fax/Brief 26,2%

Quelle: Hotelverband Deutschland 2004

Die genannten Veränderungen der Nachfrage setzen in der Konsequenz auch für die Hotellerie deutlich mehr Flexibilität voraus als bisher. Das stellt allerdings eine Herausforderung dar, die KMU – obwohl sie auf Grund flacherer Hierarchien und eines engen Kontaktes zum Gast eigentlich flexibler reagieren könnten – noch nicht immer erfüllen.

4.2 Verlagerung der Nachfrage

Bis Ende der 1990er-Jahre hatte sich die Urlaubsnachfrage – abgesehen von einem vereinigungsbedingten Zuwachs zu Beginn der 1990er-Jahre – in Richtung Ausland verlagert, so dass rund 70 Prozent der Deutschen ihren Urlaub nicht mehr in Deutschland verlebten.

Nicht nur Sättigungstendenzen hinsichtlich des einheimischen Angebotes und das weltweit gewachsene touristische Angebot sowie die gewachsenen Erfahrung von Touristen förderten diese Entwicklung. Ebenso wirkten infolge von Überangeboten gesunkene

Flugpreise, ein günstiges Preis-Leistungsverhältnis in ausländischen Destinationen sowie die Professionalität touristischer Anbieter (Reiseveranstalter). Auch zunehmende Möglichkeiten, weltweit und von Leistungsträgern unabhängig touristische Angebote auswählen und vergleichen zu können trugen zu einem quantitativ kleiner gewordenen Urlaubsmarkt für die deutsche Ferienhotellerie bei.

In den letzten beiden Jahren ist wieder ein Ansteigen der Inlandsnachfrage zu verzeichnen. So nahmen die Urlaubsreisen von 2000 bis 2003 von 18,2 Mio. auf 21,5 Mio. zu (F.U.R. 2001 bis 2004).

Als wichtige Gründe können dafür eine vermehrte Unsicherheit im Hinblick auf die wirtschaftliche Situation der Nachfrager, aber auch ein gestiegenes Sicherheitsbedürfnis beim Reisen als Konsequenz weltweiter Terroranschläge angesehen werden.

Allerdings hat sich die veränderte Nachfrage nicht entsprechend in der Entwicklung der Übernachtungen niedergeschlagen.

So blieb das Übernachtungsvolumen sowohl in den Betriebsarten des klassischen Beherbergungsgewerbes als auch in Ferienzentren und -wohnungen hinter dem Urlaubsreisevolumen zurück.

Tab. 3: Entwicklung der Urlaubsreisen und Übernachtungen

Jahr	Urlaubsreisen lt. F.U.R.	Übernachtungen klassische Hotellerie lt. Stat. Bundesamt	Übernachtungen Ferienzentren / Ferienhäuser lt. Stat. Bundesamt	Übernachtungen von Ausländern lt. Stat. Bundesamt
2000	100,0	100,0	100,0	100,0
2001	101,6	99,4	102,9	64,9
2002	107,1	95,7	102,9	94,5
2003	118,1	95,7	101,3	96,1

Quelle: F.U.R. 2004, 2003; Statistisches Bundesamt 2004b, eigene Berechnungen

Dabei muss berücksichtigt werden, dass in den Urlaubsreisen, die von der Forschungsgemeinschaft Urlaub und Reisen (F.U.R.) ausgewiesen werde, Reisen der deutschsprachigen Bevölkerung ab 14 Jahre mit mindestens fünf Tagen enthalten sind: Die in der amtlichen Statistik erfassten Übernachtungen weisen jedoch alle Übernachtungen aus, die in gewerblichen Unterkünften ab neun Betten von In- und Ausländern stattfinden, also auch die von kürzer reisenden Urlaubern, anderen Freizeitreisenden, Kindern unter 14 Jahre und Geschäftsreisenden. Allerdings treffen sie keine

Aussage zu Übernachtungen in nicht gewerblichen Unterkünften, die ja ebenfalls von Urlaubern genutzt werden.
Trotzdem sind die Schlussfolgerungen zulässig, dass

- sich offensichtlich kürzere Zeit- und Drittreisen auf das Übernachtungsvolumen auswirken, bei einer weiter gesunken durchschnittlichen Dauer der Urlaubsreisen (F.U.R. 2004).
- nicht gewerbliche Unterkünfte (sog. Graumarkt), die nicht in der amtlichen Statistik erfasst werden, vermehrt genutzt werden.
- die unglückliche Ferienzeitenregelung im Jahr 2003 zu einer Saisonverkürzung für die Ferienhotellerie und damit zu Einbußen bei den Übernachtungen führte.
- Übernachtungen von Ausländern auf Grund ihres geringen Anteils an den Gesamtübernachtungen (2003: 17,6 Prozent) keinen wesentlichen Einfluss auf die Zunahme von Übernachtungen in den letzten Jahren hatten. Obwohl sie im Vergleich zum Vorjahr wieder zunahmen, haben sie noch nicht wieder das Niveau von 2000 erreicht (vgl. Statistisches Bundesamt 2004b).

Auch im Geschäftstourismus ist die Verlagerung der Nachfrage zu beobachten, indem die bevorzugte Kategorie inzwischen die Drei-Sterne-Hotels darstellen. So buchten im Jahr 2003 Führungskräfte in Wirtschaft und Verwaltung bei ihren Geschäftsreisen in der Bundesrepublik zu 37,1 Prozent Hotels der gehobenen und mittleren Preisklasse und zu 8,2 Prozent einfache Hotels und Pensionen sowie sonstige Unterkunftsmöglichkeiten, während 24,6 Prozent Hotels der oberen Preisklasse und 4,2 Prozent Hotels der obersten Preisklasse bevorzugten (vgl. G+J 2004, S. 7).

4.3 Billigeres Reisen
Trotz Rezession und Sparzwängen auf Grund wirtschaftlicher Unsicherheit wird am Urlaub ungern gespart. Obwohl die Sparquote gestiegen ist, haben sich jährlichen Ausgaben für Reisen nicht verringert, sondern offenbar wird eher an anderen Ausgaben gespart (vgl. Statistisches Bundesamt 2004a). Allerdings hat sich die Urlaubsreise in Richtung des preisgünstigeren Reisens bewegt. Nachfrager zeigen sich sparsamer und suchen gezielt nach preisgünstigen Angeboten. Das wird durch das Verhalten der touristischen Anbietern gefördert, die mit immer niedrigeren Preisen einer „Aldisierung" des Reisens Vorschub leisten.

So haben z.B. im Jahr 2003 42 Prozent der Urlauber mindestens eine Form der Preisreduzierung (z.B. Frühbucher, Last Minute,

Kinderermäßigung) genutzt, während es im Jahr 1999 erst 27 Prozent waren (F.U.R. 2004). Bei zugenommener Preissensibilität ist es inzwischen „in", billig und zum „Schnäppchen" zu verreisen.

Im Urlaubstourismus müssten davon eigentlich die kleinen Hotels bevorzugt werden, die im Niedrigpreissegment tätig sind. Sie können aber häufig nicht die Ansprüchen der Gäste erfüllen, so dass dann eher andere Unterkunftsformen (Ferienwohnungen, nicht gewerbliche Unterkünfte) genutzt werden. In diesem Zusammenhang wäre zumindest kritisch zu hinterfragen, ob die besonders in kleinen Betrieben der Ferienhotellerie oft noch gängigen Zuschläge für ein bis zwei Übernachtungen aus Nachfragersicht nicht kontraproduktiv sind und Hotelbetriebe nicht flexibler reagieren sollten.

Vom billigeren Reisen profitiert vor allem die Low-Budget-Hotellerie. Diese Hotels bieten standardisierte Angebote für einen kurzen Aufenthalt mit einer funktionellen Ausrichtung auf die Beherbergung und einem stark eingeschränkten Dienstleistungsumfang an und können das auf Grund von niedrigeren Investitions- und Betriebskosten zu günstigen Preisen tun. Damit haben sie Marktanteile der Individualhotellerie im Ein- bis Drei-Sterne-Bereich abgeschöpft und agieren erfolgreich am Markt. Die Hotelketten haben diese Konzepte als Marken entwickelt und bieten so Sicherheit und Zuverlässigkeit, was der gesunkenen Risikobereitschaft der Gäste entgegenkommt. Damit sind diese Hotels auch für den Geschäftstourismus interessant geworden. Es ist abzusehen, dass internationale Hotelketten ihr Engagement in dieser Richtung, vor allem auch über Franchising, weiter verstärken werden (vgl. Föllmer 2003; S. 12).

4.4 Gestiegenes Anspruchniveau und zunehmende Differenzierung von Ansprüchen

Entsprechend dem gewachsenen eigenen Lebensstandard steigen die Ansprüche von Gästen an die Hotelleistungen. Bezogen auf die Hardware von Beherbergungseinrichtungen sind Hotels mit modernen Ausstattungen dabei im Vorteil.

Das trifft auf viele, auch kleine Hotels in der Urlaubshotellerie der neuen Bundesländer zu, die zu Beginn der 1990er-Jahren in größerem Umfang investierten. Demgegenüber weisen ähnliche Hotels in den alten Bundesländern teilweise einen erheblichen Nachholbedarf an Modernisierungs- und Erweiterungsinvestitionen auf.

Aber nicht nur in der Ferienhotellerie wachsen die Ansprüche, auch in der Businesshotellerie steigen sie ständig. So verlangen Geschäftsreisende heute z.B. moderne Kommunikationsmöglichkeiten im Hotelzimmer. Ein problemloser und schneller Internetzugang (ISDN oder Wireless-LAN) gehören dann schon (fast) zur Selbstverständlichkeit.

Auch im gewünschten Umfang von Hotelleistungen und einem damit erweiterten Zusatznutzen für den Gast zeigen sich Veränderungen. Längst sind nicht mehr nur die Beherbergungs- und Bewirtungsleistungen ausschlaggebend, wenngleich sie die Kernkompetenzen eines Hotels darstellen. Immer mehr werden zusätzliche Leistungen verlangt (z.B. in der Ferienhotellerie in Bezug auf die Freizeitinfrastruktur oder im Eventbereich), die geeignet sind, immer komplexer werdende Bedürfnisse der Gäste zu befriedigen. Daher werden komplexe Angebote immer stärker gewünscht. Das betrifft z.B. auch All-inclusive Angebote, die der Gast bei Auslandsreisen schon kennengelernt hat. Hier sehen Gäste einen wichtigen Zusatznutzen in der besseren Planbarkeit ihrer Reiseausgaben. Nicht nur dadurch stehen Individualhotels, obwohl sie „nur" national agieren im internationalen Wettbewerb, denn Gäste messen das Angebot auf dem heimischen Markt an ihren internationalen Erfahrungen, insbesondere auch im Hinblick auf das Preis-Leistungsverhältnis.

Die Anforderungen an eine gewachsene Komplexität des Angebotes von Hotelleistungen zeigen sich ebenso bei Tagungs- und Kongresshotels. „Alles-unter-einem-Dach"-Konzepte und „Rundum-Betreuung" durch Fachpersonal im Hotel werden von Geschäftsreisenden oder Tagungsveranstaltern ebenso bevorzugt wie Programme, die auch Leistungen örtlicher oder regionaler Gastronomiebetriebe oder Kultureinrichtungen einschließen.

Neben weiteren Faktoren führen die steigenden Ansprüche tendenziell zu größeren Hotelbetrieben, da nur sie die Anforderungen an die Komplexität erfüllen können. So hat sich in Konsequenz die durchschnittliche Betriebsgröße von Hotels von 1992 bis 2003 von 62 Betten auf 72 Betten erhöht. Infolgedessen haben vor allem Pensionen und Gasthöfe, die in der Regel eine geringere Betriebsgröße als die Hotels aufweisen, eine negative Entwicklung erfahren. Im genannten Zeitraum nahmen die Übernachtungen in diesen Betriebsarten um ca. ein Viertel ab, während sie in den Hotels um ca. ein Viertel zunahmen (vgl. Statistisches Bundesamt 2004b).

Das gestiegene Anspruchniveau führt zu einer abnehmenden Nachfrage nach undifferenzierten Angeboten und einer stärkeren Hinwendung zu Nischenprodukten. Das ist kein Widerspruch zum vorher Genannten, sondern Ausdruck einer zunehmenden Differenzierung, sogar Polarisierung von Ansprüchen, wie sich das z.B.

in der Positionierung von Low-Budget-Hotels einerseits und Boutique-Hotels (Themenhotels, Art-Hotels, Design-Hotels) andererseits zeigt.

Die Kettenhotellerie reagiert auf diese Entwicklung, indem sie in fast allen Marktsegmenten Marken entwickelt und damit die Nachfrage – vom Luxusbereich bis zum Low-Budget-Bereich abdecken kann. Damit streuen Hotelgesellschaften nicht nur ihr Risiko, sondern sie dringen auch in „angestammte" Bereiche der Individualhotellerie im Niedrigpreissegment ein. Andererseits erobert die Businesshotellerie durch die Schaffung eines „zweiten Standbeines" in Form von Resorthotels zunehmend Märkte in der durch die Individualhotellerie geprägten Ferienhotellerie.

Die Individualhotellerie muss dabei ihre Chance begreifen und Spezialisierung betreiben, indem sie Nischenprodukte entwickelt, mit denen sie differenzierte Ansprüche erfüllen kann.

Eine weitere Veränderung hat zu Reaktionen auf dem Hotelmarkt geführt. Ein gewachsenes gesundheitsbewussteres Verhalten von Nachfragern drückt sich in neuen Ansprüche an die Hotelleistungen aus und findet seine Ausprägung im Wellness-Trend. Das lässt sich nicht nur auf die sich verändernde Altersstruktur der Bevölkerung zurückführen, sondern auch auf Veränderungen in der Arbeitswelt, indem eine ansteigende Arbeitsintensität zu zunehmenden Belastungen führt. Beides hat eine wachsende Nachfrage nach Wellness- oder Fitnessangeboten zur Folge.

Auf dem deutschen Hotelmarkt verzeichnen Wellnesshotels in den letzten Jahren eine Entwicklung, die sich positiv vom Branchendurchschnitt abhebt. Davon wird auch weiterhin ausgegangen, wie das Engagement der Kettenhotellerie in diesem Bereich zeigt (z.B. Arkona mit Arosa). Für die deutsche Hotellerie könnten sich auch positive Wirkungen aus dem Inboundtourismus ergeben. In wichtigen Quellmärkten für Deutschland entwickelt sich die Altersstruktur in ähnlicher Weise und das Reisevolumen der Bevölkerung aus der Altersgruppe 55+ Jahre wird stärker ansteigen als in den jüngeren Altersgruppen (Deutsche Zentrale für Tourismus 2004).

International reagieren Hotelketten auf diese Entwicklung, indem sie zunehmend in den Spa-Bereich investieren (z.B. Starwood Spa Collection, Hilton International). Damit werden internationale Angebote immer konkurrenzfähiger und verstärken den Druck in diesem hochwertigen Marktsegment. Die vom Deutschen Wellnesverband durchgeführte Zertifizierung von Wellnesshotels dient in dieser Beziehung als richtige Orientierung zur Sicherung der Qualität und damit Wettbewerbsfähigkeit.

Das gestiegenes Anspruchsniveau zeigt allerdings auch widersprüchliche Seiten. Zum einen beeinflusst das Preis-Leistungsverhältnis immer stärker das Entscheidungsverhalten der Gäste.

Besonders in Phasen der wirtschaftlichen Unsicherheit überprüfen sie wesentlich kritischer, in welchem Maße sie bereit sind, für Leistungen zu zahlen, die sie ggf. nicht in Anspruch nehmen oder nehmen können. Darauf können und müssen die Hotelbetriebe durch die Anpassung ihrer Leistungen an die Ansprüche ihrer Zielgruppe(n) reagieren. Anderseits äußert sich gestiegenes Anspruchniveau aber auch darin, immer mehr Qualität zu immer niedrigeren Preisen erhalten zu wollen. Das ist jedoch ein Anspruch, der weder von der Individual- noch von der Kettenhotellerie zu erfüllen ist.

4.5 Gesunkene Risikobereitschaft

Die gesunkene Risikobereitschaft von Nachfragern zeigt sich einerseits im Zusammenhang mit einer generell zugenommenen Qualitäts- und Markenorientierung. Das führt auch beim Reisen zur Hinwendung zu Beherbergungseinrichtungen, die die Erwartungen an die Hotelleistungen ohne Risiko erfüllen können. Die Kettenhotellerie genügt diesem Anspruch über ihre Markenstrategien (z.B. Dachmarken) und kann vom Imagetransfer ihrer Hotels profitieren. Das ist für Individualhotels kaum möglich. Sie können sich zwar als Einzelmarke profilieren, auf einen Imagetransfer müssen sie verzichten. Sie haben aber die Möglichkeit, sich auf der Basis einer Hotelklassifizierung gleichberechtigt neben den Kettenhotels auf dem Markt zu positionieren. Noch in den 1990er-Jahren gab es gerade bei den Individualhoteliers sehr unterschiedlichen Meinungen zur Hotelklassifizierung. Inzwischen hat die Deutsche Hotelklassifizierung des Deutschen Hotel- und Gaststättenverbandes überzeugt und sich als verlässliche Orientierungshilfe für Freizeit- und Geschäftsreisende durchgesetzt. Bisher haben sich 7.302 Betriebe (Juli 2004) einer freiwilligen Klassifizierung unterzogen, wobei der Hauptanteil mit über 59 Prozent bei den Drei-Sterne-Hotels liegt (www.dehoga.de).

Eine geringere Risikobereitschaft ist auch Ausdruck selbstbewusster gewordener Gäste, was zu zunehmender Beschwerdehäufigkeit führt. Beschwerden als Ausgangspunkt für einen ständigen Qualitätsverbesserungsprozess zu sehen, muss noch stärker in das Bewusstsein der Hoteliers von KMU gelangen, damit diese einem professionellem Beschwerdemanagement größeres Augenmerk zuwenden, wie das die Hotelketten seit Jahren tun. Auf den Zusammenhang zu Gästebindungsprogrammen sei dabei verwiesen.

Andererseits zeigt sich eine gesunkene Risikobereitschaft nach den Terroranschlägen des 11. September. Die Angst vor Krisen ist gewachsen und hat zu zweifellos zu Veränderungen im Reiseverhalten geführt. Die Zunahme von erdgebundenen Reisen oder Zielgebietsveränderungen sind Ausdruck dafür. Davon könnte die deutsche Hotellerie profitieren. Wie lange das allerdings anhält, wird auch davon abhängen, wie schnell Krisen aus dem Kurzzeitgedächtnis verdrängt werden oder Gewöhnung eintritt.

5 Ausblick

- Obwohl im Jahr 2003 die internationale Hotellerie Auswirkungen von Krisen, Kriege und Krankheiten in allen Märkten zu spüren bekam, wird auf dem internationalen Hotelmarkt weiterhin eine hohe Dynamik typisch sein. Hotelketten werden weiterhin expandieren, durch Zukäufe und Verkäufe ihre Portfolios optimieren und über Franchising ihre Marktpräsenz verstärken. Auch Deutschland wird für internationale Hotelketten als Markt interessant bleiben. Diese werden ihr Engagement weiter verstärken und damit den Wettbewerbsdruck für die inländischen Ketten erhöhen.

- Der Wirkungsgrad deutscher Ketten auf dem einheimischen Markt wird sich weiter erhöhen. Kleine Hotelgruppen oder schwache Marken werden wie in der Vergangenheit auch (z. B. Rema oder Steigenberger Maxx und Esprix) vom Markt verschwinden. Die Hotelketten werden ihre Aktivitäten im Resortbereich verstärken, um weitere Marktpotenziale zu erschließen. Gästebindungsbindungsprogramme und die Internetvermarktung werden weitere Schwerpunkte in ihren Aktivitäten darstellen. In Abhängigkeit von der allgemeinen Konjunkturentwicklung werden neue Standorte sorgfältig geprüft, Kernkompetenzen (Beherbergung) gestärkt und Kostenkontrollen verstärkt werden.

- Das internationale Engagement der deutschen Hotelketten wird in nächster Zukunft nur eine partielle Strategie der Hotelketten bleiben. Joint Ventures und Co-Branding können an Bedeutung gewinnen (wie ArabellaSheraton), um den internationalen Wirkungskreis auszudehnen.

- Für die Markenhotellerie liegt in einer gezielteren Markenpolitik noch ein erhebliches Wettbewerbspotenzial. Dabei wird von besonderer Bedeutung sein, wie Markenprofile deutlicher ausgeprägt und voneinander abgegrenzt werden. Ebenso wird es wichtig sein, diese Marken deutlicher zu kommunizieren, um ihren Bekanntheitsgrad zu erhöhen. In Abhängigkeit davon, wie es gelingt, das Markenpotenzial zu erschließen, werden sich die Wettbewerbsbedingungen für die Individualhotels verschärfen, die nicht in der Lage sind, z.b. eine Einzelmarken zu schaffen. In diesem Zusammenhang bieten die überregionalen Hotelkooperationen eine Chance. Auch sie werden sich im Wettbewerb mit den Hotelketten weiter profilieren, werden Allianzen untereinander bilden und auch stärker versuchen, international zu agieren.

Damit wird sich die Struktur des deutschen Hotelmarktes in den nächsten Jahren nicht grundlegend ändern. Bei wachsendem Einfluss der Kettenhotellerie wird die Individualhotellerie auch weiterhin vor allem die Urlaubshotellerie prägen. Da die Betriebe größer geworden sind, ist anzunehmen, dass vor allem kleine Betriebe, die den gewachsenen Ansprüchen der Gäste nicht mehr entsprechen können, aus dem Markt ausscheiden müssen. So lange sich aber keine Veränderungen hinsichtlich der Einstiegsmöglichkeiten in das Beherbergungsgewerbe ergeben, wird keine gravierende Marktbereinigung erfolgen.

Literatur

BBG-Consulting Kanig GmbH/TREUGAST Unternehmensberatungsgesellschaft mbH (Hg.) (2003): Hotellerie & Gastronomie Betriebsvergleich 2003, Düsseldorf/München.

Deutsche Zentrale für Tourismus e.V. (2004): Die 10 zukünftigen Erfolgsfaktoren für den Deutschland-Tourismus, ITB 2004, Pressekonferenz am 14. März 2004, Berlin.

Deutscher Hotel- und Gaststättenverband e.V. – DEHOGA: (2004): Konjunkturbericht Gastgewerbe Winter 2003/04 – Ausblick Sommer 2004, Berlin.

F.U.R. (2001): Urlaub und Reisen 2001, Erste Ergebnisse, Berlin.

F.U.R. (2002): Urlaub und Reisen 2002, Erste Ergebnisse, Berlin.

F.U.R. (2003): Urlaub und Reisen 2003, Erste Ergebnisse, Berlin.

F.U.R. (2004): Urlaub und Reisen 2004, Erste Ergebnisse, Berlin.

Föllmer, J. (Hg.) (2003): Hotel Performance Trends, - Executive Summary, München.

Frehse, J. (2002): Internationale Dienstleistungskompetenzen – Erfolgsstrategien für die europäische Hotellerie, Wiesbaden.

Frei, I. (2000): Expansionsstrategien in der Hotelindustrie – Deutsche Hotelketten im internationalen Vergleich, Hamburg.

FVW International (2003): Spezial Hotel Nr. 9 vom 17.04.2003, Hamburg.

FVW International (2004): Spezial Hotel Nr. 12 vom 19.Mai 2004, Hamburg.

G+J Branchenbild Hotels (2004), Gruner + Jahr Marktanalyse, Hamburg.

Henschel, K. (2001): Hotelmanagement, München/Wien.

Hotelverband Deutschland (IHA) e.V. (Hg.) (2002): Hotelmarkt Deutschland 2002 Branchenreport des Hotelverbandes Deutschland (IHA), Berlin.

Hotelverband Deutschland (IHA) e.V. (Hg.) (2003): Hotelmarkt Deutschland 2003 Branchenreport des Hotelverbandes Deutschland (IHA), Berlin.

Hotelverband Deutschland (IHA) e.V. (Hg.) (2004): Hotelmarkt Deutschland 2004 Branchenreport des Hotelverbandes Deutschland (IHA), Berlin.

Koch, K. (2002): Marktstruktur, Finanzierungsprobleme und staatliche Förderung in der Hotellerie, in: Bieger, Th. (Hg.), Jahrbuch der Schweizerischen Tourismuswirtschaft 2001/2002, S. 197ff., St. Gallen.

OECD (1997): Globalization and Small and Medium Enterprises, Vol. 1, Synthesis Report, Paris.

Renken, C. (2004): Zimmerpreise im Abwärtstrend, in: Der Hotelier, Nr. 5/2004, S. 10ff., Frankfurt am Main.

Statistisches Bundesamt (2000): Fachserie 6, Binnenhandel, Gastgewerbe, Tourismus, Reihe 7.2, Beherbergungskapazität 1999, Wiesbaden.

Statistisches Bundesamt (2004a): Tourismus in Zahlen 2003, Wiesbaden.

Statistisches Bundesamt (2004b): www-genesis.destatis.de

TREUGAST Unternehmensberatungsgesellschaft mbH (2003): Trendgutachten Hospitality 2003/2004, München.

Vogel, H.L. (2001): Travel Industry Economics, Cambridge.

Vorlaufer, K. (2000): Die Internationalisierung der Hotellerie: Determinanten, Strukturen, Strategien, in: Langrebe, S. (Hg.), Internationaler Tourismus, S. 51ff., München/Wien.

TOURISMUS UND GASTRONOMIE - EIN SINNLICHES ERLEBNIS

Matilde Sophie Groß

1	*Vorbemerkungen*	*114*
2	*Einordnung der Gastronomie in den Tourismusmarkt*	*117*
2.1	Angebots- und Nachfragestrukturen	117
2.2	Aktuelle Marktstrukturen	121
3	*Gastronomische Erlebnisse als eine spezielle Art des Kulturtourismus: Feinschmeckerei als sinnliches Erlebnis*	*123*
4	*Produktvarianten des gastronomischen Kulturtourismus*	*126*
5	*Erfolgsfaktoren und Ausblick*	*128*
4.1	Erfolgsfaktoren	128
4.2	Zukunftstrends	130
Literatur		*133*

1 Vorbemerkungen

Gastronomie und Tourismus hängen in vielerlei Hinsicht voneinander ab, was jedoch vor Ort oft in Vergessenheit gerät. Der vorliegende Beitrag soll Ansatzpunkte zu einer Stärkung dieser Partnerschaft beisteuern.

Zunächst soll an dieser Stelle eine Definition und Einordnung des Gastronomiebegriffes vorgenommen werden, um im folgenden Kapitel die Angebots- und Nachfragestrukturen sowie die sich daraus ergebenden aktuellen Marktstrukturen aufzeigen zu können.

Gastronomie - Eine Begriffsbestimmung

Die Gastronomie fällt ebenso wie der Großteil der Tourismuswirtschaft unter das System der Dienstleistungsbetriebe.

Kaub (1990, S. 60) definiert die Gastronomie wie folgt: „Ein Gaststättengewerbe betreibt, wer gelegentlich Getränke und/oder Speisen abgibt, die an Ort und Stelle verzehrt werden können."

Sowohl im Gesetzeswerk, in der amtlichen Statistik als auch in der Praxis kommen jenseits dieser allgemeinen Definition verschiedene Beschreibungen für den Begriff „Hotel- und Gaststättenwesen" vor:

Im Gaststättengesetz vom 5. Mai 1970 wurden unter dem Oberbegriff „Gaststättengewerbe" die Unterbegriffe „Schankwirtschaft, Speisewirtschaft und Beherbergungsbetrieb" zusammengefasst. Ein Gaststättengewerbe im Sinne des Gaststättengesetz betreibt (gemäß § 1 Abs. 1 Deutsches Gaststättengesetz), wer im stehenden Gewerbe Getränke zum Verzehr an Ort und Stelle (Schankwirtschaft), zubereitete Speisen zum Verzehr an Ort und Stelle verabreicht (Speisewirtschaft) oder Gäste beherbergt (Beherbergungsbetrieb), wenn der Betrieb jedermann oder bestimmten Personen zugänglich ist. Ein Gaststättengewerbe im Sinne des Gesetzes betreibt ferner der, der als selbständiger Gewerbetreibender im Reisegewerbe von einer für die Dauer einer Veranstaltung ortsfesten Betriebsstätte aus Getränke oder zubereitete Speisen zum Verzehr an Ort und Stelle verabreicht, wenn der Betrieb jedermann oder bestimmten Personen zugänglich ist (vgl. Dettmer 2000, S. 13).

Nach der institutionellen Wirtschaftsgliederung des Statistischen Bundesamtes zählt die Gastronomie zur Kategorie H von 17 Wirtschaftszweigen: „Gastgewerbe". Die weitergehende Differenzierung führt zu einer Unterteilung in 59 Obergruppen und der

Zuordnung des „Gastgewerbes" zur Klassifikationsnummer 55 (vgl. Abb. 1). Ähnliche Gliederungen finden sich in der Fachliteratur, u.a. bei Dettmer (2000, S. 14).

Abb. 1: Die Gastronomie innerhalb der Wirtschaftszweige des Statistischen Bundesamtes

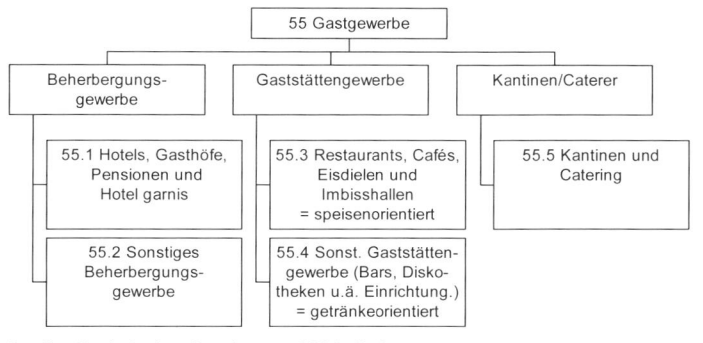

```
                        55 Gastgewerbe
        ┌──────────────────────┼──────────────────────┐
 Beherbergungs-         Gaststättengewerbe      Kantinen/Caterer
   gewerbe
        │                      │                      │
 55.1 Hotels, Gasthöfe,  55.3 Restaurants, Cafés,  55.5 Kantinen und
   Pensionen und          Eisdielen und              Catering
   Hotel garnis           Imbisshallen
                          = speisenorientiert
 55.2 Sonstiges         55.4 Sonst. Gaststätten-
   Beherbergungs-         gewerbe (Bars, Disko-
   gewerbe                theken u.ä. Einrichtung.)
                          = getränkeorientiert
```

Quelle: Statistisches Bundesamt 2004, S. 6

Hingegen werden in der Praxis die Begriffe „Gastronomie", „Gastgewerbe", „Gaststätte" und „Gaststättengewerbe" oftmals synonym als Gattungsbegriff und zur Bezeichnung eines bestimmten Typus innerhalb der Dienstleistungen benutzt.

Der Begriff „Gastgewebe" fasst demgegenüber jedoch die Unterbegriffe „Gastronomie" und „Hotellerie" zusammen. Während sich die Hotellerie ausschließlich bzw. hauptsächlich mit der Beherbergung von Gästen befasst, dient die Gastronomie/das Gaststättengewerbe der Versorgung der Gäste mit einem Speise-/Getränkeangebot, teilweise verbunden mit einem Unterhaltungsangebot, deren Umfang je nach Art und Zielpublikum der Gaststätte unterschiedlich ausfällt.

Wird diese Unterteilung mittels einer produkt- oder sortimentorientierten Typenbildung noch verfeinert (vgl. Meyer/Hoffmann 2002, S. 38), lassen sich z.B. unter den eher produktorientierten Getränkebetrieben Einrichtungen wie Weinlokale, Bierschenken oder Bars zusammenfassen. Unter den produktorientierten Speiselokalen sind Einrichtungen wie Steakhäuser oder Fischgaststätten zu identifizieren. Cafés oder internationale Spezialitätenrestaurants sind dagegen den sortimentbezogenen Betriebstypen zuzuordnen. Ein weiteres Merkmal der Abgrenzung ist der unterschiedliche Servicegrad, der bei Fast-Food-Restaurants mit vorwiegender Selbstbedienung gering ist, bei stilvollen Premium Restaurants dagegen ein hohes Maß an Intensität erreicht (vgl. Abb. 2).

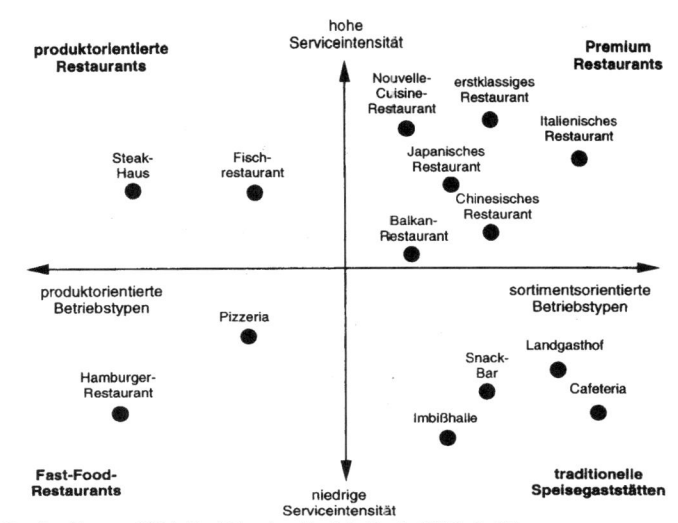

Abb. 2: Positionierung von Gaststätten

```
                        hohe
produktorientierte      Serviceintensität                Premium
Restaurants                      ▲                       Restaurants
                         Nouvelle-    erstklassiges
                         Cuisine-     Restaurant
                         Restaurant      ●
                            ●                   Italienisches
                                                Restaurant
        Steak-    Fisch-          Japanisches        ●
        Haus      restaurant      Restaurant
         ●          ●                  ●
                                              Chinesisches
                                  Balkan-     Restaurant
                                  Restaurant
                                     ●
◄───────────────────────────────────┼───────────────────────────────────►
produktorientierte                              sortimentsorientierte
Betriebstypen      Pizzeria                     Betriebstypen
                      ●                                 Landgasthof
                                          Snack-          ●
        Hamburger-                        Bar
        Restaurant                         ●            Cafeteria
           ●                                               ●
                                    Imbißhalle
                                        ●

Fast-Food-                       ▼              traditionelle
Restaurants                    niedrige         Speisegaststätten
                               Serviceintensität
```

Quelle: Freyer 2004, S. 461 oder ähnlich Kaub 1990, S. 87

Insgesamt gesehen setzt sich die Gesamtleistung der Gastronomie aus verschiedenen Leistungskomponenten zusammen: Handels-, Produktions- und Dienstleistung. Handelt es sich z.B. beim Verkauf von Finger-Food und Getränken bei einer Imbisshalle eher um eine Handelsleistung, so ist die Zubereitung von Speisen und Getränken als eine Produktionsleistung und der Service im Restaurant als Dienstleistung zu sehen.

Dabei ist jedoch weder Produktions-, noch Handelsleistung ohne die Ergänzung von Dienstleistungskomponenten imstande, eine vollständige gastronomische Leistung zu erbringen.

„Bei einer Handelsleistung ohne gastronomische Dienstleistung wäre die Gesamtleistung nicht der Gastronomie, sondern dem Handel zu- rechenbar. Die Produktionsleistung ohne gastronomiespezifische Zusatzdienstleistungen würde sich lediglich auf die Vorstufe des reinen Verzehrs bzw. des ernährungstechnischen Konsums im Haushalt beschränken und somit der Nahrungsmittelindustrie zuzuordnen sein. Festzuhalten bleibt somit die elementare und bestimmende Bedeutung der Dienstleistung für die Gastronomie, d.h. einer Leistung, die marktlich nicht lagerfähig und die - für den wirtschaftlichen Erfolg - vom synchronen Kontakt mit der Person des Gastes abhängig ist." (Meyer/Hoffmann 2002, S. 44)

2 Einordnung der Gastronomie in den Tourismusmarkt

Nachdem der Gastronomiebegriff geklärt wurde, soll die Einordnung in das touristische Marktmodell anhand der Angebots- und Nachfragestrukturen erfolgen:

Wer vermarktet?	→ Was? ←	An wen?
Gastronomieanbieter	→ Tourismusmarkt ←	Gastronomienachfrager

2.1 Angebots- und Nachfragestrukturen

Die touristische Leistung setzt sich - vereinfacht - v.a. am Zielort aus dem Angebot unterschiedlicher Bausteine wie z.B. Beherbergung, Verpflegung, Transport, Reiseleitung sowie weiteren Sachgütern und Dienstleistungen zusammen (vgl. Abb. 3).

Abb. 3:   Ausgewählte Urlaubsbausteine

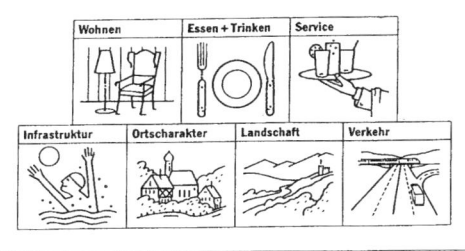

Wohnen	Essen + Trinken	Service
Hotellerie, Parahotellerie, Privatvermieter, Ferienclubs, Campingplätze, Time-Sharing-Gesellschaften	Gastronomie, Kioskbesitzer, Einzelhändler, Landwirte	Kommunale Ämter, Fremdenverkehrsämter, Vereine, Reiseleiter, Reisebüros, Unternehmen der Dienstleistungsbranche

Infrastruktur	Ortscharakter	Landschaft	Verkehr
Stadt-/Kreisbauamt, Wirtschaftsförderungsamt, Kultur-/Sportamt, Kurverwaltung, Architekten, Privatunternehmer (mit kommunaler Genehmigung), Vereine	Regionale Planungsbehörden, Stadtbauamt, Denkmalschutzbehörde, Kultur-/Sportamt, Architekten, Privatunternehmer, Bürgerinitiativen	Natur- und Landschaftsschutzbehörde, Flurbereinigungsbehörde, Landwirtschaftskammer, Planungsbehörden, Forstverwaltung, Landwirte, Forstwirte, Dorfbevölkerung, Naturschutz-Initiativen	Straßenbaubehörden, kommunale Verkehrsbetriebe, Tiefbauamt, Bundesbahn, Polizei, Automobilclubs, Privatunternehmer, wie Reisebüros, Bus- und Taxibetriebe

Quelle: ADAC 1989

Die Gesamtheit der für die Erstellung von Tourismusleistungen notwendigen oder betroffenen Bereiche stellt die Tourismuswirtschaft dar.

Nach Freyer (2001, S. 110) kristallisieren sich drei große Bereiche der tourismusspezifischen Leistungserstellung heraus:

(1) Tourismuswirtschaft i.e.S. (typische Tourismusbetriebe bieten typische Tourismusprodukte an, die ausschließlich von Touristen/Reisenden nachgefragt werden = typische Tourismusbetriebe wie Reisemittler, Transport, Destination, Beherbergung),

(2) ergänzende Tourismuswirtschaft (untypische Tourismusbetriebe spezialisieren sich mit typischen Tourismusprodukten auf Touristen als Zielgruppe = tourismusspezialisierte Betriebe wie Buch- und Zeitschriftenverlage, Souvenirindustrie usw.) und

(3) touristische Randindustrie (untypische Tourismusbetriebe spezialisieren sich mit untypischen Tourismusleistungen auf Touristen als Zielgruppe = tourismusabhängige Betriebe wie Bäckereien, Friseure, Tankstellen usw.).

„Analog zu diesen Überlegungen sind auch die Gastronomiebetriebe - entgegen der in der Fremdenverkehrsdiskussion üblichen Zuordnung - der touristischen Randindustrie zu zuordnen und nicht der typischen Tourismusindustrie. Hier haben sich lediglich untypische Tourismusbetriebe mit untypischen Tourismusleistungen auf Touristen spezialisiert." (Freyer 2001, S. 112f.) Damit sind einige Gastronomiebetriebe durchaus als abhängiger von Touristen (z.B. Lokal in einem Ausflugsgebiet) zu verstehen als andere (z.B. Lokal in einem Industriegebiet).

Die einzelnen Tourismusunternehmen stehen dabei nicht „gleichberechtigt" nebeneinander, sondern weisen eine eigentümliche Stellung zueinander auf, die vielfach mit den Strukturen des Handels verglichen wird (vgl. Abb. 4).

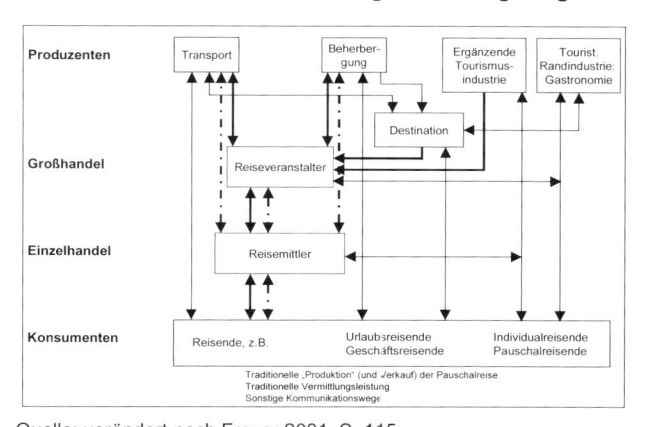

Abb. 4: Am Tourismus beteiligte Leistungsträger

Quelle: verändert nach Freyer 2001, S. 115

Die Gastronomieanbieter finden sich dabei in der Ebene der Produzenten und in der Spalte der tourismusabhängigen Betriebe (touristische Randindustrie) wieder.

Wie bereits in Abb. 1 gesehen, können die Gastronomieanbieter in speisen- und getränkeorientierte Betriebsformen getrennt werden. Dies ist auch in Abb. 5 zu erkennen.

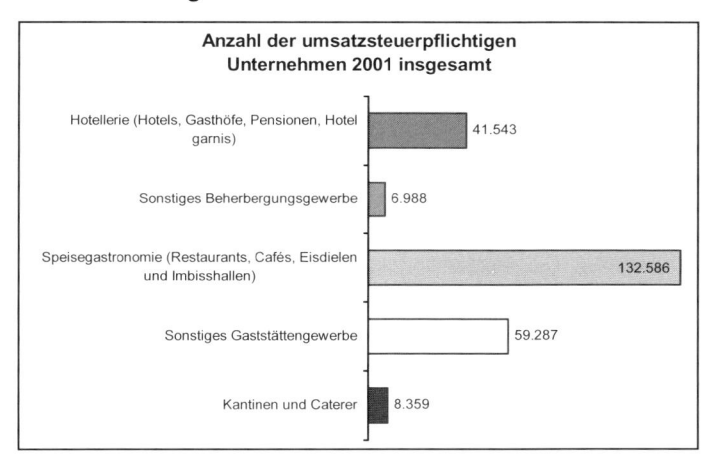

Abb. 5: **Gastgewerbebetriebe in Deutschland 2001**

Anzahl der umsatzsteuerpflichtigen Unternehmen 2001 insgesamt	
Hotellerie (Hotels, Gasthöfe, Pensionen, Hotel garnis)	41.543
Sonstiges Beherbergungsgewerbe	6.988
Speisegastronomie (Restaurants, Cafés, Eisdielen und Imbisshallen)	132.586
Sonstiges Gaststättengewerbe	59.287
Kantinen und Caterer	8.359

Quelle DEHOGA 2004, S. 5

Ferner zeigt sich, dass der größte Anteil an Gastgewerbebetrieben auf das speisenorientierte Gaststättengewerbe (53%) entfällt, gefolgt vom getränkeorientierten bzw. sonstigen Gaststättengewerbe (29%).

Anbieter und Nachfrager gastronomischer Leistungen treffen auf dem Tourismusmarkt aufeinander. Nachfrager von Tourismusleistungen können demnach Touristen im Sinne von Ortsfremden, aber auch Einheimische und Nicht-Reisende sein. Auch Tagesausflügler können als Nachfrager in Betracht kommen.

Im touristischen Zusammenhang interessieren hier jedoch besonders die Reisenden und ihre Nachfrage nach gastronomischen Leistungen. In Abb. 4 sind diese Konsumenten differenziert in Urlaubs- und Geschäftsreisende als auch in Individual- und Pauschalreisende, und kommen auch alle für die Nachfrage von gastronomischen Leistungen in Frage.

Die „Forschungsgemeinschaft Urlaub und Reisen" erstellt jährlich die Reiseanalyse, in der u.a. nach der Ausübungshäufigkeit von verschiedenen Urlaubsaktivitäten gefragt wird (vgl. Abb. 6). Hierbei fällt der große Anteil derjenigen auf, die während ihres Urlaubs gern landestypische Spezialitäten genießen (ca. 35% taten dies „sehr häufig" und weitere knapp 38% der Befragten noch „häufig").

Die im Urlaub gesuchte „Erholung geht durch den Magen". Gut essen können wollen die Deutschen im Urlaub häufiger als Ausflüge machen, Ausruhen/viel schlafen, Baden oder Shopping. Somit gehört das Genießen kulinarischer Spezialitäten zum gelungenen Urlaub.

„Im Urlaub und auf Reisen möchten viele „anders" essen und trinken als zu Hause. Einfachheit ist genauso gefragt wie Exklusivität." (Opaschowski 2001, S. 113)

Abb. 6: Urlaubsaktivitäten der letzten drei Jahre (in %)

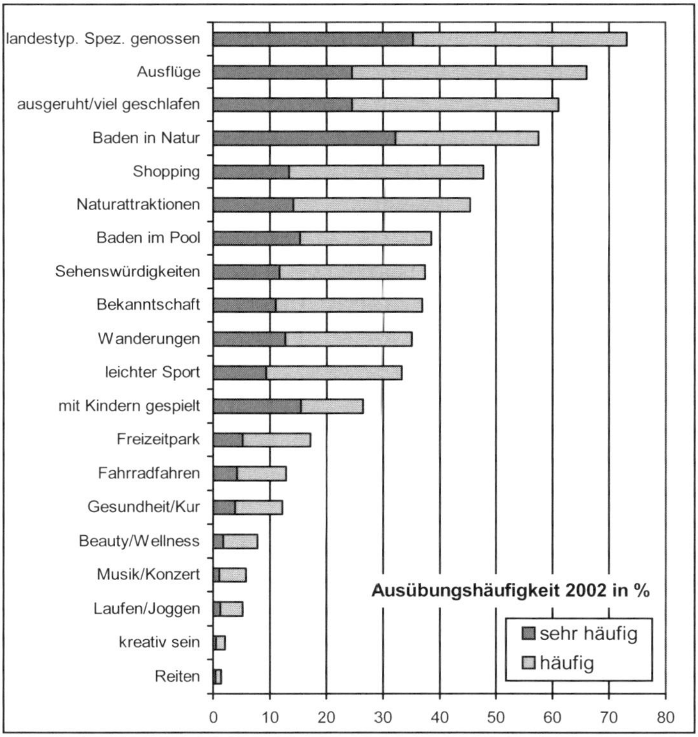

Quelle: F.U.R. 2003

Anhand ausgewählter Marktsegmentierungskriterien kann diese Personengruppe genauer betrachtet werden (vgl. Abb. 7): Von allen Reisenden im Jahr 2002 sind z.B. 34,9% als junge Verheiratete ohne Kinder angereist und haben sehr häufig in den letzten drei Jahren landestypische Spezialitäten genossen. Auch ist ein größerer Anteil der Spezialitäten-Genießer eher im Ausland (41,6%) als im Inland (25,4%) anzutreffen, womit sich auch der hohe Anteil an Flugreisenden (41,1%) unter den „Gourmets" erklärt. Die Anteile der häufigen Ausübung kommen jeweils hinzu.

Abb. 7: Aktivität „landestypische Spezialitäten genossen"
(in %)

		Während des Urlaubs in den letzten 3 Jahren (sehr häufig)	Während des Urlaubs in den letzten 3 Jahren (häufig)
Reisende 2002 insgesamt in Mio.		48,4	
"landestypische Spezialitäten genossen":		**35,3**	**37,9**
Herkunft:	Westdeutschland	37,1	36,9
	Ostdeutschland	28,1	42,0
Lebensphase:	Jg. Unverheiratete	29,3	31,3
	Jg. Verheiratete ohne Kinder	34,9	35,8
	Familie mit kl. Kindern	31,0	30,0
	Familie mit gr. Kindern	34,4	34,0
	Ältere Erw.-Paare	32,5	36,4
	Ältere Unverheiratete	33,8	28,2
	Senioren-Paare	25,7	34,7
	Unverh. Senioren	20,5	27,3
Begleitung:	mit Begl. Kinder bis 13 J.	37,9	35,8
	ohne Begl. Kinder bis 13 J.	34,5	38,5
Reisebüro-Kunden:		35,4	39,4
Verkehrsmittel:	Flugreisende	41,1	37,3
	Busreisende	29,7	38,8
	Pkw-Reisende	34,9	38,0
Reiseziel:	Inland	25,4	39,3
	Ausland, hier nur Mittelmeer	41,6	36,4

Skala: sehr häufig - häufig - manchmal - selten - niemals
Quelle: F.U.R. 2003

Durch das Zusammentreffen von Tourismusangebot und -nachfrage entsteht der Tourismusmarkt, welcher im folgenden Abschnitt kurz betrachtet wird.

2.2 Aktuelle Marktstrukturen

„Touristische Märkte sind Gedankenkonstruktionen, die alle für bestimmte Tourismusleistungen relevanten Angebots- und Nachfrageinformationen zusammenfassen." (Freyer 2004, S. 178)

Diese Märkte werden i.d.R. durch die Abgrenzungskriterien wie Gebiet, Zeit, Produkt, Anzahl usw. voneinander unterschieden. Als Ergebnis dieser Marktabgrenzung erhält man Angaben über das

Marktvolumen des für einen Betrieb oder für die jeweilige Fragestellung „relevanten" Marktes. Die gängigsten Angaben zur Charakterisierung des Marktvolumens beziehen sich auf Umsatz, Zahl der Beschäftigten, Zahl der Anbieter und/oder Nachfrager usw. (vgl. Freyer 2004, 178ff.).

Die realisierten Umsätze aller Marktteilnehmer im Gastgewerbe stellen das vorhandene Marktvolumen dar. Davon zu unterscheiden ist der Marktanteil des jeweiligen Unternehmens. Abb. 8 zeigt, dass mit einem Marktanteil von 44,6% fast die Hälfte des Gastgewerbeumsatzes 2003 in der Speisegastronomie (Restaurants, Cafés, Eisdielen und Imbisshallen) erwirtschaftet wurde. Ergänzt um die Getränkegastronomie ergibt sich im Gaststättengewerbe ein Marktanteil nach Umsatz von 60%.

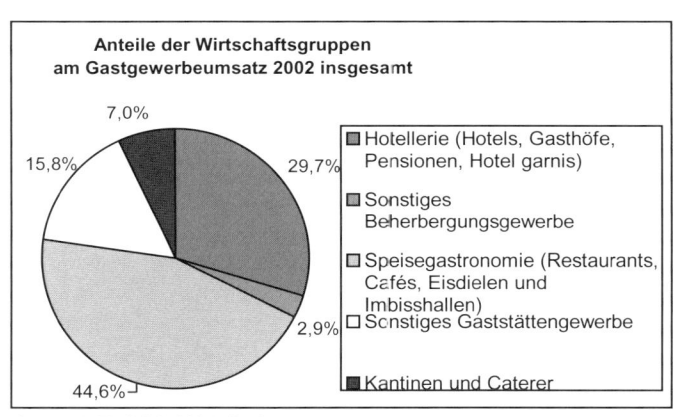

Abb. 8: Gastgewerbeumsatz 2003 in Deutschland

Quelle: DEHOGA 2004, S. 1

Im Jahr 2003 setzte das Gastgewerbe insgesamt 55,6 Mrd. Euro um; das sind 5% weniger als 2002. Die Beschäftigtenzahlen für 2001 betrugen insgesamt 1.082.400 Personen, davon fanden 673.000 Personen im Gaststättengewerbe Beschäftigung (vgl. DEHOGA 2004, S. 1ff.).

Bei solchen Marktbetrachtungen sind (wie oben bereits erwähnt) bestimmte Abgrenzungskriterien zu berücksichtigen. Hier soll jedoch nur auf das Kriterium Produkt eingegangen werden. Im Folgenden wird daher aufgezeigt, welche Produkte bzw. Produktvarianten in Bezug auf den Tourismus- und Gastronomiemarkt gehandelt werden (vgl. Kap. 4).

Zuvor wird eine Einordnung in den Teilmarkt gastronomischer Kulturtourismus vorgenommen (vgl. Kap. 3).

3 Gastronomische Erlebnisse als eine spezielle Art des Kulturtourismus: Feinschmeckerei als sinnliches Erlebnis

Wie in Kap. 2.1 gesehen, ist das Essen und Trinken in Form der Verpflegungsleistung als ein maßgeblicher Baustein der (Urlaubs-) Reise zu verstehen. Ob der Pauschalreisende sich für Übernachtung mit Frühstück, Halb- oder Vollpension bzw. „All-inklusive" entscheidet oder ein Individualreisender gerade wegen des gastronomischen Angebotes eine ihm alltagsfremde Region aufsucht, in allen Fällen wird sich der Mensch mit Speisen und Getränken zwecks Selbsterhaltung versorgen. Dabei ist unter Gastronomie im Allgemeinen neben dem Gaststättengewerbe auch die (feine) Kochkunst zu verstehen. Geht es dem Reisenden dann speziell um das Angebot an Speisen und Getränken bzw. die Kochkunst der verschiedenen Kulturen[1], dann lässt sich ein sogenannter „Gastronomischer Kulturtourismus" identifizieren (vgl. Abb. 9).

Abb. 9:   Gliederung des Kulturtourismus

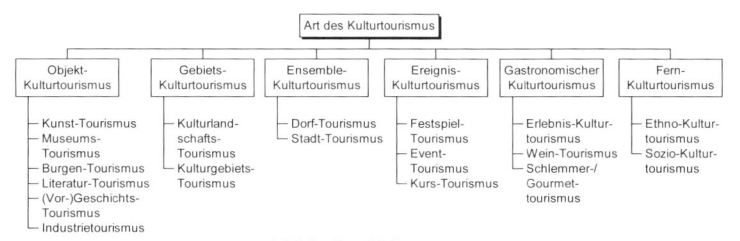

Art des Kulturtourismus					
Objekt-Kulturtourismus	Gebiets-Kulturtourismus	Ensemble-Kulturtourismus	Ereignis-Kulturtourismus	Gastronomischer Kulturtourismus	Fern-Kulturtourismus
Kunst-Tourismus Museums-Tourismus Burgen-Tourismus Literatur-Tourismus (Vor-)Geschichts-Tourismus Industrietourismus	Kulturlandschafts-Tourismus Kulturgebiets-Tourismus	Dorf-Tourismus Stadt-Tourismus	Festspiel-Tourismus Event-Tourismus Kurs-Tourismus	Erlebnis-Kulturtourismus Wein-Tourismus Schlemmer-/Gourmettourismus	Ethno-Kulturtourismus Sozio-Kulturtourismus

Quelle: gekürzt nach Jätzold 1993, S. 138

Als Unterarten des gastronomischer Kulturtourismus sind in Form von Erlebnis-Kulturtourismus solche Angebote wie Weinleseteilnahme u.a., bei Wein-Tourismus vor allem Weinproben und -einkauf sowie bei Schlemmer-/Gourmettourismus so etwas wie „Gut essen" zu verstehen. Auf weitere mögliche Angebotsvarianten wird in Kap. 3 eingegangen.

---

[1] Kulturen unterscheiden sich voneinander u.a. durch ihren kollektiven Geschmack und dass sie auf dem Weg über die Sozialisation und Enkulturation der Menschen deren individuellen Geschmack mitbestimmen (vgl. Wierlacher 2004, S. 36).

Dabei muss der Blick auch auf die Semantik gerichtet werden. Das Wort „Schlemmer" geht auf den römischen Feldherrn Lucullus (etwa 117-57 v.Chr.) zurück. Der Lukullus heißt im Französischen der Gourmand (Vielfraß) und liegt somit nicht weit vom Gourmet (dem Feinschmecker, der einen feinen Gaumen bzgl. Getränke und Speisen hat) entfernt. Lukullisch bedeutet im Allgemeinen so viel wie üppig und erlesen (von Gerichten) oder schwelgerisch, so dass in der touristischen Praxis auch schon von „Lukullischem Tourismus" gesprochen wird. In ähnlicher Weise ist auch „Kulinarischer Tourismus" entstanden, wobei kulinarisch gleichbedeutend ist mit „auf die (feine) Küche bzw. die Kochkunst bezogen".

Bei all diesen Wortkombinationen fällt auf, dass gastronomischer (Kultur-)Tourismus viel mit Feinschmeckerei und Geschmack (Gusto bzw. gustatorisch, den Geschmack(-ssinn) betreffend)[2] und damit mit mindestens einem der fünf menschlichen Sinne zu tun hat (vgl. Abb. 10).

Abb. 10: Die fünf menschlichen Sinne

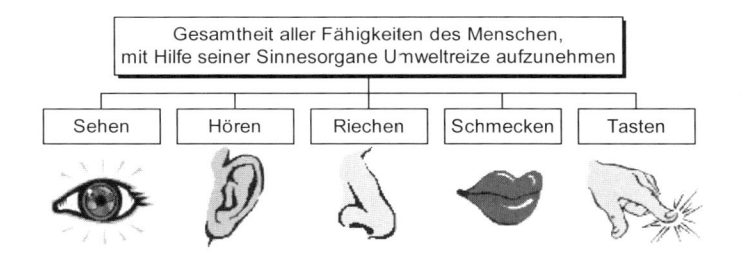

Gesamtheit aller Fähigkeiten des Menschen, mit Hilfe seiner Sinnesorgane Umweltreize aufzunehmen

| Sehen | Hören | Riechen | Schmecken | Tasten |

Beim Schmecken wirken jedoch immer <u>mehrere</u> Sinnensysteme zusammen, neben dem Geschmack auch der Geruchs-, der Sehsinn und der Tastsinn. So kommt es eben auch auf den Duft bzw. das Aroma der Speisen und Getränke an, denn ohne ein Aroma schmeckt den meisten Menschen kaum etwas. Außer den Elementarsinnen (Sehen, Hören, Riechen, Schmecken, Tasten) gibt es zusammengesetzte (komplexe) Sinneswahrnehmungen wie Schmerz, Lustgefühle, Druck, Wärme und Kälte als körperliche Empfindungen, die das Gefühlsleben beeinflussen.

---

[2] Physiologisch gesehen ist der Geschmackssinn beim Menschen auf die Mundhöhle beschränkt, weil es nur in der Mundhöhle Geschmacksnerven mit Geschmacksknospen gibt. Die chemosensorische Wissenschaft versteht unter Schmecken das Wahrnehmen der vier Speisenqualitäten süß, sauer, salzig und bitter. Diese Qualitäten werden von darauf spezialisierten Rezeptorzellen der Zunge und des Gaumens identifiziert. Es handelt sich um die Arbeit der Geschmackssensoren, die im unteren Zwischenhirn, dem Hypothalamus, zu Geschmacksempfindungen weiterverarbeitet werden (vgl. Wierlacher 2004, S. 34).

Auch Wünsche, Bedürfnisse, Triebe und Willensentschlüsse, Emotionen wie Freude, Ärger, Wut, Überraschung, Scham und Ekel und Stimmungen wie Heiterkeit, Ängstlichkeit und Melancholie gehören zu diesen unmittelbaren subjektiven Erfahrungen und Erlebnissen.

Denn der Mensch erfährt während des kontinuierlichen Erlebens seiner (Kultur-)Umwelt permanent solche Sinnes- und Körperempfindungen, Bedürfnisse, Emotionen usw. So kann man sich z.B. die erlebbaren Stimmungslagen oder Emotionen, die auch bei gastronomischen Erlebnissen auftreten, vereinfacht durch zwei Achsen bestimmt vorstellen (vgl. Abb. 11): die Lust-Unlust-Achse und die Erregung-Ruhe-Achse.

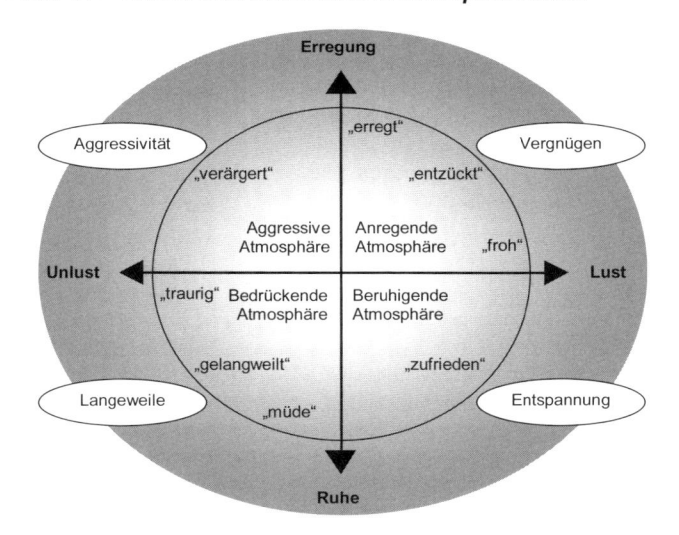

Abb. 11: Emotionen auslösende Atmosphärearten

Quelle: verändert nach Schober 1993a, S. 119 und 1993b, S. 138

Gourmet-Erlebnisse sind dabei i.d.R. zwischen Entspannung und Vergnügen auszumachen bzw. durchlaufen einen sogenannten Genuss- bzw. Erlebnisprozess (vgl. Schober 1993b, S. 137f.): Beginnend mit einer gewissen Vorfreude bzw. Erregung, über „verzückte" Gourmeterlebnisse mitten beim Essen (das typische Gefühl des Erlebens oder Erlebnishabens ist dann eine Zeitlang voll entfaltet) bis hin zum allmählichen Absinken der Erlebnisintensität, so dass am Ende des Feinschmecker-Menüs o.ä. der Zustand der (psychophysischen) Sättigung eintritt.

Mit welchen Produktvarianten v.a. positive Gourmeterlebnisse vermittelt werden können, zeigt das folgende Kapitel.

4 Produktvarianten des gastronomischen Kulturtourismus

Gegenwärtig werden von den Reisenden in Urlaubszeit und -raum ganz besonders intensiv (neue oder sehr seltene) Erlebnisse oder Reize erwartet, da dann die Möglichkeit besteht, Abstand zum Alltag und dem alltäglichen Erleben sowie Zeit für besondere Erlebnisse (z.B. Entspannung, Genuss, Bildung und Kultur in Form spezieller Urlaubsarten) zu haben.

Die klare Trennung vom Alltagsleben wurde bisher besonders intensiv bei Freizeit- und Konsumeinrichtungen genutzt, die sich seit einigen Jahren als „Erlebniswelten, in denen man etwas Ungewöhnliches erleben kann", erfolgreich vermarkten (vgl. Steinecke 2000, S. 21ff.). So ist es auch für ein gelungenes Gastronomieangebot ein wesentliches Merkmal, dass das Ambiente eines Gastronomiebetriebes intensiver als im Alltag erlebt und somit als eine besondere (kulturelle) Erlebniswelt wahrgenommen werden kann. Gerade die kulinarischen Eigenarten einer (Kultur-)Destination können zur gewünschten Abwechslung beitragen (vgl. Abb. 12).

Abb. 12: Produktvarianten des gastronomischen Kulturtourismus

```
                    ┌─────────────────────────────────────┐
                    │ Gastronomischer Kulturtourismus     │
                    └─────────────────────────────────────┘
┌──────────────────────────────────────┬──────────────────────────────────────┐
│ Kulinarische Reisen                  │ Kulinarische Routen                  │
├──────────────────────────────────────┼──────────────────────────────────────┤
│ Destinationsmarketing mit regionalen │ Bauern-/Weihnachtsmärkte             │
│ Spezialitäten                        │                                      │
├──────────────────────────────────────┼──────────────────────────────────────┤
│ Urlaub auf dem Bauernhof/beim Winzer │ Gourmet-/Wein-/Bierfeste bzw.        │
│ usw.                                 │ -messen usw.                         │
├──────────────────────────────────────┼──────────────────────────────────────┤
│ Seminare und Kurse                   │ Betriebsbesichtigungen               │
├──────────────────────────────────────┼──────────────────────────────────────┤
│ Erlebnisgastronomie (Kultur & Genuss)│ Einzelne Lokalitäten/Hotelrestaurants│
└──────────────────────────────────────┴──────────────────────────────────────┘
```

Quelle: eigene Darstellung

Ein Beispiel für Thementourismus[3] sind **kulinarische Reisen** (Gourmet-/Schlemmerreisen) wie spezielle Gourmet-/Schlemmer-Wochenenden zu oder längere Aufenthalte in kulinarisch bekannten Regionen oder Reisen zu Gourmetfestivals und Gourmetevents. Dabei können sowohl Speisen als auch Getränke (Wein, Whisky, Rum, Wodka u.a. Spezialitäten) im Mittelpunkt des Interesses stehen.

Beispiele: Gourmet-Tour im Käseland Schweiz, Hummer-Safari in Schweden, Zigarren- und Rum-Seminare in der Karibik oder Kochkurse in Bangkok.

---

[3] Thementourismus bedeutet, wenn touristische Angebote mit Hilfe einer Thematisierungsstrategie unter ein spezielles Thema gestellt werden.

Kulinarische Routen gehören zu den touristischen Routen, die auf Dauer angelegte, genau bezeichnete Reiserouten auf Bundes- und Landstraßen (ohne Autobahn) sind, die dem Reisegast thematisch abgegrenzt spezielle (kulinarische) Attraktionen bieten.

Beispiele: In Deutschland gibt es 11 Weinstraßen (z.B. Sächsische Weinstraße, Hessische Apfelweinstraße), 4 Bierstraßen (z.B. Sauerland-Brauerstraße) und eher speisenorientierte Routen wie die Spargelstraße o.ä.

Ferner werden **regionale Spezialitäten** häufig im Rahmen des Destinationsmarketings besonders beworben. Dabei handelt es sich i.d.R. um Produkte der Land- und Viehwirtschaft, die nicht nur für Einheimische produziert, sondern auch an Touristen verkauft werden und der Region ein besonderes Image verleihen sollen.

Beispiele: Spreewälder Gurken oder das Rhönschaf des Biosphärenreservats Rhön, landesweite Gastronomieinitiativen wie der Brandenburger Teller oder örtliche Einzelaktionen wie Gastro-Gutscheine o.ä. in Form von Tourist-Cards.

Als solch ein Vermarktungsinstrument können auch besonders attraktive **Bauern- bzw. Weihnachtsmärkte** oder **Gourmet-/ Wein-/ Bierfeste bzw. -messen** usw. gezählt werden.

Gerade der Tourismus in ländlichen Regionen hat sich in den letzten Jahren darauf besonnen, den Reisenden zu offerieren, was Küche, Keller und Garten zu bieten hat. Bei **Urlaub auf dem Bauernhof bzw. beim Winzer** u.ä. wird die besondere Gastlichkeit in herausragender Natur in den Vordergrund gestellt.

Die verschiedenen Inhalte von kulinarischen Themenreisen werden gern in Form von **Seminaren oder Kursen** intensiv vermittelt.

Beispiel: Kochkurs „Die Küche der Provence". Die unverfälschte Provence kennenlernen, ihren Wein sowie ihre vielfältigen Gemüsesorten und Gewürze.

Gastronomische Erlebnisse können auch in Form von **Betriebsbesichtigungen** bei traditionellen Handwerksbetrieben oder produzierenden Unternehmen gesammelt werden.

Beispiele: Betriebsbesichtigungen, Hoffeste oder „Tag der offenen Tür" bei Winzer, Destillerie, Brauerei usw. oder historischen Produktionsstätten wie Mühle, Käserei, Bäckerei, Fischerei usw.; unternehmensspezifischen Museen (z.B. Stollwerck Schokoladenmuseum in Köln) und (Automobil-)Erlebniswelten mit gastronomischen (Exklusiv-)Angebot.

Schließlich finden sich spezielle gastronomische Angebote auch in den (künstlichen) **Erlebniswelten** (z.B. Dinner Theater) oder bei besonders engagierten Vertretern der **Individualgastronomie**.

Bei all diesen Angebotsvarianten gilt jedoch stets zu berücksichtigen, dass diese Ereignisse erst dann zu einem besonderen Erlebnis werden, wenn durch Reflexion des Erlebten bestimmte Erkenntnisse beim Reisenden entstehen, die dann zur persönlichen und ggf. tiefprägenden Erfahrung werden.

4 Erfolgsfaktoren und Ausblick

4.1 Erfolgsfaktoren

Der Tourismus in den nächsten Jahren wird immer noch in der Diskussion um die Urlaubsqualität stehen. Der Urlaub dient nicht mehr nur der Erholung von der Arbeit. Die traditionelle „Weg-vom-Alltag"-Flucht reicht als Hauptmotivation für eine Urlaubsreise nicht mehr aus, in der es in erster Linie um Orts- und Tapetenwechsel ging. Zunehmend wichtiger wird die positiv motivierte „Hinzu"-Bewegung: Die Sehnsucht nach einem erlebnisreicheren Leben (vgl. Freyer 2001, S. 56ff. und Opaschowski 2001, S. 109).

Urlaub und die dann auch gesuchten gastronomischen Erlebnisse werden als ein Stück Lebensqualität empfunden und damit erhebt der Reisende auch bestimmte Qualitätsansprüche an die (kulinarische) Reise (vgl. Abb. 13).

Abb. 13: Qualität im Urlaub

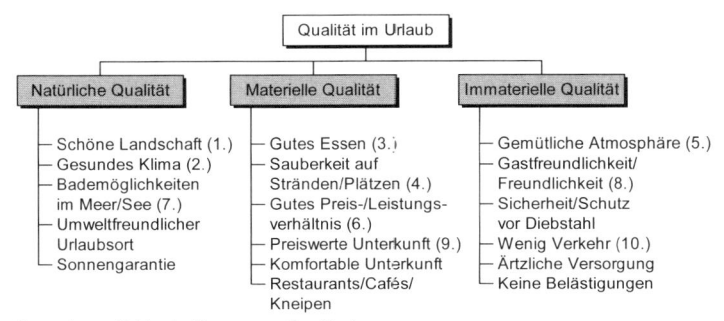

Natürliche Qualität	Materielle Qualität	Immaterielle Qualität
Schöne Landschaft (1.)	Gutes Essen (3.)	Gemütliche Atmosphäre (5.)
Gesundes Klima (2.)	Sauberkeit auf Stränden/Plätzen (4.)	Gastfreundlichkeit/ Freundlichkeit (8.)
Bademöglichkeiten im Meer/See (7.)	Gutes Preis-/Leistungsverhältnis (6.)	Sicherheit/Schutz vor Diebstahl
Umweltfreundlicher Urlaubsort	Preiswerte Unterkunft (9.)	Wenig Verkehr (10.)
Sonnengarantie	Komfortable Unterkunft	Ärztliche Versorgung
	Restaurants/Cafés/ Kneipen	Keine Belästigungen

(Anmerkung: Zahlen in Klammern = Top Ten)
Quelle: erstellt nach Opaschowski 2001, S. 109 und 118

Eine ganzheitliche Reise- bzw. Urlaubsqualität kann über drei verschiedene Dimensionen erreicht werden:
- Betriebliche Qualität durch Qualitätsprogramme,
- Destinationsqualität durch Dienstleistungsketten vor Ort und
- Erlebnis-Qualität durch Inszenierung.

Gerade letzteres wird in den nächsten Jahren verstärkt an Bedeutung gewinnen. Es geht nicht mehr nur darum, (Tourismus-) Güter zu produzieren und Dienstleistungen auszuführen, sondern darum, Erlebnisse erfolgreich zu inszenieren (vgl. Scheurer 2003, S. 1ff.).

Es ist Bestehendes noch besser in Szene zu setzen, um einzigartiger und damit konkurrenzfähiger zu werden: Die Seele des Ganzen heißt Atmosphäre.

Repräsentativuntersuchungen haben in den letzten Jahren nachgewiesen: Ein Restaurant, das man gerne besucht, muss im Service Spitze sein - drei Viertel der Besucher erwarten von einem Restaurantbesuch in erster Linie freundliche, aufmerksame Bedienung. Auf Atmosphäre zum Wohlfühlen legen zwei Drittel besonderen Wert. Für Restaurantbesucher ist zunächst eines wichtig: Flair - eine Mischung aus Atmosphäre, Ambiente und Animation. Restaurantbesucher suchen die positive Stimmung, die sie vorübergehend aus dem Alltagstrott wirft. Die Atmosphäre muss zum Wohlfühlen einladen, das Publikum muss „gut" und der Rahmen „gepflegt" sein, was jede/r einzelne auch darunter verstehen mag. Das Interieur muss stimmig sein: das Licht, die Farben, die Temperatur. Die Gäste wollen in Atmosphäre baden und ein wenig das Zeitgefühl verlieren (vgl. Opaschowski 2001, S. 108).

Abb. 14: Erlebnisorientierung in der Servicekette

Quelle: erweitert nach Meyer/Hoffmann 2002, S. 49

Dafür hat der Gastronom - ebenso wie der moderne Touristiker - ein ganzheitliches Inszenierungskonzept zu entwerfen, was die Erlebnisorientierung entlang der Servicekette festschreibt, sowie die Erlebnisqualität laufend zu überprüfen und zu optimieren.

Daneben müssen auch betriebswirtschaftliche Erfolgsfaktoren wie bspw. fixe und variable Kosten, Preis der Speisen, Zahl der Gäste und Stammgästeanteil beachtet werden (vgl. Meyer/Hoffmann 2002 S. 77ff.).

4.2 Zukunftstrends

Als ein Trend wird eine über einen gewissen Zeitraum bereits zu beobachtende, statistisch erfassbare Entwicklung-(stendenz) bezeichnet. Daneben wird jedoch auch versucht, Zukunftstrends vorherzusagen. Die Trendforschung will dabei sowohl die gegenwärtigen als auch die zukünftigen Trends eruieren. Trendforschung ist im Einzelnen die Verdichtung kultureller Information, Untersuchung von Veränderungen von gesellschaftlichen Werten und Einstellungen, Deutung von Zeichen sowie die Interpretation von Informationen. Der Unterschied zu Moden besteht darin, dass Trends längerfristig sind, d.h. mindestens fünf Jahre dauern und einen wesentlich komplexeren Motivationshintergrund besitzen.[4]

Was ist also demnächst in Sachen Nahrungsaufnahme, die Kulturbestandteil ist, weil Essen Sitten und Bräuche widerspiegelt, zu beachten?

In nahezu allen Betriebsarten muss man sich bereits heute bemühen, auch auf die emotionalen Bedürfnisse der Gäste einzugehen und Abwechslung in vielfältiger Form zu bieten. Schmackhafte Speisen reichen allein nicht mehr aus, um sich im Empfinden und im Urteil des Gastes zu profilieren. Es muss etwas zum Erleben geben, da zu Hause die Küche i.d.R. sehr gut ausgestattet ist, der Einzelhandel die ausgefallensten Zutaten bietet und Kochen bei vielen selbst ein Hobby ist.

Theoretisch können wir tagtäglich zwischen einer fast unendlichen Vielfalt an Lebensmitteln und Kostformen frei wählen. Praktisch aber werden unseren alltäglichen Essentscheidungen von einigen wichtigen Gesellschaftstrends beeinflusst. Solche gesellschaftlichen Mega-Trends sind laut Rützler (2003, S. 10ff.):

1. Individualisierung,
2. Feminisierung („EveOlution"),
3. Multitasking,
4. Lebensphasen und
5. Singelisierung.

---

[4] Vgl. www.trendbuero.de

Hierzu ein Beispiel: Der Megatrend Feminisierung – Durch die Emanzipation und die steigende Erwerbstätigkeit der Frauen, die auch immer mehr in traditionelle „Männerberufe" vorstoßen und tendenziell auch in Führungspositionen Fuß zu fassen beginnen, lösen sich traditionelle Rollenzuteilungen auf. Dies hat nicht nur massive Einbrüche in den Zeitbudgets für Hausarbeit (inklusive Kochen) zur Folge, sondern auch Einfluss auf die Essgewohnheiten.

In dreizehn weiteren Food-Trends hat Rützler die neuesten Entwicklungen und Tendenzen aus der Food-Branche und aus den angrenzenden Dienstleistungsbereichen zusammengestellt. Dabei reicht das Spektrum von Geschmacksrevolutionen im Mund, vom Essen als Emotionsmanagement bis hin zu dem „Future Food" - den Nahrungsmitteln, die auf sich selbst aufmerksam machen.[5] Folgende ausgewählte Food-Trends werden unser Ernährungsverhalten in Zukunft prägen (vgl. Abb. 15).

Abb. 15: Ausgewählte Food-Trends

Food-Trends, die das Essen von Morgen beein-	
Ethic Food	Essen mit gutem Gewissen
Nature Food	Natürlich, biologisch und gesund essen
Sentiai Food	Geschmacksrevolution im Mund
Slow Food	Produkte mit Authentic-Charakter
Functional Food	Essen als Therapie
Hand Held Food	Maßgeschneidertes für Simultanesser
Mood Food	Essen als Emotionsmanagement
Anti Fat-Food	Strategien gegen Übergewicht
D.O.C. Food	Produkte mit Herkunftsgarantie
Fast Casual	Gesund und schnell genießen
Call Food	Meal Delivery Solutions rund um die Uhr
Clean Food	Purismus nicht nur für Allergiker
Cheep Basics	Sparoasen des Wohlstandskonsumenten

Quelle: Rützler 2003, S. 10ff.

Für den gastronomischen (Kultur-)Tourismus bedeutet dies, dass der Gast das reine Produktangebot der Gastronomie zunehmend als sekundär betrachtet. Eine hohe Bedeutung kommt demnächst der Neuorientierung auf andere Leistungsangebote zu, im Besonderen der Erlebnisorientierung (vgl. Kap. 2) nach dem Motto „Gastronomie & Tourismus - ein sinnliches Erlebnis".

Der zukünftige Erfolg in der Zusammenarbeit von Gastronomie und Tourismus ist nicht so sehr ein Problem von Zahlungsmitteln, Standorten, Produkten und Preisen, sondern in einem starken

---

[5] Vgl. www.zukunftsinstitut.de

Maße eine Frage von Kreativität, von neuen Ideen, von Engagement und Bereitschaft[6] neue Entwicklungen zeitnah - jedoch auch nicht kritiklos - zu adaptieren.

Abschließend muss auch zukünftig berücksichtigt werden, dass zwei grundsätzlich unterschiedliche Nachfragergruppen für gastronomischen Kulturtourismus in Frage kommen (vgl. Groß 2004, S. 145):

- Kultur als das Reisemotiv: Kulturtourismus aufgrund der Motive „den Horizont erweitern, etwas für Kultur und Bildung tun" und „neue Eindrücke gewinnen, etwas anderes kennenlernen" (d.h. vorrangig Bildungsreisen, die eine Destination in ihrer ganzen Vielfalt [inkl. Gastronomie] erlebbar machen = Kultur als Hauptmotiv = Kulturtouristen i.e.S.) und

- Kultur als eine Reiseaktivität: Die Auch-Kulturreisenden, bei denen Kultur nicht der wesentliche Urlaubsinhalt ist (d.h. vorrangig Erholungsreisen = Kultur als Nebenmotiv = Kulturtouristen i.w.S.[7]).

Das Gastronomieangebot der Zukunft, welches auf dem Tourismusmarkt erfolgreich sein will, muss eine solche erkennbare Spezialisierung mit klar definierter Zielgruppe aufweisen, u.a. damit Zielgruppenkonflikte vermieden werden können.

Für speziell an authentischer Gastronomie und Kultur Interessierte werden Dinner Theater (eine Form der außergewöhnliche Unterhaltungskunst), Ethnik-Restaurants ggf. mit Schauküche, Dunkel-Restaurants sowie spezielle Gourmet-Events (z.B. Bauernhochzeit, Mittelaltergelage, Klosterküche, Musik & Genuss) in herausragenden Kulturobjekten oder Gourmet-(Boots-)Fahrten in einzigartiger Landschaftskulisse angesagt sein.

Der „nebenbei Gastronomie"-Interessierte wird sich eher vom „Gastrotainment", der Show bzw. Inszenierung, angezogen fühlen. Hier wären beispielsweise die animierte Single-Gastronomie (z.B. Karaoke), (künstliche) Erlebniswelten mit Gastronomie-Angeboten wie Shopping-/Science-/Sport-Center oder thematisierte Freizeitparks usw., Internet-Chat-/Cocktailbar-/Szene-Gastronomie oder die weiterhin beliebte Systemgastronomie zu nennen.

---

[6] Hier wäre auch das gemeinsame und vollständige Auftreten aller Gastronomiebetriebe einer Destination in einem Gastronomieführer zu nennen.

[7] Zu Kulturreisen i.w.S. zählen auch die Kulturreisen, die geschäftlich motiviert sind wie z.B. die klassische Geschäftsreise eines Künstlers zur Anbahnung einer Aufführung bzw. Ausstellung, zur Aufführung bzw. Ausstellung selbst oder die Reisen eines Künstler-Agenten usw.

Literatur

ADAC (1989): Neues Denken im Tourismus, München.

Becker, C./Steinecke, A. (Hg.) (1993): Kulturtourismus in Europa: Wachstum ohne Grenzen?, ETI-Studien 2, Trier.

Bieger, T. (2002): Management von Destination und Tourismusorganisation, 5. Aufl., München/Wien.

Decker, J. (2003): Entwicklung im Gastgewerbe im Jahr 2002, in: Wirtschaft und Statistik 6/2003, S. 489-495, Wiesbaden.

Dettmer, H. (2000): Hotellerie und Gastronomie, Köln.

Deutscher Hotel- und Gaststättenverband (DEHOGA) (Hg.) (2004): Das Gastgewerbe im Zahlenspiegel I/2004, Berlin.

Forschungsgemeinschaft Urlaub und Reisen (F.U.R.) (2004): Reiseanalyse 2003, Hamburg.

Freyer, W. (2001): Tourismus. Einführung in die Fremdenverkehrsökonomie, 7. Aufl., München/Wien.

Freyer, W. (2004): Tourismus-Marketing: marktorientiertes Management im Mikro- und Makrobereich der Tourismuswirtschaft, 4. Aufl., München/Wien.

Groß, M. S. (2004): Zur Erlebnisorientierung im Kulturtourismus, in: Brittner-Widmann, A./Quack, H.-D./Wachowiak, H. (Hg.), Von Erholungsräumen zu Tourismusdestinationen: Facetten der Fremdenverkehrsgeographie, Trierer Geographische Studien, Band 27, S. 143-162, Trier.

Hänssler, K.-H. (1999): Management in der Hotellerie und Gastronomie, 3. Aufl., München/Wien.

Hahn, H. /Kagelmann, H.-J. (Hg.) (1993): Tourismuspsychologie und Tourismussoziologie: ein Handbuch zur Tourismuswissenschaft, München.

Huber, J. (2004): Die neuesten Trends über Lifestyle und Zielgruppen ausgespäht vom bekannten Zukunftsinstitut von Matthias Horx, Vortrag anlässlich der ITB Berlin
Internet: http://vip8prod.messe-berlin.de/vip8_1/website/MesseBerlin/htdocs/www.fair.itb-berlin.de/de/Messeinfos/MarketTrends/index.html, (26.03.2004).

Jätzold, R. (1993): Differenzierungs- und Förderungsmöglichkeiten des Kulturtourismus und die Erfassung seiner Potentiale am Bsp. des Ardennen-Eifel-Saar-Moselraumes, in: Becker, C./Steinecke, A. (Hg.), Kulturtourismus in Europa: Wachstum ohne Grenzen?, ETI-Studien 2, S. 135-144, Trier.

Jenn, A. (1993): Die deutsche Gastronomie, Frankfurt am Main.

Kaub Consult (Hg.) (1996): Gastronomie der Zukunft, Frankfurt am Main.

Kaub, E. (1990): Erfolg in der Gastronomie, 2. Aufl., Frankfurt am Main.

Meyer, J.-A./Hoffmann, F. (2002): Erfolgsfaktoren in der Gastronomie, Berlin.

Rützler, H. (2003): Future Food - Die 18 wichtigsten Trends für die Esskultur der Zukunft, Frankfurt am Main.

Opaschowski, H. W. (2001): Das gekaufte Paradies. Tourismus im 21. Jahrhundert, Hamburg.

Scheurer, R. (2002): Erlebniswelt Tourismusdestination, in: fif-akzente 31, S. 1-2 (http:// www.cx.unibe.ch/fif, 26.06.2003).

Scheurer, R. (2003): Erlebnis-Setting. Touristische Angebotsgestaltung in der Erlebnisökonomie, Berner Studien zu Freizeit und Tourismus 43, Bern.

Schober, R. (1993a): Atmosphäre, in: Hahn, H./Kagelmann, H.-J. (Hg.), Tourismuspsychologie und Tourismussoziologie: ein Handbuch zur Tourismuswissenschaft, S. 119-121, München.

Schober, R. (1993b): (Urlaubs-)Erleben, (Urlaubs-)Erlebnis, in: Hahn, H./Kagelmann, H.-J. (Hg.), Tourismuspsychologie und Tourismussoziologie: ein Handbuch zur Tourismuswissenschaft, S. 137-140, München.

Statistisches Bundesamt (Hg.) (2004): Fachserie 6/Reihe 7.4: Gastgewerbe, Wiesbaden.

Steinecke, A. (Hg.) (2000): Erlebnis- und Konsumwelten, München/Wien.

Wessel, I. B. (1996): Gastronomie der Zukunft - Alltag als Event. Was Gäste erwarten und Gastronomen erfolgreich macht, Frankfurt am Main.

Wierlacher, A. (2004): Zur Grundlagenkategorie des Geschmacks, in: Akademie-Mitteilungen 1, S. 34-38, Bayreuth.

KONGRESS- UND TAGUNGSTOURISMUS

Michael-Thaddäus Schreiber

1 *Grundlagen* *136*

2 *Das Kongress- und Tagungswesen als eigenständiges Tourismussegment* *137*

3 *Systematisierung des Kongressmarktes* *138*

4 *Standortfaktoren von Kongress- und Tagungsdestinationen* *140*

    4.1 Verkehrsanbindung 141

    4.2 Hotellerie und Gastronomie 141

    4.3 Kongresswirksame Infrastruktur 141

    4.4 Standortgröße 142

    4.5 Dienstleistungsfaktor 142

    4.6 Kultur- und Naturangebot 143

5 *Typisierung von Standorten* *143*

6 *Zukunftsszenarien im Veranstaltungssegment* *145*

Literatur *146*

1 Grundlagen

Der Kongress- und Tagungsreiseverkehr wird vielfach als Königs-Disziplin der Tourismuswirtschaft bezeichnet. Aus ökonomischer Sicht kommt dem Kongress- und Tagungswesen eine ganz besondere Bedeutung zu: Rund 50 Mrd. € Umsatzvolumen setzt allein die Kongressbranche in Deutschland pro Jahr um; dabei gilt es zu berücksichtigen, dass die Kongressteilnehmer das höchste Pro-Tag-Ausgabeverhalten aller touristischen Zielgruppen aufweisen.

Die heutige Angebotssituation des deutschen Tagungsmarktes umfasst nach Hank-Haase (2003, S. 12f.) 10.935 Tagungsstätten: Hierbei entfallen 93% der Veranstaltungsstätten auf Hotels, 4% auf Kongresszentren und 3% auf die restlichen Anbieter. Die Dominanz der Hotellerie wird auch bei der Auswertung der Nachfragestruktur sichtbar: Zwei Drittel sämtlicher Veranstaltungen werden von maximal 30 Teilnehmern besucht, bei 18% der Veranstaltungen werden 31 bis 100 Teilnehmer registriert und nur 5% sind Großveranstaltungen mit jeweils mehr als 500 Teilnehmern. Die Gesamtnachfragesituation wird mit rund 69 Mio. Kongressteilnehmern beziffert, die im Jahresdurchschnitt für ein Umsatzvolumen der Branche von 49,3 Mrd. € und bundesweit für etwa 850.000 Vollzeitarbeitsplätze sorgen.

Neben der essentiellen Grundlagenforschung wird derzeit eine Vielzahl innovativer Themen in Fachsymposien, Arbeitskreisen nationaler und internationaler Kongressorganisationen sowie in Fachzeitschriften diskutiert und vorgestellt; hierzu gehören:

- Interaktions- und Visualisierungstechniken, Veranstaltungspsychologie,
- Einsatz neuer Medien, EDV-Einsatz im Kongresshaus,
- Total Quality Management in Veranstaltungszentren,
- Vorteile von Verbandsmitgliedschaften, Networking und Clienting,
- Kundenorientierung und Kongress-Service,
- Kongress-Sponsoring als Finanzierungsinstrument,
- Steuerliche Aspekte im Veranstaltungsbereich,

- Positionierung des Kongress- und Tagungswesens als eigenständiges Tourismussegment,
- Grundtypen zur Systematisierung des Veranstaltungsmarktes,
- Standortanforderungen an Kongress- und Tagungsdestinationen.

Insbesondere die drei letzten Punkte sind aus wirtschaftsgeographischer Sicht von besonderem Interesse und werden im vorliegenden Artikel näher beleuchtet.

2 Das Kongress- und Tagungswesen als eigenständiges Tourismussegment

Der Kongress- und Tagungsreiseverkehr wird im Allgemeinen dem Geschäftsreiseverkehr zugeordnet oder häufig auch als Phänomen des Städtetourismus angesehen. Grundlagenarbeiten zum Kongress- und Tagungswesen machen jedoch deutlich, dass der Tagungs- und Kongressreiseverkehr in seiner Feinstruktur erhebliche Unterschiede zum klassischen Geschäftsreiseverkehr aufweist und somit als eigenständiges Nachfragesegment zu analysieren ist.

Während der Geschäfts- und Dienstreiseverkehr im engeren Sinn primär individualreisende Geschäftsleute sowie Beamte und Angestellte auf Dienstreise umfasst, deren Reiseanlass in unmittelbarem Zusammenhang mit beruflichen Obliegenheiten steht, können beim Kongresstourismus, der in der Regel ebenfalls beruflich motiviert ist, auch nebenberufliche Beschäftigungen in den unterschiedlichsten Bereichen (Kultur, Politik, Sport, Wissenschaft etc.) zur Teilnahme an einer Tagungsveranstaltung führen.

Im Gegensatz zum Geschäftsreiseverkehr im engeren Sinn handelt es sich beim Kongress- und Tagungsreiseverkehr um eine Art Gruppentourismus. Obwohl die Teilnehmer einzeln an- und abreisen, liegt in der Thematik der Tagung der für die Teilnehmer gemeinsame Anlass begründet. Das Ziel einer solchen Zusammenkunft ist es, den Teilnehmern neue Fachkenntnisse zu vermitteln und ihnen geschäftliche sowie gesellschaftliche Kontakte zu ermöglichen.

Generell handelt es sich bei Kongress- und Tagungsveranstaltungen um ein- bis mehrtägige Zusammenkünfte vorwiegend ortsfremder Personen zum beruflichen Informationsaustausch. Dementsprechend sollen in Untersuchungen zum Kongresstourismus primär Tagungsteilnehmer von standortübergreifenden (externen) Veranstaltungen Berücksichtigung finden. Die Besucher von standort-bezogenen (ortsinternen) Veranstaltungen (Bürgertreffen, Betriebsversammlungen etc.) sind auszuklammern.

Abb. 1: Struktur des Veranstaltungsmarktes

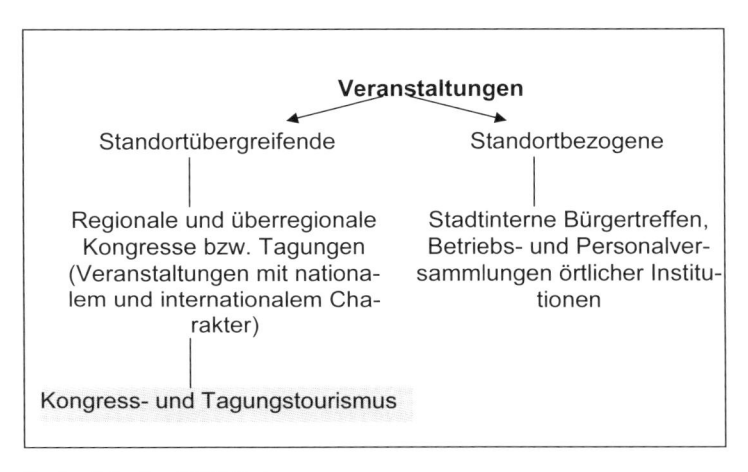

```
                        Veranstaltungen
                       ↙              ↘
         Standortübergreifende      Standortbezogene
                  |                        |
         Regionale und überregionale    Stadtinterne Bürgertreffen,
         Kongresse bzw. Tagungen        Betriebs- und Personalver-
         (Veranstaltungen mit nationa-  sammlungen örtlicher Institu-
         lem und internationalem Cha-   tionen
         rakter)
                  |
         Kongress- und Tagungstourismus
```

Quelle: Schreiber 2002, S. 4

In Anlehnung an die Tourismus-Terminologie von Kaspar (1996, S. 16) lässt sich der Kongress- und Tagungstourismus folgendermaßen definieren: Der Kongress- und Tagungstourismus umfasst die Gesamtheit der Beziehungen und Erscheinungen, die sich aus der Reise und aus dem Aufenthalt von überwiegend beruflich motivierten Personen ergeben, die für einen begrenzten Zeitraum in Destinationen reisen, (welche für sie weder Aufenthaltsorte im Sinne eines zentralörtlichen Bereichs noch hauptsächliche Arbeits- bzw. Wohn-Orte sind) und an standortübergreifenden Veranstaltungen mit internationalem oder nationalem Charakter teilnehmen.

3 Systematisierung des Kongressmarktes

Auf dem Veranstaltungsmarkt existiert eine große Kreativität, wenn es darum geht, den unterschiedlichen Veranstaltungstypen terminologisch gerecht zu werden. Abgesehen von der sprachhistorisch exakten Ableitung (congressus = die Zusammenkunft) wird das Wort Kongress im deutschsprachigen Raum häufig als Sammelbegriff für Zusammenkünfte jeglicher Art eingesetzt. Im Angelsächsischen wird ein Kongress als Convention bezeichnet, so dass ein direkter Begriffstransfer hier nicht möglich ist.

Eine einheitliche Nomenklatur für die Vielzahl von Erscheinungsformen auf dem Veranstaltungsmarkt steht immer noch aus. Zu den am häufigsten eingesetzten Begriffen im Kongress- und Tagungsbereich zählen: Arbeitsgruppe, Beratung, Besprechung, Diskussion, Expertenmarkt, Forum, Gesprächskreis, Hearing, Ideenbörse, Kolloquium, Kommission, Konferenz, Kongress, Kurs, Lehrgang, Lernstatt, Meeting, Poster Session, Round Table, Schulung, Seminar, Sitzung, Symposium, Synode, Tagung, Training, Treffen, Unterredung, Verhandlung, Versammlung, Weiterbildung, Workshop.

Dieser Begriffsflut versuchte Gugg (1972, S. 33) bereits Anfang der 1970er-Jahre entgegenzuwirken, indem er - basierend auf dem Kriterium Anzahl der Teilnehmer an Kongressen, Tagungen und anderen Veranstaltungen - folgende Hauptgruppen unterscheidet:

- Großveranstaltungen   über 1.000 Teilnehmer
- Kongresse   von   201 bis   1.000 Teilnehmer
- Tagungen   von   101 bis   200 Teilnehmer
- Symposien   von   31 bis   100 Teilnehmer
- Seminare; Kurse   bis 30 Teilnehmer

Zu den Großveranstaltungen zählen nach Gugg (1972) Städtetage ebenso wie politische oder religiöse Versammlungen; heute werden solche Veranstaltungsformen unter der Rubrik Mega-Kongresse zusammengefasst. Ein weiterführender Ansatz wurde von der Internationalen Congress Akademie (ICA) entwickelt: Veranstaltungen werden danach primär unter dem Aspekt der gleichen oder ähnlichen Auswirkungen auf ihre technisch-organisatorischen und räumlichen Anforderungen gesehen (vgl. Beckmann/Krabbe 1996, S. 11ff.).

Als Grundtypen des Kongress- und Tagungsmarktes werden die Veranstaltungsformen: Kongress, Tagung, Konferenz und Seminar herausgestellt und anhand ausgewählter Kriterien vergleichbar gemacht.

Abb. 2: Grundtypen des Veranstaltungsmarktes

	Kongress	Tagung	Konferenz	Seminar
Größe (Teilnehmer)	> 250	bis 250	bis 50	bis 30
Dauer (Tage)	> 1 Tag	ca. 1 Tag	max. 1 Tag	mehrtägig
Form (thematisch, räumlich)	Verschiedene Veranstaltungsteile	Wenige Veranstaltungsteile	einteilig, meist 1 Thema, 1 Raum	1 Thema, mehrere Räume
Entscheidungszeitraum	1 – 4 Jahre	bis zu 1 Jahr (mittelfristig)	kurzfristig	bis zu 1 Jahr
Organisation (Planung, Vorbereitung)	langfristig, komplex	Kürzere Planungs-/ Vorbereitungszeit	Kurze Vorbereitung, geringer Organisationsaufwand	große inhaltliche Vorbereitung, kleiner technischer Aufwand

Quelle: in Anlehnung an Beckmann/Krabbe 1996, S. 12ff.

Als Sonderform des Kongress- und Tagungsmarktes werden Versammlungen sowie Kongress-Messen angesehen.

4 Standortfaktoren von Kongress- und Tagungsdestinationen

Die Individualität der Kongress- und Tagungsstandorte resultiert aus der naturräumlichen Lage sowie der kulturhistorischen und technisch-ökonomischen Entwicklung der einzelnen Orte. Daher sind die einzelnen Destinationen durch eine Vielzahl unterschiedlicher Eigenschaften geprägt, die auch bei der Analyse der kongress-touristischen Standortfaktoren eine zentrale Rolle spielen. Neben der Verkehrsanbindung sowie des Hotel- und Gaststättenangebots zählen die kongresswirksame Infrastruktur und die Größe des Standortes zu den Hauptfaktoren, die maßgeblichen Einfluss auf das Volumen des Tagungsgeschäftes haben.

4.1 Verkehrsanbindung

Eine gute und schnelle Erreichbarkeit des Kongresszentrums ist eine der wesentlichen Voraussetzungen für einen erfolgreichen Veranstaltungsbetrieb. Diese Aussage bezieht sich sowohl auf die Erreichbarkeit des Ortes, in dem das Kongresszentrum angesiedelt ist, als auch auf die Lage der Tagungsstätte innerhalb der Stadt. Wenn eine Stadt oder eine Region von sich behauptet, eine ideale Verkehrsanbindung aufzuweisen, müssen folgende Kriterien erfüllt sein:

- Flughafen mit internationalem Charakter (in maximal einer Stunde Entfernung),
- Bundesautobahnkreuz (mit Anschluss an leistungsfähiges Regionalnetz),
- Eisenbahnhauptlinie mit ICE-Anschluss (mindestens EC- bzw. IC-Anfahrt).

Eine ideale Verkehrsanbindung ist für einen Veranstalter von großer Bedeutung, da die Teilnehmer „standortübergreifender Veranstaltungen" in der Mehrzahl ortsfremde Personen sind und zum Veranstaltungsort anreisen müssen.

4.2 Hotellerie und Gastronomie

Ein adäquates Angebot an Hotel- und Gastronomiebetrieben ist unabdingbare Voraussetzung für den Standort eines Kongresszentrums. Dabei ist nicht nur eine Kapazität der Betriebe wichtig, die der Größe des Veranstaltungszentrums entspricht, sondern vor allem auch ein breit gefächertes Angebot in Bezug auf Preis, Qualität und Leistung.

4.3 Kongresswirksame Infrastruktur

Zur kongresswirksamen Infrastruktur zählt die Ansiedlung von Wirtschaftsunternehmen, Hochschulen, Verbänden, Behörden und sonstigen Organisationen in einer Destination. Je mehr dieser Institutionen in einer Stadt vorhanden sind, desto höher steigt deren Attraktivität als Kongressort und desto häufiger wird sie als Standort für Tagungen ausgewählt. Deshalb sind für die Veranstalter neben der Verkehrsanbindung und der Ausstattung der Kongresszentren vor allem die folgenden Kriterien bei der Wahl des Standortes wichtig:

- Wissenschaftliche und fachliche Kapazitäten haben dort ihren Sitz.

- Wichtige Träger bzw. Förderer potenzieller Veranstaltungen halten sich dort auf.
- Wirkungsradius einer Institution hat dort seinen Mittelpunkt.
- Geschäftsstelle oder Zentrale eines Unternehmens sind dort angesiedelt.

Besondere Bedeutung erlangen jene Unternehmen, die in Wachstumsbranchen tätig sind. In den kommenden zwanzig bis dreißig Jahren wird sich wirtschaftliches Wachstum vor allem in den High-Tech-Bereichen abspielen.

4.4 Standortgröße

Die Größe einer Stadt beeinflusst ihre Eignung als Standort für ein Kongresszentrum ganz erheblich. Die kongresswirksame Infrastruktur, eine angemessene Beherbergungskapazität und gute Verkehrsanbindungen sind in größeren Städten ausreichend vorhanden. Diese Voraussetzungen sind vor allem für die Veranstaltung von internationalen Kongressen wichtig, denn generell kann davon ausgegangen werden, dass an internationalen Kongressen durchschnittlich mehr Personen als an nationalen Tagungen teilnehmen. Diese Tatsache impliziert für den Kongressort auch eine extrem hohe Nachfrage nach verschiedenen Dienstleistungen, der nur durch eine ständige potenzielle Bereitschaft bzw. Fähigkeit zur Leistung in befriedigendem Maße entsprochen werden kann. Man kann daher auch eine Wechselbeziehung zwischen der Bevölkerungszahl und dem Prozentsatz der durchgeführten Kongresse mit internationalem Charakter feststellen; dieser Wert liegt bei Großstädten wesentlich höher als bei kleineren Städten.

4.5 Dienstleistungsfaktor

Zur Befriedigung der vielfältigen Bedürfnisse von Kongressreisenden ist ein umfangreiches Dienstleistungsangebot notwendig. Hierzu zählen nicht nur die Betriebe der Hotellerie und Gastronomie, sondern auch Geschäfte des Einzelhandels sowie Einrichtungen für die Freizeitgestaltung. Zum Dienstleistungsangebot für internationale Kongresse gehören außerdem Banken, Reinigungen, Hairstylisten, Fachärzte sowie eine umfassende Versorgung mit Nachrichten jeder Art von der muttersprachlichen Zeitung bis zum ausländischen Rundfunk- und Fernsehempfang.

4.6 Kultur- und Naturangebot

Das kulturelle Angebot und die natürlichen Faktoren stellen zwar für die direkte Durchführung eines Kongresses keine unabdingbare Voraussetzung dar, doch darf die positive Wirkung, die sie sowohl auf die Teilnehmer als auch auf die Veranstalter ausüben, nicht unterschätzt werden. Für die Teilnehmer erhöhen sie den ideellen Wert eines Tagungsortes, indem sie ihnen vielfältige Möglichkeiten zur Freizeitgestaltung bieten. Der Kongressveranstalter profitiert umgekehrt vom hohen Freizeitwert einer Destina-tion: Einerseits kann er seine Veranstaltung mit diesem Image

profilieren, andererseits bietet sich ihm die Möglichkeit, mit dem vorhandenen Natur- und Kulturpotenzial abwechslungsreiche und unterhaltsame Rahmenprogramme zu gestalten.

Während bei den kulturellen Angeboten das Vorhandensein von Theater, Oper, Museen sowie von religiösen und profanen Baudenkmälern eine zentrale Rolle spielt, steht bei den natürlichen Standortfaktoren die geographische Lage, die damit verbundene Naturlandschaft sowie das Klima im Vordergrund des Interesses. Obwohl die Kongressveranstaltungen weitgehend wetterunabhängig sind, achten die meisten Organisatoren darauf, den Termin für die Austragung der Veranstaltung in Monate zu legen, die in der Regel angenehme Witterungsverhältnisse bieten.

5 Typisierung von Standorten

Auf der Basis der kongresstouristischen Standortfaktoren können die Veranstaltungsdestinationen mit Hilfe der fünf folgenden Indikatoren typisiert werden:

- Internationaler/nationaler/regionaler Flughafen (Passagierzahlen pro Jahr),
- Großhotellerie (Gesamtbettenkapazität in Hotelbetrieben mit 100 und mehr Betten),
- Kongress- u. Veranstaltungszentren (Gesamtsitzplatzkapazität bei Reihenbestuhlung),
- Messe- und Ausstellungshallen (qm-Ausstellungsfläche in Messehallen)
- Größe der Destination (absolute Einwohnerzahl)

Die zur Typisierung herangezogenen Grenzwerte der einzelnen Indikatoren sind der nachfolgenden Tabelle zu entnehmen; die Werte beziehen sich auf den deutschen Kongress- und Veranstaltungsmarkt.

Tab. 1: Typisierung von Kongress-Standorten

Typ	Flughafen (Passagiere)	Großhotel (Bettenzahl)	Kongresshallen (Sitzplätze)	Messeflächen (qm)	Standortgröße (Einwohner)
A	> 10 Mio.	> 10.000	> 12.000	> 100.000	> 500.000
B	> 5 Mio.	> 3.000	> 7.000	> 50.000	> 200.000
C	> 1 Mio.	> 1.000	> 3.000	> 20.000	> 100.000

Quelle: Schreiber 2002, S. 88

Diese Typen sollen im Folgenden anhand von Beispielen kurz vorgestellt werden:

Typ A:

Kongress- und Tagungsdestinationen von internationaler Bedeutung (auch im Messe- und Ausstellungsbereich)

Beispiele: Berlin, Hamburg, Hannover, Frankfurt am Main, München

Typ B:

Kongress- und Tagungsdestinationen von (inter)nationaler Bedeutung (mit europaübergreifender Bedeutung im Messebereich

Beispiele: Düsseldorf, Köln, Nürnberg, Stuttgart, Leipzig

Typ C:

Kongress- und Tagungsdestinationen von nationaler Bedeutung (mit landesübergreifenden Aktionen - vor allem im Ausstellungs-bereich)

Beispiele: Bremen, Dortmund, Mainz, Wiesbaden, Mannheim

Die vorgenommene Typisierung der Standorte bzw. der Städte ist nicht mit einem statischen Endzustand zu verwechseln. Vielmehr können Veränderungen in der kongresstouristischen Angebotssituation die Neuzuordnung in einen anderen Kongress-Standorttyp erforderlich machen: Das hier angewandte Typisierungsverfahren, das in gewissen Zeitabständen nach einer Aktualisierung verlangt, basiert also auf einem dynamischen Ansatz. Demzufolge sollte der Veranstaltungsmarkt mit seinen Standort-

und Erfassungsfragen sowie mit seiner räumlichen Angebots- und Nachfragesituation auch künftig in der Tourismusforschung eine zentrale Position einnehmen.

6 Zukunftsszenarien im Veranstaltungssegment

Kongresse und Tagungen gehören zu den letzten Kommunikationsinstrumenten, mit denen der persönliche Kontakt zu Geschäftspartnern oder Verbandsmitgliedern im größeren Rahmen gepflegt wird. Die Menschen nutzen und schätzen zwar die Vorteile der zunehmenden Technisierung, brauchen aber gleichzeitig die persönliche Begegnung. Deshalb ist trotz wirtschaftlicher Rezession und politischer Unsicherheiten auch in den kommenden Jahren für den Kongress- und Tagungsmarkt von einem Anstieg der Veranstaltungen auszugehen.

Der Trend zu kleineren und kürzeren Veranstaltungen sowie zu steigendem Anspruchsniveau seitens der Veranstalter und Teilnehmer wird sich fortsetzen. Der Expansionsgrad des Veranstaltungsmarktes wird auch in Zukunft maßgeblich von der Kreativität der Veranstalter abhängig sein.

Da die Informations- und Kommunikationstechnologien generell einen wesentlich intensiveren Wissensaustausch erlauben, sind die primären Erwartungen der Teilnehmer während einer Veranstaltung unter neuen Vorzeichen zu sehen. Vor allem soziokulturelle Aspekte wie „persönliche Kontakte zu anderen Teilnehmern" und „etwas erleben zu wollen in einem spannenden Umfeld" gewinnen entscheidend an Bedeutung. Dementsprechend werden sich die sogenannten „außergewöhnlichen Veranstaltungsstätten" einer steigenden Nachfrage erfreuen.

Diese „Special Locations" befriedigen vor allem die Bedürfnisse nach neuen Erlebniswelten; den Veranstaltern steht dabei ein breites Angebot zur Verfügung: Kunden können in Freizeitparks, in ehemaligen Fabrikgeländen oder in Fastnachtsmuseum geführt werden. Diesem Trend hat sich auch der Europäische Verband der Veranstaltungs-Centren (EVVC) und das German Convention Bureau (GCB) geöffnet: Events und Incentives wird ein größeres Gewicht eingeräumt.

Als Standorte für solche Events kommen nicht nur Großstädte in Frage, sondern auch interessante Kultur- und Naturräume im Einzugsbereich großer Firmen. So fand beispielsweise die Produktpräsentation des neuen VW Golf IV im Harz, in der Kaiserpfalz zu Goslar, statt. Der Automobilkonzern hat damit bewusst das Thema moderne Mobilität mit historischem Ambiente verbunden.

Die Teilnehmer erwarten in der Zukunft von einer Veranstaltung neben professionellem Service vor allem Atmosphäre, Ambiente und Abwechslung. Damit eine Veranstaltung zu einem „Meetcentive" wird, ist ein besonderes Augenmerk auf die qualitativen Inhalte im Kommunikations- und Eventbereich erforderlich.

Literatur

Beckmann, K./Krabbe, D. (1996): Textband begleitend zum Fortbildungs-Studiengang: Fachwirt für die Tagungs-, Kongress- und Messewirtschaft, Internationale Congress Akademie, Karlsruhe.

Gugg, E. (1972):Der Kongressreiseverkehr, Schriftenreihe des Deutschen Wirtschaftswissenschaftlichen Instituts für Fremdenverkehr, H. 27, München.

Hank-Haase, G. (2003): Der deutsche Tagungs- und Kongressmarkt 2002/ 2003, eine Untersuchung von ghh consult im Auftrag des German Convention Bureaus, Frankfurt a.M.

Kaspar, C. (1996):Die Tourismuslehre im Grundriß, St. Gallener Beiträge zum Tourismus und zur Verkehrswirtschaft, Reihe Tourismus, Bd. 1, Bern/ Stuttgart/Wien.

Schreiber, M.-Th. (2002): Kongress- und Tagungsmanagement, München/Wien.

RISIKOBEWUSSTSEIN UND KRISEN- PLANUNG IN DESTINATIONEN
- MIT ERGEBNISSEN EMPIRISCHER STUDIEN

Axel Dreyer

1 Grundlagen 148

   1.1 Außergewöhnliche touristische Ereignisse und Krisen 148

   1.2 Ursachen touristischer Krisen 149

2 Auswirkungen von Krisen auf das Reiseverhalten 151

   2.1 Sicherheit aus Kundensicht 151

   2.2 Faktoren der Risikowahrnehmung 152

   2.3 Auswirkungen von Krisen auf Destinationen und ihre Tourismusbetriebe 155

3 Risikomanagement in Destinationen: Vorbereitung auf Krisen 156

   3.1 Risikobewusstsein und Informationsmanagement ... 157

   3.2 Krisenpläne 158

   3.3 Aktiv vorbeugendes Sicherheitsmanagement 164

4 Nach der Krise ist vor der Krise: Krisenreflexion 165

5 Krisenmanagement 2015 – Versuch des Blicks in eine ungewisse Zukunft 166

Literatur 167

1 Grundlagen

Der Titel besagt es schon, aber der Deutlichkeit halber sei darauf hingewiesen: Krisenmanagement wird häufig unter dem Gesichtspunkt von Finanzkrisen betrachtet. Diese unterscheiden sich in der Tourismusbranche nicht wesentlich von denen in anderen Wirtschaftszweigen. Speziell ist allerdings die Behandlung von Ereignissen, die das Reisegeschehen unmittelbar betreffen. Um diese geht es im Folgenden. Dass aus touristischen Ereignissen touristische Krisen und aus ihnen Finanzkrisen erwachsen können, ist unbestritten, allerdings nicht Gegenstand dieser Betrachtung. Für kein Tourismusunternehmen und für keine Destination sind Krisensituationen, in die ihre Gäste geraten, etwas Außergewöhnliches, sondern sie sind vielmehr Teil des Geschäfts.

Deshalb muss ein Hauptaugenmerk darauf liegen, Risiken zu erkennen, um Krisen möglichst zu vermeiden. Ebenso muss jedoch dafür gesorgt werden, dass entstandene Krisensituationen möglichst ohne Personenschäden und auch ohne ökonomische Schäden bewältigt werden. Dafür ist wiederum eine antizipative Beschäftigung mit Krisensituationen notwendig. Was getan werden muss und wie Tourismusorganisationen vorbereitet sind, darüber gibt dieser Beitrag Aufschluss.[1]

1.1 Außergewöhnliche touristische Ereignisse und Krisen

Nicht jede **Störung** des normalen Betriebsablaufs entspricht einer Krisensituation. Zwar kann beispielsweise eine Straßensperrung auf einer Rundreise oder eine Flugverspätung für den Betroffenen in eine „Krise" ausarten, aus der Sicht des Unternehmens ist es höchstens ein **außergewöhnliches Ereignis**. In der Öffentlichkeit spielt diese Situation gar keine Rolle. Erkrankungen auf der Reise können auch als allgemeines Lebensrisiko bezeichnet werden,

---

[1] Im Jahr 2003 wurden in einer umfassenden Studie der Europäischen Akademie Bozen (EURAC) in Zusammenarbeit mit der Hochschule Harz im Alpenraum 427 Tourismusorganisationen im Alpenraum (Südtirol, Tirol und Alpenregion Bayerns) zu ihrem Krisenbewusstsein befragt. 121 Betriebe (28,3%) antworteten. Im Folgenden werden Ergebnisse der Studie zitiert als *Raich/Pechlaner/Dreyer 2003*.

Eine weitere Erhebung nach dem Konzept der EURAC wurde im Rahmen einer Diplomarbeit an der Hochschule Harz in 15 Destinationen an der deutschen Nordseeküste durchgeführt, deren Ergebnisse als *Koinzack 2004* zitiert werden.

sofern sie nicht von den touristischen Leistungsträgern verschuldet werden (z.B. Salmonellen in der Hotelküche) (vgl. Dreyer et al. 2001, S. 8).

Eine **Krise** ist ein schwerwiegendes Ereignis, das eine hohe Betroffenheit der involvierten Personen bzw. des Unternehmens mit sich bringt. Sie zeichnet sich durch enormen Entscheidungsdruck und Handlungszwang aus. Folgewirkungen sind bei Eintritt der Krise nicht absehbar. In der Öffentlichkeit besteht ein erhöhter Informationsbedarf, den das Unternehmen decken muss (vgl. Dreyer et al. 2001, S. 4).

Von einer touristischen Krise sollte erst dann die Rede sein, wenn ein größerer Personenkreis (Gäste oder Mitarbeiter) schwer betroffen ist (z.B. Unfälle, Entführungen), wenn die Zunahme der Gefährdung eher groß ist (z.B. Naturkatastrophen, Unruhen, Infektionskrankheiten), wenn das Interesse der Öffentlichkeit eher groß ist oder wenn die Leistungserbringung in erheblichem Ausmaß gefährdet ist (z.B. durch die Beschädigung von Flughäfen oder Beförderungsmitteln) (vgl. Rütt 2002, S. 3).

Es gilt zu beachten, dass Touristen in Krisensituationen zumeist gefährdeter sind als Einheimische, da sie mit den lokalen Gefahren und Ressourcen weniger vertraut und gemeinhin weniger unabhängig sind.

1.2 Ursachen touristischer Krisen

Die Identifikation möglicher Krisenursachen kann entlang des Reiseprozesses vorgenommen werden. Differenziert werden Gründe vor der Reise, während des Transports (in das Zielgebiet, bei Rundreisen bzw. auf dem Heimweg) und im Zielgebiet. Die folgende Abbildung zeigt die Systematik mit einer Reihe von Beispielen für exogene Krisenursachen.

Auch unternehmensinterne (endogene) Ursachen bei Menschen und Technik können für Störungen der Abläufe sorgen. Typische, allerdings nicht speziell auf Touristikkonzerne gemünzte technische Gründe sind z.B. Kosten bedingte Reduzierungen von Sicherheitsstandards, fehlende bzw. mangelhafte Sicherheitsüberprüfungen von Materialien und technisches Versagen aufgrund von Konstruktions- bzw. Materialfehlern oder Verschleiß (z.B. ICE-Unglück bei Eschede). Bei den Menschen reichen die Ursachen von Managementfehlern über Qualifikationsmängel der Mitarbeiter, unzureichendes Sicherheitsbewusstsein, Nichtbeachtung von Vorschriften (Fahrlässigkeit) bis zur Erkrankung von Dienstleistern (z.B. Erkrankung eines Reiseleiters) oder Streiks bei den Leistungserbringern selbst.

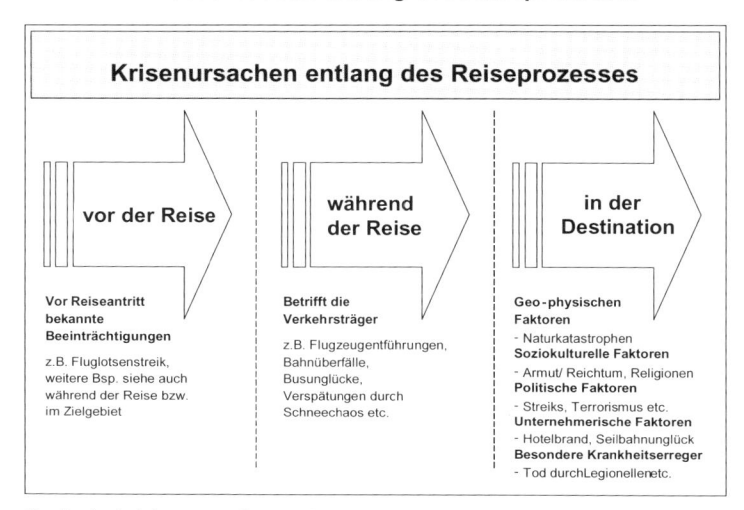

Abb. 1: **Krisenursachen entlang des Reiseprozesses**

```
┌─────────────────────────────────────────────────────────────┐
│          Krisenursachen entlang des Reiseprozesses          │
└─────────────────────────────────────────────────────────────┘

    vor der Reise  >      während          >    in der
                          der Reise             Destination

  Vor Reiseantritt      Betrifft die            Geo-physischen
  bekannte              Verkehrsträger          Faktoren
  Beeinträchtigungen                            - Naturkatastrophen
                        z.B. Flugzeugentführungen,   Soziokulturelle Faktoren
  z.B. Fluglotsenstreik, Bahnüberfälle,         - Armut/ Reichtum, Religionen
  weitere Bsp. siehe auch Busunglücke,          Politische Faktoren
  während der Reise bzw. Verspätungen durch     - Streiks, Terrorismus etc.
  im Zielgebiet         Schneechaos etc.        Unternehmerische Faktoren
                                                - Hotelbrand, Seilbahnunglück
                                                Besondere Krankheitserreger
                                                - Tod durchLegionellenetc.
```

Quelle: in Anlehnung an Dreyer/Pechlaner et al. (2004)

Generell kann zwischen lokalen, regionalen, nationalen bzw. internationalen Krisen unterschieden werden. Ein Hotelbrand nimmt nur eine lokale Dimension an, wohingegen Erdbeben in einer Urlaubsregion (wie in der Türkei) oft als regionale Krise angesehen werden. Bürgerkriege betreffen meist ein ganzes Land, folglich spricht man hier eher von nationalen Krisen. Krisen, die durch politische Faktoren ausgelöst werden, dehnen sich oft auch räumlich aus. Zu einer internationalen Krise haben sich z.B. die Terroranschläge vom 11. September 2001 und der Irakkrieg 2003 entwickelt.

Die Abbildung zu den möglichen Krisenursachen zeigt die zahlreichen Einflussfaktoren auf einer Reise, wobei diejenigen im Zielgebiet besonders umfassend sind, so dass die Destination den größten potenziellen „Krisenherd" auf einer Reise darstellt.

2 Auswirkungen von Krisen auf das Reiseverhalten

2.1 Sicherheit aus Kundensicht

Reiseverhalten entsteht in erster Linie aus den **Wechselwirkungen der Systeme Mensch, Massenmedien und Tourismus** (Betriebe und Destinationen). Von der Tourismusindustrie bzw. den Medien werden Stimuli (Reize) ausgesendet, die vom Menschen in einem komplexen Prozess verarbeitet werden und zu bestimmten Reaktionen (z.B. Reise buchen oder stornieren) führen. Die Menschen werden dabei von äußeren Faktoren beeinflusst. Neben der finanziellen Situation sind dies vor allem soziale Faktoren, wie der Meinungsaustausch in Mitgliedsgruppen (Familie, Freundeskreis, Kirchengemeinde etc.) oder Bezugsgruppen (z.B. eigene Ärzte).

Sicherheit ist ein grundlegendes Bedürfnis der Konsumenten. Folglich muss die Tourismusindustrie für ein Höchstmaß an Sicherheit sorgen, ohne dass dies von den Kunden honoriert wird, weil diese Bemühungen als Basisleistung angesehen werden. Es wäre sogar kontra-produktiv mit besonders hohen Sicherheitsstandards zu werben, weil damit erst der Gedanke bei den Kunden geweckt wird, dass eine Region oder ein Verkehrsmittel etc. unsicher sein könnte. Da Sicherheit als wahrgenommene Qualitätsdimension interpretiert werden muss, ist es richtig, Sicherheitsbemühungen zu demonstrieren, indem man die Gäste im vorhinein eindeutig und richtig über die Situation im Reisegebiet aufklärt (z.B. bei Lawinengefahr) und indem man objektiv nachvollziehbare Maßnahmen ergreift. Dies können z.B. regelmäßige Kontrollen der Brandschutzmaßnahmen in der örtlichen Hotellerie oder Notfallübungen sein.

Die Berichterstattung in den Massenmedien hat einen erheblichen Einfluss auf die zukünftige Reiseentscheidung. Meinungsbildend sind alle Arten von Sendungen, höchstens das Ausmaß der Beeinflussung ist unterschiedlich. Zunehmend schwerer ist es für die Zuschauer, Informationen und Bilder aus eher objektiven Nachrichtensendungen und Magazinen in öffentlich-rechtlichen Programmen von oftmals reißerisch aufgemachten Sendungen im Privatfernsehen („Reality-TV" etc.) zu unterscheiden. Aber auch wenn nicht immer ein wirklichkeitsgetreues Bild von der Lage in Krisengebieten gezeichnet wird, hinterlassen die Sendungen Wirkungen in den Köpfen der Menschen (Raich/Pechlaner Dreyer 2004). Krisenmeldungen werden von ca. zwei Drittel der Reisenden bei der Urlaubsplanung berücksichtigt (Braun/Lohmann 1989, 91). Dabei ist, von kurzfristigen Auswirkungen besonders außergewöhnlicher Ereignisse einmal abgesehen, der Verzicht auf eine Reise weniger wahrscheinlich, als eine Änderung des Reiseziels. Z.B. wollten Anfang 2002 viele Deutsche (24%) zwar fliegen, aber kein islamisches Land ansteuern (Aderhold 2004, 100f.) und auch die Zuwachsraten im Deutschlandtourismus werden zum Teil auf krisenbedingt veränderte Reisegewohnheiten zurückgeführt. Allerdings unterscheidet sich das Buchungsverhalten in Abhängigkeit von der Risikobereitschaft. Es gibt die *Vorsichtigen* (42,4%), die *Risikobewussten* (31,2%) und die *Unbekümmerten*, die mit 26,4% der Befragten das kleinste und jüngste Cluster mit einem Durchschnittsalter von 35 Jahren darstellen und keinerlei Bereitschaft zum Reiseverzicht zeigen (vgl. Sonnenberg/Wöhler 2004, 42ff.).

Obwohl die allgemeine Verunsicherung durch die Vielzahl von Unglücksmeldungen in den Medien ansteigt, **unterliegt das Einzelereignis einer erstaunlichen Vergesslichkeit**, denn negative Ereignisse gab es schon immer. Daraus den Schluss zu ziehen, dass im Destinationsmanagement keine Krisenvorsorge getroffen werden muss, ist trotzdem grundlegend falsch. Mit einem guten Risiko- und Krisenmanagement kann nämlich auch der kurzfristige Imageschaden in jedem Falle minimiert werden und beim wiederholten Auftreten von Krisensituationen in einer Destination ist auch ein längerfristiger Nachfragerückgang wahrscheinlich, weil das „Vergessen" gar nicht erst einsetzen kann.

Maßgeblich für das Sicherheitsempfinden der Reisenden bestimmend ist also das „wahrgenommene Risiko" einer Destination, das durch Ausmaß und Qualität der Informationen für eine Reise und die individuelle Risikoneigung des Reisenden beeinflusst wird. Auf diese Faktoren wird im Folgenden näher eingegangen.

2.2 Faktoren der Risikowahrnehmung

(1) Aus Sicht der Reisenden

Sicherheit unterliegt zudem einer äußerst subjektiven Einschätzung. Denn die tatsächlichen Auswirkungen von Krisen auf das Reiseverhalten können vollkommen unterschiedlich sein. Die Maßstäbe, die zur Beurteilung der Lage angesetzt werden, unterliegen kulturellen Unterschieden und sind zielgruppenabhängig. So gelten Deutsche im europäischen Vergleich als besonders ängstlich oder informieren sich Studienreisende im Allgemeinen intensiver über den Reiseveranstalter und die Destination als der Durchschnitts-Sonne-Strand-Tourist.

Die unterschiedliche Wahrnehmung und Beurteilung von Krisensituationen durch Laien und Experten sowie unterschiedliche Nationen ist damit zu begründen, dass sie zur Beurteilung der Lage auf andere Wissens- und Erfahrungsschätze zurückgreifen (vgl. Avenarius 1995, S. 242). Laien berücksichtigen weniger die statistische Wahrscheinlichkeit. Sie orientieren sich stärker an ihren Emotionen, die nicht immer rational erklärbar sind. Vermeidungsreaktionen und Vertrauensverluste hängen folglich vom subjektiv empfundenen Gefährdungspotenzial ab, das wiederum auf individuellen Erfahrungen, Wertvorstellungen, Ideologien, Interessen, Vorurteilen, Ängsten und Hoffnungen beruht (vgl. Schmieder 1998, S. 76). Um die Standpunkte und das Verhalten der Menschen zu verstehen, ist die Kenntnis weiterer psychologischer Zusammenhänge relevant (vgl. Schunk 1997, S. 120).

In der Literatur werden zahlreiche Faktoren der Risikowahrnehmung genannt, u.a.

- Persönlichkeitsfaktoren der Reisenden
- Auftreten von Krisen (zeitliche Abstände)
- Ausmaß von Krisen (Anzahl der Toten und Verletzten)
- Arten von Krisen (Naturkatastrophen beeinflussen weniger als von Menschen ausgehende Gefahren)
- Geographische Entfernungen (falsche Einschätzung der Entfernungen)
- Individuelle Betroffenheit (Schäden bei Touristen im Allgemeinen bzw. bei eigenen Landsleuten)
- Objektives Gefährdungspotenzial (Hintergrundwissen, z.B. über gesundheitliche Risiken)

Persönlichkeitsfaktoren stellen auf individuelle Bedingungslagen beim Menschen ab. Als weniger gefährlich wird es eingeschätzt, wenn Situationen eine **persönliche Einflussnahme** ermöglichen und damit eine eigene Kontrollmöglichkeit des Gefährdungsausmaßes gegeben ist. So ist Auto fahren zwar statistisch gesehen erheblich gefährlicher als Fliegen, wird aber von Fahrern nicht so eingeschätzt, weil sie glauben, in Vorgänge lenkend eingreifen zu können. **Allgemeine Lebensrisiken** werden zwar prinzipiell von Menschen unterschiedlich bewertet, wirken aber für die Wahl der Destination nicht zusätzlich abschreckend, weil sie ja an jedem Ort der Welt auftreten können. Begibt man sich **freiwillig** in gefährliche Situationen (z.B. im Abenteuerurlaub), so wird das Risiko ebenfalls geringer erachtet, was damit zusammen hängt, dass von der Beherrschbarkeit der Situation ausgegangen wird.

Mit zunehmendem **Alter** nimmt die Risikobereitschaft allerdings ab und das Bedürfnis nach Sicherheit steigt.

Von den Reisenden sollte ein Mindestmaß an **Eigenverantwortung** für ihre Gesundheit und das Gelingen der Reise abverlangt werden. Die vorherrschende Rechtsprechung (zur Rechtsthematik vgl. Zundel 2001, S. 54ff. und Willingmann 2001, S. 189ff.) setzt allerdings sehr stark auf die – unbestrittene – Verantwortung der Reiseunternehmen. Dies gilt auch für Informationen über die Situation im Zielgebiet.

Seitens der Reisenden scheint hingegen die Bereitschaft zur gesundheitlichen Prävention nicht sonderlich ausgeprägt zu sein. Mit der Kurzfristigkeit von Reiseentscheidungen nimmt sie zudem ab. Dabei ist der Gast auch bei einer Last minute-Reise in die Tropen nicht von seiner Gesundheitsvorsorge befreit, sondern er sollte sich im Falle der Unmöglichkeit einer kurzfristigen Schutzimpfung für ein anderes Reiseziel entscheiden.

Die Möglichkeiten zur Information über mögliche **Reiserisiken** werden jedenfalls immer besser. Wer das **Internet** nutzen will, kann z.B. über die politische Lage etwas unter www.auswaertiges-amt.de und über Gesundheitsrisiken beim Tropeninstitut der Universität München unter www.fit-for-travel.de erfahren.

(2) Aus Sicht der Destinationsmanager

Folgt man den Ergebnissen der Untersuchung von Raich/Pechlaner/Dreyer (2003), so werden Risiken in Destinationen relativ gering geschätzt. Selbst eher alltägliche, aber dennoch nicht zum normalen Betrieb gehörende Ereignisse, wie Berg- oder Verkehrsunfälle, werden nur mit einer mittleren Eintrittswahrscheinlichkeit beurteilt. Das verwundert umso mehr, als andererseits von 35% der Organisationen angegeben wird, in den letzten fünf Jahren eine Krisensituation im Ort erlebt zu haben.

Von den andernorts stattgefundenen Ereignissen, waren insbesondere Lawinenunglücke (hier vor allem Galtür mit 39 Nennungen), Seilbahnunglücke (hier vor allem Kaprun mit 34 Nennungen), Hochwasser/Überschwemmungen sowie Tunnelbrände in Erinnerung geblieben (Raich/Pechlaner/Dreyer 2003).

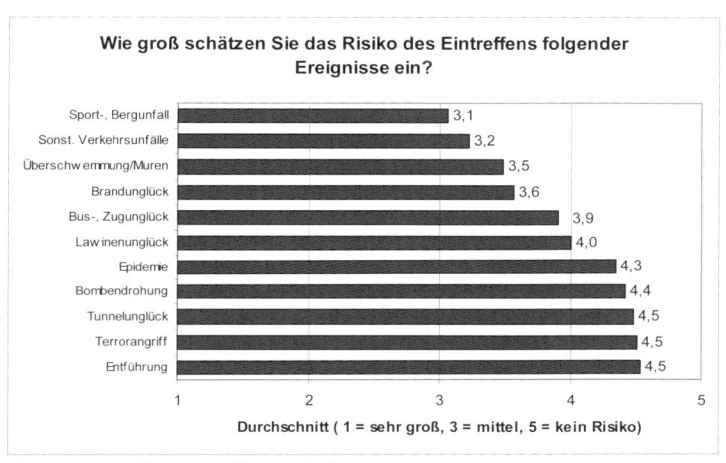

Abb. 2: Risikoeinschätzung in Alpen-Destinationen

Wie groß schätzen Sie das Risiko des Eintreffens folgender Ereignisse ein?

Ereignis	Durchschnitt
Sport-, Bergunfall	3,1
Sonst. Verkehrsunfälle	3,2
Überschwemmung/Muren	3,5
Brandunglück	3,6
Bus-, Zugunglück	3,9
Lawinenunglück	4,0
Epidemie	4,3
Bombendrohung	4,4
Tunnelunglück	4,5
Terrorangriff	4,5
Entführung	4,5

Durchschnitt (1 = sehr groß, 3 = mittel, 5 = kein Risiko)

Quelle: Raich/Pechlaner/Dreyer 2003

2.3 Auswirkungen von Krisen auf Destinationen und ihre Tourismusbetriebe

Eine Destination wird als räumliche Wettbewerbseinheit verstanden, die der Gast für seinen Aufenthalt als bestimmend ansieht (vgl. Bieger 2002, S. 56; Pechlaner 2000, S. 30), d.h., der Kunde entscheidet, ob sein Destinationsverständnis ein Resort oder vielleicht eine ganze Region umfasst. Frieden und Sicherheit sind Voraussetzung für die Entwicklung einer Destination, Stabilität und Eigenständigkeit sind ihre herausragenden Merkmale. Doch gerade das Vertrauen in diese Aspekte ist im Fall von Krisen gefährdet. Die Folge sind Rückgänge oder sogar gänzliche Ausfälle von Buchungen. Reiseveranstalter ziehen sich aufgrund der Verantwortung für ihre Kunden aus den „gefährdeten" Gebieten zurück (wie z.B. bei den Anschlägen in Ägypten 1997/98) und auch Empfehlungen von Reisejournalisten werden nicht mehr ausgesprochen, was den Eindruck der Unsicherheit weiter verstärkt (vgl. Cavlek 2002, S. 482ff.).

Während materielle Folgen in der Regel kurz- bis mittelfristig in Erscheinung treten und direkt quantifizierbar sind, handelt es sich bei den immateriellen Auswirkungen um langfristige, schwer messbare Vertrauens- und Glaubwürdigkeitsverluste. Die Stärke und Art der Auswirkungen ist abhängig von Faktoren wie dem Ausmaß des Unglücks, den Medienberichten im Land der Konsumenten, dem bestehenden Image der Destination, der Stärke der Tourismusindustrie, den ergriffenen Maßnahmen und der Krisen-Kommunikation. Im Extremfall kann das Überleben des betroffenen Gebietes als Urlaubsdestination nachhaltig beeinflusst werden und in der Folge kann es zum Ausscheiden der vor Ort tätigen Tourismusbetriebe aus dem Markt führen. Betroffen sind auch Incoming-Agenturen und Reiseveranstalter, die sich auf die betroffene Destination spezialisiert haben.

Besonders schwerwiegend ist es, wenn das Tourismusprodukt einer Destination austauschbar ist. Wenn 14 Tage Badeurlaub gebucht worden sind, kann der Kunde diese Reise in der Regel auch in eine andere Region als das Krisengebiet antreten. Die Angebote sind leicht zu substituieren. Bestehen im Zielgebiet jedoch einzigartige Kernleistungen, wie historische Stätten, einmalige Kulturgüter, außergewöhnliche Sportereignisse etc. ist das Ausweichen auf eine andere Destination schwieriger (vgl. Dreyer/Pechlaner et al. 2004, S. 125).

3 Risikomanagement in Destinationen: Vorbereitung auf Krisen

Die Gesamtheit aller Maßnahmen zur Vorbereitung auf und zur Vermeidung von Krisensituationen (Risikomanagement) sowie zur Bewältigung und Kontrolle entstandener Krisen wird als Krisenmanagement bezeichnet. Es handelt sich hierbei also nicht bloß um operative Aufgaben, sondern auch um strategische Aspekte, denn **eine professionelle Krisenabwicklung ist notwendiger Bestandteil eines touristischen Engagements**. Ein funktionierendes Krisenmanagement steht für Zuverlässigkeit und Vertrauen und ist damit wahrscheinlich eine der größten Herausforderung für das Destinationsmanagement (Abbildung 3 zeigt die drei Phasen des Krisenmanagements im Überblick). Erforderlich ist im Grunde genommen eine **strategische Sicherheitspolitik**, die sowohl Sicherheitsaspekte („safety") als auch aktive Schutzmaßnahmen („security") beinhaltet (vgl. Freyer 2004, S. 4).

Abb. 3: Drei Säulen des Krisenmanagements

Drei Säulen des Risiko - und Krisenmanagements

Krisenprävention
(Risikomanagement)

- **Früherkennung potenzieller Krisen**
  - Allgemeine Analysen und Kreativitätstechniken
- **Informationsmanagement**
  - Aktive Informationssammlung von AA, Wetterdienst, Reiseleitung etc.
  - Sicherheits-Checks
- **Prävention**
  - Krisenpläne, Krisenstäbe
  - Krisenraum, „kalte" Hotline
  - Care Team, Katastrophenschutz
  - etc.

Krisenbewältigung

- Fallbezogene **Informationsbeschaffung** und **-verdichtung**
- **Risikoeinstufung**
- Aktivierung der **Notfallorganisation**
- Einleitung von **Sofortmaßnahmen** im Krisengebiet
- Kommunikation
- Koordination und Abstimmung

Krisenreflexion

- **Dokumentation**
- **Statistische Auswertungen**
  - Anzahl der Vorfälle
  - Art der Vorfälle
  - eingeleitete Maßnahmen
  - Kosten
- **Prüfung** der Maßnahmen auf Effektivität und Effizienz
- **Medienbeobachtung und -analyse**
- Lernen: **Prozessoptimierung**

(AA heißt in Deutschland Auswärtiges Amt)
Quelle: in Anlehnung an Dreyer/Dreyer/Rütt (2004)

3.1 Risikobewusstsein und Informationsmanagement

Eine gute Krisenprävention ist die Basis der Krisenbewältigung. Zunächst einmal muss in einer Destination die Bewusstseinsbildung sowie Sensibilisierung für die Sicherheitsthematik erfolgen. Die Maßnahmen der eigentlichen Krisenvorbereitung umfassen eine Früherkennung (Antizipation; vertiefend hierzu Dreyer et al. 2001, 63ff.), das fortlaufende Informationsmanagement sowie die eigentliche Prävention mit konkreter Notfallplanung.

Die Sammlung von Informationen geschieht fortlaufend. Durch entsprechende Auswertungen können Krisensituationen zum Teil vermieden werden oder sie werden zumindest frühzeitig erkannt, was den Handlungsspielraum sowohl im Destinationsmanagement als auch bei jedem einzelnen Touristikbetrieb erhöht. Zur aktiven und permanenten Informationssammlung in den Destinationen können folgende Instrumente eingesetzt werden:

- Medienbeobachtung (Funk- und Fernsehberichte, Internet, Zeitungen),
- Vorhersagen der Wetterdienste (regelmäßig und weltweit)
- Informationen des Gesundheitsamtes und
- Sofortige Meldung stärkerer Erdbeben (z.B. in Deutschland durch das Bundesinstitut für Geowissenschaften und Rohstoffe).

Auch aus **Sicherheits-Checks** können krisenrelevanten Informationen gewonnen werden. Bei einer Hotelbegehung in Bali wurde z.B. festgestellt, dass die Balkongeländer nicht die den niedersächsischen Bauordnung (Sitz des Reiseveranstalters TUI) entsprechende Höhe von 90 cm besaßen, sondern nur 80 cm hoch waren. Erklärung: Die Durchschnittsgröße der Indonesier ist nur 165 cm, so dass dort keine höheren Balustraden benötigt werden!

3.2 Krisenpläne

(1) Krisenplanung auf Destinationsebene

In touristischen Zielgebieten sollte Krisenplanung obligatorischer Bestandteil des Destinationsmanagements sein, insbesondere dort, wo ein hohes Risiko für außergewöhnliche Ereignisse besteht, wie z.B. politisch motivierte oder geo-physische Krisen. Oberstes Ziel muss es sein, Sicherheit für Einheimische und Touristen zu gewährleisten, und außerdem soll bei potenziellen Gästen das Gefühl der Sicherheit gestärkt werden, um nicht aus dem relevant set bei der Reiseentscheidung zu fallen. Insofern stellt Risiko- und Krisenmanagement eine Unterstützung der lokalen Tourismusindustrie bei ihren Absatzbemühungen dar. Wie das Destinationsmanagement in Krisensituationen handelt, ob es in der Lage ist, mit der Situation effizient und professionell umzugehen, ist für die Wahrnehmung von Touristen bezüglich der Sicherheit einer Destination besonders wichtig.

Krisenmanagement hat allerdings auch seine Grenzen und kann das Eintreten außergewöhnlicher Ereignisse nicht verhindern, denn jede Krisensituation ist einzigartig und daher nicht bis ins Letzte zu antizipieren. Dennoch können (und müssen) Szenarien erdacht, dazugehörige Abwehrmaßnahmen geplant und in Grenzen auch trainiert werden. Die Entwicklung eines **Krisenhandbuchs** ist dringend zu empfehlen, da es häufig den einzigen greifbaren Anhaltspunkt in einer vielleicht von Not, Gefahr und möglicherweise Panik geprägten Zeit darstellt, und ein Aktionsplan kann im Krisenfall helfen, wertvolle Zeit, Energie und andere Ressourcen zu sparen bzw. effizient einzusetzen. Hierbei ist die Tatsache, dass geplant wird, möglicherweise ebenso wichtig wie der Plan selbst. (Dreyer/Pechlaner et al. 2004, 129; Sönmez 1999). Allerdings verfügen nur wenige Destinationen oder Tourismusorganisationen über ausreichend entwickelte Krisenstrategien (Faulkner 2001). In der eingangs beschriebenen Studie unter 121 Tourismusorganisationen in den Regionen Bayern, Tirol und Südtirol verfügten lediglich 11 Prozent der Tourismusorganisationen über ein Krisen-Handbuch (Raich/Pechlaner/Dreyer 2003). Dagegen gab es immerhin bei 9 von 17 deutschen Gemeinden an der Nordseeküste einen Krisenplan (Koinzack 2004).

Für potenzielle Krisen ist ein antizipatives Krisenmanagement nötig, das auf die vorbeugende Abwehr von Krisen abzielt. Latente Krisen benötigen präventives Management und Werkzeuge für die Früherkennung des Eintretens der Krise. Akute Krisen bedürfen schließlich eines reaktiven Krisenmanagements um die eintretenden Auswirkungen zu bewältigen (Kuschel/Schröder 2002).

Es ist Aufgabe des Destinationsmanagement, die Leitung und Überwachung der Maßnahmen zu übernehmen und darauf zu achten, dass Medienberichte und Aktivitäten in der Öffentlichkeitsarbeit keinen Schaden anrichten, sondern zur Bewältigung der Krise beitragen. Insbesondere ist sicherzustellen, dass relevante und zeitgerechte Informationen verfügbar gemacht werden. In der Praxis wird zwar immer wieder bestätigt, dass es notwendig ist, einen Krisenplan zu haben, um im entscheidenden Moment auf ein Reglement zurückgreifen zu können. Es hat sich aber auch immer wieder gezeigt, dass es neben einer klaren Regelung bezüglich Kompetenzen und Verantwortlichkeiten von entscheidender Bedeutung in der Krise ist, jemanden als Verantwortlichen zur Verfügung zu haben, der als Persönlichkeit akzeptiert ist und die Führungsrolle übernehmen kann.

(2) Krisenplanung auf Ebene der Tourismusbetriebe

Auch einzelnen Betrieben dient ein **Krisenhandbuch** als Orientierungshilfe für zukünftig möglicherweise eintretende Krisen. Ziel eines solchen Notfallplans ist die Sicherstellung eines koordinierten und reibungslosen Ablaufs bei der Krisenbewältigung im Unternehmen. Der Krisenplan ermöglicht eine zeitlich verkürzte Bewertung der Lage, eine schnellere Entscheidungsfindung und - damit verbunden - eine frühere Einflussnahme auf den Krisenverlauf. Durch den erzielten „Denkvorsprung" wird ein überstürztes Handeln im Ernstfall vermieden.

Ein Krisenhandbuch ist nicht geeignet, für jede Krise alle notwendigen Bewältigungsmaßnahmen aufzulisten. Vielmehr werden Richtlinien bzw. ein grober Handlungsrahmen festgelegt. Der muss aber soviel Spielraum lassen, dass auf die Eigenheiten der jeweiligen Krise entsprechend reagiert werden kann. Folgendes ist beim Entwurf und Einsatz eines Krisenhandbuches zu beachten (vgl. Dreyer et al. 2001, S. 86, Dreyer/Dreyer/Rütt 2004, S. 222, (Dreyer/Pechlaner et al. 2004, S. 130):

- Bestimmung eines Krisenhandbuchverantwortlichen für die Pflege und Aktualität des Krisenhandbuches
- Ablage des aktuell aufbereiteten Krisenhandbuches in mindestens dreifacher schriftlicher und elektronischer Ausführung
  - bei der Leitung des Destinationsmanagements
  - (in kleineren Orten z.B. beim Bürgermeister)
  - beim Verantwortlichen für das Krisenhandbuch
  - bei der Pressestelle
- Kommunikation der Inhalte des Krisenhandbuches an alle relevanten Institutionen/Personen in der Destination
- Schulung des Umgangs mit dem Krisenhandbuch
- Einpflegen von Änderungen in das Krisenhandbuch durch den Krisenhandbuchverantwortlichen
- Halbjährliche generelle Überprüfung und Anpassung des Krisenhandbuchs auf Aktualität
- Jährliche Fragebogenaktion bei den örtlichen Tourismusbetrieben zur Aktualisierung von Informationen

Zur Illustration ein Beispiel aus der Veranstalterbranche: Die TUI AG und die Konzerngesellschaften der World of TUI haben einen Notfallplan aufgestellt. Dieser informiert über die Relevanz des Krisenmanagements an sich sowie über die Rolle des Konzerns und der Konzerngesellschaften. Im Plan sind die Verantwortlichkeiten definiert und verbindliche Verhaltensregeln gegeben. Weiterhin beinhaltet der TUI Notfallplan verschiedene Checklisten zur Informationsbündelung und -weiterleitung. Aufgaben werden klar verteilt und der Informationsfluss festgelegt. Die Konzerngesellschaften haben zusätzlich ihre eigenen Notfallpläne, die mit dem zentralen Notfallplan abgestimmt sind.

Krisenstab: Es handelt sich um ein kleines Team, das aus fünf bis sieben Mitarbeitern besteht. Der Krisenstab stellt ein „Beratungs- und Führungsgremium" (Schroeter 1996, S. 29) dar, das im Fall einer Krise die Handlungsentscheidungen trifft. Ziel ist es, die Leitung von vorbereitenden Arbeiten zu entlasten, damit sie sich den grundlegenden Entscheidungen widmen kann.

Die personelle Zusammensetzung des Stabes hängt von der Art der Krise ab. Grundsätzlich besteht er aus einem kleinen, festen

Kern von Schlüsselpersonen des Unternehmens, die möglichst einer Hierarchieebene angehören. Experten werden gegenüber hoch gestellten Personen bevorzugt, da es bei der Krisenbewältigung oft um Fachkompetenz und einen reichen Erfahrungsschatz geht. Stets sollte der Pressesprecher dem Krisenstab beiwohnen, da er das Bindeglied zur Öffentlichkeit darstellt.

Ein **Krisenstab-Mitglied** muss teamfähig sein und Entscheidungskompetenz besitzen. Ist er nicht befugt, Entscheidungen ohne Genehmigung des Vorgesetzten zu treffen, verlängert dies die Entscheidungszeiten des Stabes unnötig. Und Zeit ist in der Krise ohnehin ein sehr knappes Gut.

Der Krisenstab wird temporär, d.h. für die Dauer der akuten Krise, eingesetzt und funktioniert auf einer hierarchielosen, informellen, gemeinsamen Entscheidungsebene. Der Vorstand wird nur bei gravierenden Konflikten einberufen (u.a. im Falle einer Evakuierung der Touristen aus einem Zielgebiet). Es besteht weiterhin eine enge Zusammenarbeit mit der Pressestelle des Unternehmens. Zu Statements gegenüber den Medien ist allein die Pressestelle befugt, die in Abstimmung mit dem Krisenstab die Sprachregelung festlegt. Die Pressestelle sammelt aktuelle Informationen über das Krisenereignis aus Presse, Funk und Fernsehen und leitet diese an den Stab weiter.

Im analysierten Alpenraum verfügen 64 der 121 Tourismusorganisationen über einen vordefinierten Krisenstab. Den Vorsitz des Krisenstabs haben in den meisten Fällen (50) die Bürgermeister des Ortes inne. Weitere wichtige Mitglieder der Krisenstäbe neben den Bürgermeistern (97%) sind die Feuerwehr (98%), die Bergrettung und ärztliche Betreuung (jeweils 66%) sowie die Polizei (64%). Die Größe des Krisenstabes wird mit 2 bis 70 Personen zum Teil in einer sehr praxisfernen Spannbreite angegeben. Der Durchschnittswert beträgt 11 Personen (Raich/Pech-laner/Dreyer 2003). Dieser ist nicht weit von der im Regelfall richtigen Größe von 8 - 10 Mitgliedern entfernt.

Bei Krisensituationen **im alpinen Raum** hat es sich als vorteilhaft für die Betroffenen erwiesen, im Zentrum des Ortes oder an einer zentralen Stelle in der Destination ein provisorisches Büro einzurichten, welches in Abstimmung mit der Tourismusorganisation Informationen weitergibt. Der Vorteil liegt darin, dass die speziellen Fragen der Betroffenen sofort beantwortet werden können, vor allem dann, wenn es sich um Fragen bezüglich der Rechtssituation bzw. der allgemeinen Geschäftsbedingungen handelt („Bekomme ich das Ticket wieder zurück?"). Dies betrifft u.a. auch die Bezahlung von Hotelrechnungen im Krisenfall.

Krisenkommunikationsplan: Hier wird der Informationsfluss nach innen und außen sowie das Informationsverhalten gegenüber Mitarbeitern, Medien und Öffentlichkeit festgelegt. Im Rahmen der Krisenkommunikation geht es um den integrierten Einsatz aller kommunikationspolitischen Instrumente zum Umgang mit einer Krise. Gemeint ist die **zielgerichtete Informationsübermittlung und -steuerung**, um das Vertrauen in das Zielgebiet zu erhalten bzw. wiederherzustellen. Kommunikation in der Krise hat im Zeitalter der hoch entwickelten, globalen Informations- und Kommunikationstechnologien immer mehr an Bedeutung gewonnen. Nachrichten über Krisen verbreiten sich mit sehr großer Geschwindigkeit. Daran trägt die konkurrierende Medienlandschaft ihren Anteil. Die Vergangenheit hat mehrfach gezeigt, dass Konzeptlosigkeit, Passivität oder unüberlegte Äußerungen von Führungskräften zu einem nachhaltigen Schaden des Unternehmensimages geführt haben (z.B. das Verhalten des Vorstandes der Deutschen Bahn AG nach dem Unglück in Eschede 1998).

Zum Kommunikationsplan gehört ein Benachrichtigungsplan, dessen zentrale Frage lautet: Wer informiert wen? Außerdem enthält er einen krisenrelevanten **Adressenpool**, in dem nicht nur konzerneigene Telefonnummern sondern auch Nummern von Behörden, Auswärtigem Amt, Diplomatische Vertretungen, Feuerwehr, Polizei, Rotes Kreuz, Verbände, Reiseleiter, Reisebüros und andere Leistungsträger verzeichnet sind. Weiterhin umfasst der Krisenkommunikationsplan eine zeitliche Abfolge der einzusetzenden Kommunikationsinstrumente in der Krise sowie Sprachregelungen, Argumentationshilfen und vorformulierte Statements.

Es besaßen 57,9% der alpenländischen Tourismusorganisationen und 60% der Nordsee-Orte einen Adressenpool mit allen wichtigen Telefonnummern und E-mail-Adressen für die Kommunikation nach außen (Raich/Pechlaner/Dreyer 2003; Koinzack 2004). Das klingt gut, ist aber bei näherer Betrachtung zu wenig. Da die Befriedigung des Informationsinteresses nach der Sicherung von Leib und Leben zu den wichtigsten Aufgaben der Krisenbewältigung zählt, ist ein intakter Adressenpool unerlässlich, so dass der Wert hier eigentlich 100% lauten müsste.

Die **Öffentlichkeitsarbeit** (Public Relations = PR) ist aufgrund der sachlichen, offenen und aktiven Informationsnotwendigkeit das Instrument der ersten Stunden. Krisengeschädigte Destination müssen den erhöhten Informationsbedarf der Betroffenen und Angehörigen sowie der Öffentlichkeit und Medien, aber auch der Einheimischen decken. Die **Multimediakommunikation** mit dem Inter- und Intranet bietet eine professionelle Unterstützung der Pressearbeit. Aufgrund der Kurzlebigkeit der Informationen in der Krise kann vor allem das Internet genutzt werden, um die Öffentlichkeit mit aktuellen Informationen zu jeder Zeit zu versorgen.

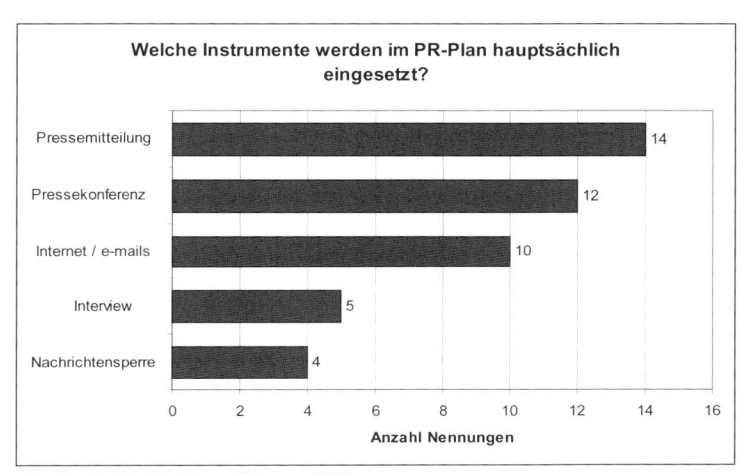

Abb. 4: Einsatz von PR-Instrumenten

Welche Instrumente werden im PR-Plan hauptsächlich eingesetzt?

- Pressemitteilung: 14
- Pressekonferenz: 12
- Internet / e-mails: 10
- Interview: 5
- Nachrichtensperre: 4

Anzahl Nennungen

Quelle: Raich/Pechlaner/Dreyer 2003

Sowohl das Destinationsmanagement als auch betroffene Tourismusbetriebe müssen darauf achten, relevante Informationen möglichst sachlich, schnell, zielgruppengerecht und aufeinander abgestimmt weiterzugeben. Allerdings besaßen nur wenige der Befragten im Alpenraum einen PR-Plan für das Verhalten bei Ausbruch einer Krise (14,9%). Diejenigen, die einen solchen Plan besitzen, setzen hauptsächlich die Instrumente Pressemitteilung, Pressekonferenz und Internet/E-Mail ein. Dass auch vier Mal eine Nachrichtensperre verhängt wurde, weist auf passive Öffentlichkeitsarbeit im Rahmen des Krisenmanagements hin. In den Nordsee-Destinationen gaben 5 von 10 Orte an, einen PR-Plan für das Verhalten bei Ausbruch einer Krise zu besitzen (Raich/Pechlaner/ Dreyer 2003; Koinzack 2004).

Zu den wichtigsten Instrumenten der Öffentlichkeitsarbeit zählt die schnellstmögliche Schaltung einer **gebührenfreien Hotline**. Die Voraussetzungen müssen frühzeitig geschaffen werden, indem es eine entsprechende Telefonnummer gibt, die bei Bedarf frei geschaltet werden kann, und die personellen Erfordernisse geklärt sind. Eine vielfach in Deutschland von Veranstaltern und Destinationen genutzte Einrichtung ist GAST/EPIC („Gemeinsame Auskunftsstelle/Emergency Procedures Information Centre"). Die Auskunftsstelle besteht seit 1995 und wird von Airlines, der Polizei sowie der Flughafen München GmbH betrieben. Dahinter steht ein Förderverein mit ca. 30 Fluggesellschaften, und 12 Verkehrsflughäfen. Grundsätzlich tritt GAST/EPIC bei größeren Schadenslagen mit bayerischem Bezug in Aktion (aber auch der Concorde-Absturz am 25.07.2000 wurde bearbeitet), wobei der Schwerpunkt auf Ereignissen der Beförderung liegt.

Betrachtet man die Realität, so ist festzustellen, dass auch nur 14,9% der Tourismusorganisationen in der befragten Alpenregion eine Telefonnummer besitzen, die im Unglücksfall frei geschaltet werden kann. Diese ist meistenteils nicht gebührenfrei. (Raich/ Pechlaner/Dreyer 2003). An der Nordsee verfügt ein Viertel der Tourismusorganisationen über eine Hotline (Koinzack 2004).

3.3 Aktiv vorbeugendes Sicherheitsmanagement

Neben der „Schreibtischplanung" - siehe 3.2(1) - muss aktives Sicherheitsmanagement betrieben werden. Dazu gehören u.a. Hilfestellungen für Betriebe bei der Einrichtung ihrer Schutzmaßnahmen, regelmäßige Sicherheits-Checks in wichtigen Einrichtungen sowie Sicherheitstrainings. Schließlich müssen auch Notfallübungen abgehalten werden, denn der beste Krisenplan funktioniert erst dann, wenn er von den potenziellen Anwendern verstanden wurde.

Voraussetzung dafür ist die die Bildung einer Krisenorganisation mit Katastrophenschutzeinrichtungen (z.B. Technisches Hilfswerk, Bergrettung), Krisenstäben, entsprechend ausgestatteten Räumlichkeiten und der prophylaktischen Bildung von „Care Teams"; dabei handelt es sich um psychologisch geschulte Mitarbeiter, die am Telefon oder im Zielgebiet zur Betreuung der Betroffenen und deren Angehörigen eingesetzt werden.

Krisentraining kann in drei konzeptionelle Bereiche unterteilt werden: Ein allgemeines Grundlagentraining zu Kommunikation und Teambildung, Theoretische Krisenübungen zur Sensibilisierung und zu Planungsfragen sowie schließlich praktische Krisenübungen. Die Teilnehmer eines Krisentrainings sollen lernen, wie in der Destination bzw. im Unternehmen im Krisenfall gedacht wird, wie sie sich in den schwierigen Aufgabenstellungen zurecht finden können und wie der Umgang mit dem Krisenhandbuch erfolgt.

Beispiel: Im Juni 2004 wurde die vierte Röhre des Elbtunnels südlich von Hamburg dem Automobilverkehr übergeben. Kurz danach wurde erstmals seit dem Bau der ersten Röhre vor 29 Jahren eine Katastrophenschutzübung abgehalten, an der 800 Helfer von Feuerwehr, THW und Hilfsorganisationen sowie zahlreiche Behördenmitarbeiter beteiligt waren. Laut Szenario hatte sich in der Mitte der vierten Elbtunnelröhre ein Verkehrsunfall ereignet, an dem mehrere Pkw, ein Laster und zwei Busse beteiligt waren. Rund 170 Darsteller mimten Verletzte und Unfallopfer. Die Einsatzkräfte übten Rettung, Versorgung, Sichtung durch leitende Notärzte, Abtransport und Übergabe an Notaufnahmen in Krankenhäuser. Auch Einheiten wie das Kriseninterventionsteam des DRK (Deutsches Rotes Kreuz) waren dabei. Für die Autofahrer entstanden Unannehmlichkeiten in Form eines 20 km langen Staus.

Außerdem können zahlreiche weitere, unterschiedliche relevante Maßnahmen zum Schutz von Touristen auf regionaler und lokaler Ebene ergriffen werden. Beispielsweise können in Großstädten Sicherheitshinweise für Reisende ausgegeben werden. Dies kann in Form einer Broschüre geschehen, in der z.B. auf Gegenden hingewiesen wird, die Touristen besser meiden sollten oder mittels Stadtplänen und Landkarten, in denen die sichersten Routen zwischen touristischen Attraktionen hervorgehoben werden. Mancherorts ist sogar die Einrichtung einer Touristenpolizei angebracht, um den Schutz der Reisenden zu verbessern. (Raich/Pechlaner/Dreyer 2004).

4 Nach der Krise ist vor der Krise: Krisenreflexion

Nach der Krise ist vor der Krise. Deshalb steht nach der Beendigung der Krisenbewältigung die Evaluierung einer Krise. Aus Erfahrungen, die im Laufe einer erfolgreichen Krisenbewältigung und -aufarbeitung gemacht werden, lassen sich Verbesserungspotenziale für die Zukunft ableiten, die wiederum in die Planung und das Risikomanagement einfließen. Aus diesem Grund ist die Krisenkontrolle mit der Dokumentation und Nachbereitung so bedeutend.

Die Dokumentation dient der exakten, chronologischen Aufzeichnung aller Maßnahmen im Rahmen des Krisenmanagements sowie der Reaktionen seitens der Öffentlichkeit und Medien. Anschließend ist eine Bewertung vorzunehmen. Es folgt die Prüfung der Maßnahmen auf Effektivität und Effizienz. Auf diese Art lassen sich auch Maßnahmen identifizieren, die bei der Bewältigung hinderlich gewesen sind. Die Bewertung ermöglicht es dem Konzern, Schlüsse für die künftige Krisenabwicklung zu ziehen. Da der Erhalt des Images ein zentrales Ziel bei der Krisenbewältigung darstellt, ist eine separate Auswertung der Medien vorzunehmen.

Aber nur 15,7% der Tourismusorganisationen gaben an, dass Krisen im Alpenraum dokumentiert werden, um daraus für eventuelle eigene Ereignisse zu lernen (Raich/Pechlaner/Dreyer 2003).

Von der Evaluation einer beendeten Krisensituation schließt sich der Kreis, wenn die gemachten Erfahrungen in neue Maßnahmen zur Krisenantizipation und -prävention umgesetzt werden (z.B. Überarbeitung des Krisen-Handbuches) und wenn weitere Maßnahmen initiiert werden, um den **Lernprozess** zu vertiefen und das Krisentraining zu verfeinern.

5 Krisenmanagement 2015 - Versuch des Blicks in eine ungewisse Zukunft

Fragt man nach der Entwicklung des Krisenmanagement in den kommenden Jahren, so gibt es verschiedenen Gesichtspunkte zu berücksichtigen, die die Entwicklung unterschiedlich verlaufen lassen können. Anhand der (touristischen) Folgen des Terroranschlags vom 11.9.2001 auf das World Trade Center in New York wird deutlich, dass alleine ein weiteres Ereignisse ähnlichen Ausmaßes die Entwicklung in eine andere Richtung drängen kann. Nun ist die Intensität der terroristischen Bedrohung für die Weltgemeinschaft im Gefüge politischer Auseinandersetzungen relativ unberechenbar, weshalb hier nur Grundzüge einer möglichen Entwicklung aufgezeigt werden können, die thesenartig formuliert werden:

Szenarien im Zusammenhang mit terroristischer Bedrohung

1. Das Verhalten der Reisenden wird sich künftig stärker am Sicherheitsdenken orientieren.

2. Freizeitgroßunternehmen, Eventveranstalter und Verkehrsträger werden erhöhte Sicherheitsstandards einführen.

3. Sicherheitskosten führen bei bestimmten Freizeitangeboten und Reiseformen zu höheren Preisen.

4. Da aus der Anhängerschaft des islamistischen Fundamentalismus vermutlich die weltweit größte Bedrohung erwächst, werden in einer Art „Generalhaftung" Zielgebiete mit vorwiegend islamischer Bevölkerung zunehmend gemieden.

Szenarien zur Entwicklung in Destinationen

5. Im Zuge dieser Entwicklung und unter Berücksichtigung anderer Trends werden aus Sicht des deutschen Reiseverhaltens inländische Ziele profitieren und Urlaubsaktivitäten in Verbindung mit der Natur zunehmen (Rad fahren, Wandern, Wassersport).

6. Sicherheit und Schutz der Reisenden vor Risiken wird eine eigene (wichtigere) Qualitätsdimension und daher auch unabhängig vom Terrorismus einen höheren Stellenwert im Zielgebiet erhalten.

7. Tourismusorganisationen und -orte werden ihr Risikobewusstsein schärfen und ihr antizipatives Krisenmanagement verbessern (z.B. Krisenhandbücher erstellen, Notfallübungen intensivieren).

8. Örtliche Tourismusbetriebe werden Sicherheitsstandards verbessern (z.B. Brandschutz) und Krisenplanungen vornehmen.

Szenarien zur Entwicklung bei Reiseveranstaltern

9. Reiseveranstalter werden ebenfalls ihr Risikobewusstsein schärfen und ihr antizipatives Krisenmanagement verbessern. Dies gilt insbesondere für kleinere Betriebe, da die Reisekonzerne bereits besser vorbereitet sind.

10. Reiseveranstalter werden ihr Zielgebiets-Portfolio überprüfen und vermeintlich unsichere Gebiete aus dem Programm nehmen.

Literatur

Aderhold, P. (2004). Entwicklung der touristischen Nachfrage vor dem Hintergrund der Terroranschläge und deren Folgen, in: Freyer, W./Groß, S. (Hg.), Sicherheit in Tourismus und Verkehr – Schutz vor Risiken und Krisen, S. 97-102, Dresden.

Avenarius, H. (1995): Public Relations: die Grundform der gesellschaftlichen Kommunikation, 1995, Darmstadt.

Bähre, H. (2001): Bedacht und flexibel Krisen meistern! - Zur Problematik des Krisenmanagements im Tourismus. In: Bähre, H. (Hg.): Terrorismus vs. Tourismus – Krisenmanagement 2001. Standpunkte aus Politik und Wirtschaft, Berlin.

Beritelli, G./Götsch, H. (1999): Krisen-PR bei Tourismusunternehmen – ausgewählte Beispiele und Empfehlungen für die Praxis, in: Tourismus Journal, 3. Jg., Nr. 3/1999, S. 325-355.

Bieger, T. (2002): Management von Destinationen, 5. Aufl. München/Wien.

Braun, O./Lohmann, M. (1989): Die Reiseentscheidung, Starnberg.

Cavlek, N. (2002): Tour Operators and Destination Safety. Annals of Tourism Research, 29 (2), S. 478-496.

Cornelsen, C. (2000): Das 1x1 der PR: Öffentlichkeitsarbeit leicht gemacht, 2. Aufl., Freiburg/Breisgau.

Dreyer, A./Dreyer, D./Obieglo, D. (2001): Krisenmanagement im Tourismus, München.

Dreyer, A./Dreyer, D./Rütt, K. (2004): Touristisches Krisenmanagement, in: Bastian, H./Born, K. (Hg.), Der Touristikkonzern, München/Wien.

Dreyer, A./Pechlaner, H./Abfalter, D./Dreyer, D./Rütt, K. (2004): Touristisches Krisenmanagement in Destinationen, in: Freyer, W./Groß, S. (Hg.), Sicherheit in Tourismus und Verkehr – Schutz vor Risiken und Krisen, S. 119-142, Dresden.

Faulkner, B. (2001): Towards a framework for tourism disaster management. Tourism Management, 22, S. 135-147.

Faulkner, B./Vikulov, S. (2001): Katherine, washed out one day, back on track the next: a post-mortem of a tourism disaster. Tourism Management, 22, S. 331-344

Freyer, W. (2004): Von „Schutz und Sicherheit" zu „Risiko und Krisen" in der Tourismusforschung, in: Freyer, W./Groß, S. (Hg.), Sicherheit in Tourismus und Verkehr – Schutz vor Risiken und Krisen, S. 1-14, Dresden.

Freyer, W./Groß, S. (Hg.) (2004), Sicherheit in Tourismus und Verkehr – Schutz vor Risiken und Krisen, Dresden.

FVW (Hg.) (2001): Rangordnung und Marktanteile der Veranstalter 2000/01, Beilage zu Heft 31 vom 14.12.2001.

Glaesser, D. (2001): Krisenmanagement im Tourismus. Frankfurt a.M.

Glaesser, D. (2003): Crisis Management in the Tourism Industry, Oxford.

Hauser, T. (1994): Krisen-PR von Unternehmen: Analyse von Kommunikationsstrategien anhand ausgewählter Krisenfälle, 1994, München.

Herbst, D. (1999): Krisen meistern durch PR: Ein Leitfaden für Kommunikationspraktiker, Kriftel/Neuwied.

Koinzack, R. (2004): Krisenmanagement in Destinationen am Beispiel der deutschen Nordseeküste, unveröff. Diplomarbeit an der Hochschule Harz, Erstbetreuer Prof. Dr. Axel Dreyer, Wernigerode.

Krystek, U. (1987): Unternehmungskrisen: Beschreibung, Vermeidung und Bewältigung überlebenskritischer Prozesse in Unternehmungen, Wiesbaden.

Kuschel, R./Schröder, A. (2002): Tourismus und Terrorismus – Interaktionen, Auswirkungen und Handlungsstrategien, Dresden.

Lindner, K. (1998): Die Einsatzbereitschaft ist täglich gewährleistet: Krisenmanagement der Veranstalter, in: fvw international, Heft 6, 30. Jg., 1998, Hamburg, S. 70-74.

Pechlaner, H. (2000): Tourismusorganisationen und Destinationen im Verbund. in: Fontanari, M./Scherhag, K. (Hg.): Wettbewerb der Destinationen: Erfahrungen – Konzepte – Visionen, Wiesbaden, S. 27-40.

Raich, F./Pechlaner, H./Dreyer, A. (2003): Befragung zum touristischen Krisenmanagement von Tourismusorganisationen im Alpenraum, Europäische Akademie Bozen.

Raich, F./Pechlaner, H./Dreyer, A. (2004): Risikowahrnehmung in touristischen Destinationen – mit Ergebnissen einer empirischen Studie im Alpenraum, in: Pechlaner et al. (Hg.), DGT-Tagungsband, Berlin: ESV (im Druck).

Rütt, K. (2002): Notfallplan der TUI, internes Papier, Hannover.

Schmieder, F. (1998): Das Grundbedürfnis nach Sicherheit steigt, in: fvw international, Heft 6, 30. Jg., 1998, Hamburg, S. 76-77.

Schroeter, G. (1996): Krisen-Management: Ein Leitbild zu einer kompatiblen betrieblichen und öffentlichen Gefahrenabwehr, 1996, Ingelheim.

Schunk, C. (1997): Krisenmanagement, in: Reineke, W./Gollub, W./Schunk, C. (Hg.), Gesamtkommunikation: Konzeption und Fallbeispiele, 1997, Heidelberg, S. 119-130.

Sönmez, S.F. (1999): Tourism in Crisis: Managing the Effects of Terrorism. Journal of Travel Research, 38, S: 13-18.

Sonnenberg, G./Wöhler, K. (2004). Was bewirken Sicherheit/Unsicherheit? Prädiktoren der Reisesicherheit, in: Freyer, W./Groß, S. (Hg.), Sicherheit in Tourismus und Verkehr – Schutz vor Risiken und Krisen, S. 15-52, Dresden.

Willingmann, A. (2001): Krisenmanagement und Großschadensbewältigung, in: Dreyer, A./Dreyer, D./Obieglo, D. (2001): Krisenmanagement im Tourismus, München/Wien, S. 189-199.

Zundel, F.P. (2001): Die Rechtsposition des Reiseveranstalters in der Krise, in: Dreyer, A./Dreyer, D./Obieglo, D. (2001): Krisenmanagement im Tourismus, München/Wien, S. 54-62.

UMWELTMANAGEMENT IM TOURISMUS
- ENTWICKLUNGSTENDENZEN UND AUSGEWÄHLTE KONZEPTE

Andrea Heilmann

1 Einleitung *172*

2 Entwicklungstendenzen im Tourismus mit Bezug zu einer intakten Umwelt *175*

3 Konzepte des marktorientierten Umweltmanagements im Tourismus *177*

   3.1 Umweltdachmarke Viabono 177

   3.2 Die Europäische Charta für nachhaltigen Tourismus in Schutzgebieten 180

4 Zusammenfassung *182*

Literatur *184*

1 Einleitung

Der Tourismus ist nach Angaben der Welttourismusorganisation mit jährlichen Steigerungsraten von 12% eine der dynamisch wachsenden Branchen weltweit. In Deutschland trägt er bereits heute mit 8% zum Bruttosozialprodukt und mit 2,8 Millionen Arbeitsplätzen zur Beschäftigung bei (Trittin 2003). Verbunden mit einem starken Wachstum sind steigende Umweltbelastungen, welche auf touristische Aktivitäten zurückzuführen sind. Zu nennen sind beispielsweise die, insbesondere durch den Flugverkehr verursachten, Treibhausgasemissionen, der Landschaftsverbrauch, der Ressourcenverbrauch oder auch die Beeinträchtigung der biologischen Vielfalt. Demgegenüber ist insbesondere der Tourismus wie kein anderer Wirtschaftszweig auf eine intakte Umwelt angewiesen.

In der Abbildung 1 sind die Wirkungsbeziehungen zwischen Tourismus und Umwelt als Grundlage eines umweltorientierten Managements dargestellt (nach Hopfenbeck/Zimmer 1993, S. 67). Als Akteure wirken zum einen die Tourismusanbieter, welche durch die Leistungsbereitstellung Umweltauswirkungen wie Landschaftsverbrauch oder Ressourceninanspruchnahme hervorrufen. Bei der Nutzung der Angebote durch die Reisenden entstehen die direkten Auswirkungen wie Emissionen von Luftschadstoffen, Lärm oder Abfall. Als Steuerungsinstrumente zur Beeinflussung der Umweltauswirkungen wirken wirtschaftliche, gesellschaftliche und kulturelle Einflüsse. Beeinflussung oder Änderungen des Umweltzustandes werden über Informationen den beteiligten Tourismusanbietern und Reisenden zur Verfügung gestellt. Daraus können sich Angebots- oder Verhaltensänderungen ergeben. Durch die Informationen schließen sich die Wirkungsbeziehungen, was auf die große Bedeutung des Informationsmanagements im Rahmen eines Umweltmanagements hinweist.

Der industrielle, produzierende Bereich ist im Vergleich zu Dienstleistungsbranchen wie dem Tourismus in der Regel durch vielfältigere Umweltbelastungen mit hoher Relevanz gekennzeichnet. Beginnend mit den 1970er-Jahren, versuchte man zunächst, Umweltbelastungen durch eine sich ständig erweiternden Umweltgesetzgebung zu vermeiden und zu minimieren, was jedoch sowohl zu Problemen bei der Umsetzung und Kontrolle als auch zu einer Einengung der wirtschaftlichen Aktivitäten der Unternehmen führte.

Als Ausweg aus dieser Situation wurde in den 1990er-Jahren durch die freiwillige Einführung von Umweltmanagementsystemen, wie die Europäische Öko-Audit-Verordnung oder die internationale Norm ISO 14000 1ff die Eigenverantwortung der Unternehmen gestärkt.

Abb. 1: Wirkungsbeziehungen zwischen Tourismus und Umwelt

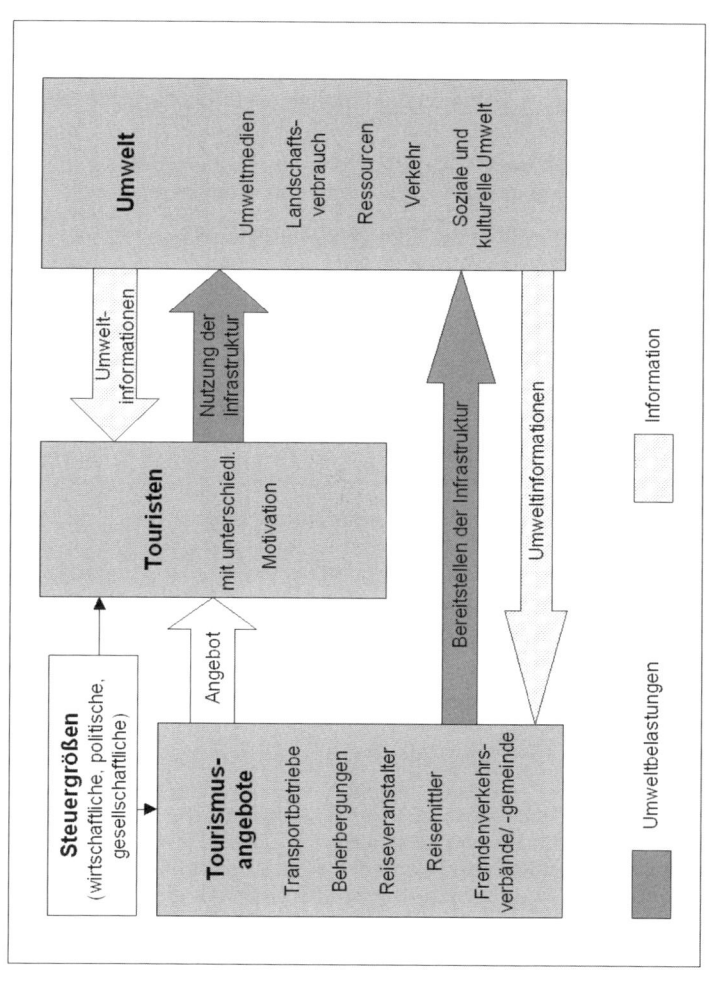

Quelle: Hopfenbeck/Zimmer 1993, S. 67

Durch eine freiwillige Verpflichtung zum kontinuierlichen Verbesserungsprozess können die Unternehmen solche Maßnahmen umsetzen, welche ökologische Verbesserungen unter Berücksichtigung der Wirtschaftlichkeit erzielen. Als allgemeine Definition des Umweltmanagements wird auf Meffert/Kirchgeorg (1998, S.23) verwiesen:

„Das Umweltmanagement berücksichtigt bei der Planung, Durchsetzung und Kontrolle der Unternehmensaktivitäten in allen Bereichen Umweltschutzziele zur Vermeidung und Verminderung der Umweltbelastung und zur langfristigen Sicherung der Unternehmensziele"

Daraus ergeben sich folgende Merkmale einer ökologieorientierten Unternehmensführung (vgl. Meffert/Kirchgeorg 1998, S. 17):

- ein mehrdimensionaler Zielbezug (hinsichtlich einer markt-, ökologie- und gesellschaftsorientierten Ausrichtung)
- ein funktions- und unternehmensübergreifender Charakter
- ein proaktives Verhalten.

Managementsysteme sind durch einen kontinuierlichen Verbesserungsprozess (KVP) mit nachfolgenden Bestandteilen gekennzeichnet:

1. Plan
   Festlegung einer Unternehmensphilosophie und von Unternehmenszielen
2. Do
   Implementierung der dazu erforderlichen Strukturen und Maßnahmen
3. Check
   Ständige Überprüfung des Managementsystems und der Zielerreichung
4. Act
   Kontinuierliche Verbesserung des Gesamtsystems.

Im Gegensatz zu zahlreichen Industriebranchen hat sich dieses normorientierte Umweltmanagement im Tourismus nicht durchsetzen können, was auf zwei wesentliche Ursachen zurückzuführen ist:

- Die Systeme sind hinsichtlich ihres Aufbaus sehr umfänglich und benötigen dadurch einen hohen zeitlichen Aufwand für Aufbau und Pflege. Hinzu kommen die erforderlichen Gutachterkosten für die Zertifizierung. Dies ist für eine typisch klein- und mittelständisch geprägte Branche häufig zu aufwändig.

- Die Kunden/ Gäste kennen diese Systeme nicht und somit spielen sie im Marketing als Differenzierungsmerkmal keine Rolle.

Dennoch wird umweltorientiertes Management zukünftig auch für kleine und mittlere Unternehmen sowie für Netzwerke an Bedeutung gewinnen, was auf ausgewählte Trends im Tourismus zurückzuführen ist. Im Gegensatz zum industriellen Bereich werden jedoch vorrangig tourismusspezifische Konzepte zu berücksichtigen sein.

2 Entwicklungstendenzen im Tourismus mit Bezug zu einer intakten Umwelt

Eine Studie des Verbandes Deutscher Naturparke e.V. (VDN 2002) stellt eine Auswahl von Entwicklungstendenzen vor, welche auf einer intakten Umwelt basieren. Nicht verschwiegen werden soll, daß es durchaus auch eine Reihe von Tendenzen gibt, welche die Umweltbelastungen des Tourismus verstärken. Hervorgehoben werden die durch den Flugverkehr verursachten Emissionen von Treibhausgasen.

- *Natur und Wellness im Aufwind*

Bedingt durch hohe berufliche Anforderungen, steigendes Gesundheitsbewusstsein bei zurückgehenden öffentlichen Gesundheitsleistungen, den vorrangigen Lebensmittelpunkt in dicht besiedeltem Raum werden beim Urlaub mit dem Schwerpunkt Gesundheit/Wellness weiterhin hohe Steigerungsraten nach bereits beträchtlichem Wachstum erwartet.

Im Jahr 2001 wurden 5,3 Millionen „gesundheitsorientierte Urlaube" unternommen. Hiervon waren 3,9 Millionen Inlandsreisen und 1,4 Millionen Auslandsreisen. Im Vergleich zwischen 1999 und 2002 ermittelte die Reiseanalyse ein um 125 Prozent gewachsenes Interesse am Wellness-Urlaub. Auch das Interesse an verwandten gesundheitsorientierten Urlaubsformen wie Fitnessurlaub

(Plus 51 Prozent) und Gesundheitsurlaub (Plus 46 Prozent) nahm deutlich zu (vgl. DTV 2004).

Das Thema Gesundheit ist in hohem Maße mit einer intakten Umwelt verbunden, was auch daraus ersichtlich wird, dass für Naturlaube ebenfalls eine erhöhte Nachfrage vorausgesagt wird.

- *Intensiv leben*

Urlaubszeit ist auch Erlebniszeit. Dies können Naturerlebnisse ebenso wie sportliche und kulturelle Aktivitäten sein. Beispielsweise wandern rund 10 Millionen Deutsche regelmäßig, weitere 20 Millionen Bundesbürger gelegentlich. Dabei geht es ihnen um den Naturgenuss, aber auch um Bewegung, Geselligkeit und regionale Küche (vgl. DTV 2004). Nicht nur beim Naturerlebnis wird eine intakte Umwelt vorausgesetzt, sondern auch Städtereisen werden durch Umweltbelastungen wie Staus, Lärm und schlechte Luft negativ beeinflusst.

- *Regionalisierung und Authentizität*

Als Reaktion auf die Globalisierung im Tourismus, welche zu immer einheitlicheren Produkten führt, besteht ein Bedürfnis, etwas Besonders zu erleben, abseits des Massentourismus und in ursprünglicher Umgebung mit landschaftlichen, technischen oder kulturellen Besonderheiten.

- *Höhere Ansprüche an die Qualität der Angebote*

Die Nachfrage nach höherwertigen Angeboten mit individueller Gestaltung wird als gegenläufiger Trend zum preisbewussten Reisen weiter steigen, unter Umweltbezug sind dabei regionale Nahrungsmittel und Ausstattung zu nennen.

Es wird ersichtlich, dass eine gesunde Umwelt in der jeweiligen Reiseregion und ein umweltbewusstes Wirtschaften von Bedeutung sind, um Angebote für die genannten Trends zu entwickeln. Es geht nicht mehr um Nischenprodukte des „sanften", „grünen" oder Ökotourismus, sondern um eine strategische Ausrichtung der Branche, die das umweltorientierte Management als Zukunftssicherung und Qualitäts-Marketingstrategie begreift.

3 Konzepte des marktorientierten Umweltmanagements im Tourismus

3.1 Umweltdachmarke Viabono

Viabono

Die einheitliche Umweltdachmarke Viabono im Deutschlandtourismus wurde vom Bundesumweltministerium initiiert und wird von Tourismus-, Kommunal- , Umwelt- und Verbraucherverbänden getragen. Dazu zählen unter anderem der DEHOGA, der DTV, der Deutsche Städte und Gemeindebund und der ADAC. Im Jahre 2001 wurde diese Marke der Öffentlichkeit vorgestellt und vereint nun rund 250 Viabono-Anbietern.

„Viabono - Reisen natürlich genießen" steht für qualitativ hochwertige und gleichzeitig umweltverträgliche Angebote. Ziel der Umweltdachmarke ist es, neue Reisegruppen (welche sich für qualitativ hochwertigen und ökologisch ausgerichteten Urlaub interessieren) für ein umweltverträgliches Reisen zu motivieren. Aus diesem Grund wurde auch nicht ein Gütesiegel, sondern eine Marke eingerichtet, was auf der Erkenntnis basiert, dass das Thema Umweltschutz häufig mit der Furcht vor Einschränkungen und Verzicht verbunden wird. Des Weiteren stehen Gütesiegel i.d.R. für technische Kriterien, wie Abfall, Lärm oder Energiesparen, was für eine Urlaubsentscheidung weniger von Interesse als der zu erwartende Komfort, der Genuss und die Qualität. Die umweltrelevanten Kriterien bleiben zunächst im Hintergrund, können jedoch vom Gast hinterfragt werden.

Um Lizenznehmer der Viabono GmbH zu werden, muss ein Kriterienkatalog mit einer Mindestpunktzahl erfüllt werden. Anhand des Kriterienkataloges kann der Antragsteller auch Schwachstellen im Unternehmen erkennen und Maßnahmen entwickeln. Ziel von Viabono ist es, auch einen Prozess zum nachhaltigen Wirtschaften in Gang zu setzen (Suchanek 2004).

Derzeit existieren Kriterienkataloge für die Bereiche Hotels/Gastronomie, Naturparks, Kommunen, Campingplätze und Ferienwohnungen.

Die Kriterienkataloge beinhalten Anforderungen, die auf folgende Themenbereiche und inhaltliche Schwerpunkte ausgerichtet sind:

1. Abfall:

Reduzierung des Abfallaufkommens, z.B. durch Wiederverwendung von Werkstoffen wie Glas oder Papier oder die Erhöhung des Recyclinganteils.

2. Energie:

Verringerung des Energieverbrauchs und Nutzung erneuerbarer Energieträger.

3. Wasser:

Verringerung des Abwasseraufkommens und Senkung der Wasserbelastung durch die Verwendung umweltverträglicher Mittel (z.B. Reinigungsmittel).

4. Mobilität:

Reduzierung der verkehrsinduzierten Umweltbelastungen durch entsprechende Angebote (Gäste-Shuttle, Sammeltaxis etc.).

5. Lärm:

Durchführung von Maßnahmen zur Lärmvermeidung und -verminderung (z.B. verkehrsberuhigte Wege).

6. Wohlbefinden der Gäste:

Maßnahmen für das Wohlbefinden und die Gesundheit der Gäste sind zu leisten, z.B. gutes Raumklima, individuell ausgerichteter Service etc.

7. Information:

Bereitstellung von Informationen über z.B. Umweltschutzaktivitäten oder die Umweltqualität in der Kommune.

8. Natur und Landschaft:

Maßnahmen für Natur- und Landschaftsschutz sind durchzuführen, z.B. naturnahe Gestaltung von Grünanlagen, Ausweisung von Erholungswald, Themenwanderwege etc.

9. Siedlung und Architektur:

Beim Bauen und Einrichten muss auf die Umweltverträglichkeit der Maßnahmen geachtet werden, z.B. durch den Einsatz umweltverträglicher Baumaterialien, Farben, Lacke etc.

10. Regionale Wirtschaftskreisläufe:

Auf- und Ausbau regionaler Wirtschaftskreisläufe, d.h. Maßnahmen zur Erhöhung der regionalen Wertschöpfung, die zur Umweltentlastung beitragen können (z.B. Angebot regional erzeugter Lebensmittel).

11. Management:

Ein langfristig angelegtes Management, das zu einer kontinuierlichen Verringerung der Auswirkungen kommunaler und betrieblicher Prozesse auf die Umwelt beiträgt.

Die Kriterienkataloge prüfen grundsätzlich 40 Fragen ab, die sich in Kann- und Pflichtkriterien unterteilen. Auf der Basis des ausgefüllten Kriterienkataloges sowie der eingereichten Prüfmaterialien findet eine Plausibilitätsprüfung statt. Darüber hinaus werden vom Viabono e.V. kontinuierlich 5% des Gesamtbestandes der Lizenznehmer unangekündigt überprüft. Bei Nichteinhaltung der Kriterien droht dem Lizenznehmer eine Geldstrafe oder der Entzug der Nutzungsrechte der Marke. Eine bei der Viabono GmbH eingerichtete Beschwerdestelle soll dem Kunden die Möglichkeit geben, auf Defizite der Angebote aufmerksam zu machen.

Die geringe Anzahl von Vor-Ort-Prüfungen ist der Kritikpunkt an der Viabono-Marke aus Umweltsicht. Auf europäischer Ebene werden derzeit alle nationalen Umweltgütesiegel bewertet und bei Eignung unter einem Dach „VISIT" zusammengeführt. Viabono wird u.a. wegen der fehlenden Vor-Ort-Prüfung nicht unter „VISIT" geführt (Suchanek 2004).

Durch den Beitritt zur Dachmarke „Viabono" ergeben sich für die Tourismusanbieter eine Reihe von Marketingvorteilen (Viabono 2004):

- Viabono-Internet-Portal: Präsentation der Viabono-Partner sowie informative Beiträge zum Thema „Reisen natürlich genießen" im ständig aktualisierten Redaktionsteil.
- Pressearbeit sorgt für kontinuierliche Berichterstattung über Viabono in der Fach- und Tagespresse.
- Messeauftritte: Präsentation der Viabono-Philosophie, der Partner und deren Produkte.
- Werbematerial für Viabono-Partner.
- Kooperationen mit anderen starken Marken wie ADAC, Lycos, GEK.

Für die Reisenden ergeben sich Vorteile durch den schnelleren, unkomplizierten Zugang zu einem nachhaltigen Tourismusangebot mit hoher Angebots-Vielfalt (Hotel, Campingplatz, Ferienwohnung, Tourismuskommune). Die Angebote sind dabei u.a. in die Segmente Gaumenfreuden - ganz natürlich, Kinder & Familie, Natur entdecken, Wellness unterteilt.

Zusammenfassend ist festzustellen, dass es mit dem Marketingkonzept der Umweltdachmarke Viabono durchaus gelingt, auch den Anforderungen der Definition nach Meffert/Kirchgeorg (vgl. Kap. 1) gerecht zu werden.

Die Einhaltung der elf Kriterien dient der Verminderung der Umweltbelastungen, es werden dabei alle relevanten Bereiche adressiert. Durch das Management wird ein kontinuierlicher Prozess unterstützt. Das Marketingkonzept, welches Umweltaspekte als Basis für qualitativ hochwertige Angebote sieht, soll neue Kundenschichten unter Berücksichtigung aktueller Trends im Tourismus erschließen und dient somit auch der langfristigen Sicherung der Unternehmensziele.

3.2 Die Europäische Charta für nachhaltigen Tourismus in Schutzgebieten

Im Gegensatz zu dem dargestellten Management von Umweltaspekten im Rahmen der Umweltdachmarke geht es bei der Europäischen Charta für nachhaltigen Tourismus in Schutzgebieten um das Management von Prozessen zwischen einer Vielzahl von Akteuren mit dem Ziel einer nachhaltigen Entwicklung (vgl. Europarc 2004). Dabei werden die Kriterien der unternehmens- und funktionsübergreifenden Ausrichtung und eines proaktiven Verhaltens erfüllt. Die Akteure erarbeiten gemeinsam ein Tourismuskonzept einschließlich Maßnahmeplan, welches regelmäßig fortgeschrieben wird. Dieses Tourismuskonzept muss sich an der Philosophie einer nachhaltigen Entwicklung ausrichten.

Eine nachhaltige Entwicklung ist dadurch gekennzeichnet, dass die zukünftigen Generationen hinsichtlich ihrer Entwicklung nicht schlechter gestellt sind als die heutige Generation. Eine Konkretisierung dieser Ziele wurde mit der Erklärung weltweiten Umweltkonferenz von Rio de Janeiro im Jahre 1992 sowie der Nachfolgekonferenz in Johannesburg 2004 vorgenommen.

In der Abbildung 2 sind die drei Säulen der nachhaltigen Entwicklung dargestellt. Sie verdeutlichen, dass bei einer weiteren wirtschaftlichen Entwicklung die natürliche und kulturelle Umwelt nicht über ihre Grenzen hinaus belastet werden kann und die Sozialverträglichkeit der Maßnahmen (z.B. gleicher Zugang zu Ressourcen, Bildung und Arbeit) berücksichtigt wird.

Abb. 2: Die Bestandteile einer nachhaltigen Entwicklung

Dreiecksdarstellung: Umweltverträglichkeit, Sozialverträglichkeit, Wirtschaftliche Tragfähigkeit – Nachhaltige Entwicklung

Bezieht man diese Kriterien auf den nachhaltigen Tourismus im Rahmen der Europäischen Charta, so können sich folgende Ziele bei der zukünftigen Entwicklung ergeben:

Wirtschaftliche Tragfähigkeit , z.B.

- Stärkung der wirtschaftlichen Leistungsfähigkeit der einzelnen Unternehmen/einer Region
- Erhöhung der Kundenzufriedenheit.

Umweltverträglichkeit, z.B.

- Verminderung des Ressourcenverbrauches (Energie, Wasser, Rohstoffe)
- Verringerung des Landschaftsverbrauches
- Verringerungen von Emissionen (Abfall, Abwasser, Lärm)
- Schutz des natürlichen und kulturellen Erbes.

Soziale Kriterien

- Verbesserung der Lebensqualität der einheimischen Bevölkerung (z.B. durch Schaffung und Sicherung von Arbeitsplätzen)
- Verbesserung der Arbeitsbedingungen der Beschäftigten,
- Verbesserung der Bildung, beispielsweise im Bereich der Umweltinformation und -bildung.

Über die Auszeichnung der Großschutzgebiete entscheidet die Förderation EUROPARC, der Dachverband der europäischen Großschutzgebiete. Um die Erfüllung der Charta-Kriterien zu überprüfen, hat Europarc ein eigenes Evaluationsteam aufgebaut, welches Vor-Ort die Angaben des Antrages prüft. Die Charta-Mitgliedschaft ist auf 5 Jahre befristet und kann dann mit einem neuen Antrag verlängert werden. Der Antrag hat die erreichten Fortschritte sowie die Maßnahmen für die kommenden fünf Jahre zu dokumentieren. Zu den beteiligten Naturparken in Deutschland gehören beispielsweise der Naturpark Steinhuder Meer und der Naturpark Frankenwald.

Die Vorteile für die beteiligten Parks ergeben sich wiederum in einem verbesserten Marketing, es ergibt sich ein klares Differenzierungsmerkmal zu anderen Mitbewerbern, eine Aufwertung gegenüber den Gästen und der eigenen Bevölkerung. Weitere Vorteile ergeben sich durch den Aufbau von Netzwerken der unterschiedlichen Akteure zur gemeinschaftlichen Weiterentwicklung.

Mit dem dargestellten Vorgehen entspricht die Eurocharta sowohl den Anforderungen der Abb. 1, welche unter Umweltmanagement das Management zwischen den verschiedenen Akteuren und der Umwelt versteht sowie den Anforderungen aus der Definition des Umweltmanagements.

4 Zusammenfassung

Die Tourismusbranche ist für eine Reihe von Angeboten auf eine intakte Umwelt angewiesen, was durch aktuelle Trends bestätigt wird. Bei der Minimierung von Umweltbelastungen müssen die Wirkungsbeziehungen zwischen Tourismusanbietern und Reisenden berücksichtigt werden. Beispielsweise müssen umweltfreundliche Angebote auch von den Reisenden nachgefragt werden. Am Beispiel von Viabono wurde deutlich, dass es zielführend ist, Umweltaspekte mit Komfort, Qualität und Erlebnis zu verbinden.

Umweltmanagement muss die wirtschaftliche Leistungsfähigkeit der Unternehmen und anderer Akteure stärken. Dies kann über neue naturbezogene Angebote (Wellness, Naturerlebnis), die Differenzierung zu Wettbewerbern oder auch die Erschließung von Optimierungspotentialen realisiert werden.

Eine wichtige Rolle im Rahmen des Umweltmanagements spielt das ökologieorientierte Marketing. Die Dachmarke für umweltfreundlichen Tourismus Viabono, setzt dabei auf Kriterien, welchen der Gast vertrauen kann, ohne im Urlaub sich einschränken oder verzichten zu müssen. Demgegenüber stehen ökologische

Zeichen und Gütesiegel, wie beispielsweise Europarc, welche einen hohen umweltrelevanten oder nachhaltigen Standard kommunizieren.

Anhand der ausgewählten Beispiele wird deutlich, dass Umweltmanagement im Tourismus auf unterschiedlichen Lösungsansätzen basieren kann. Gemeinsam sollte allen Konzepten sein, dass ein kontinuierlicher Prozess begonnen wird, der ständig selbst oder von externen Personen geprüft wird, mit dem Ziel Umweltbelastungen zu minimieren.

Die derzeit zu beobachtenden Entwicklungen werden sich auch in der Zukunft fortsetzen. Von den Reisenden wird eine intakte Umwelt am Urlaubsort vorausgesetzt. Aktivitäten zur Erhaltung der Umwelt werden von den Urlaubsregionen erwartet. Tourismusanbieter werden diese Aktivitäten aus Marketingsicht punktuell unterstützen.

Wie in anderen Lebensbereichen ist die Sorge um die Umwelt auch im Urlaub zurückgegangen. Bei einer Entscheidung über die Auswahl einer touristischen Leistung spielt sicher auch zukünftig der Umweltaspekt eine sehr geringe Rolle. Umweltaspekte müssen stärker mit anderen Kriterien, insbesondere mit der Qualität der Leistungen, verbunden werden. Die Umweltdachmarke VIABONO scheint dabei ein zielführender Weg, umweltorientierte Angebote einer größeren Gruppe von Reisenden zugänglich zu machen. Spezielle Umweltgütesiegel werden, auch infolge ihre unüberschaubaren Vielfalt, in der Nische existieren, trotz beispielsweise europäischer Anstrengungen, diese unter einem Dach "VISIT" zu kommunizieren.

Anstrengungen im Umweltbereich werden auch zukünftig im wesentlichen aus zwei Gründen vorangetrieben. Zum einen werden neue rechtliche Regelungen auch die Tourismusbranche betreffen. Zum anderen wird Umweltschutz überall dort praktiziert, wo er mit ökonomischen Vorteilen verbunden ist. Zu denken ist beispielsweise an Einsparmaßnahmen im Bereich von Energie und Abfall aber auch an Gebühren und Steuern.

Nicht zu vergessen ist die Information aller Beteiligten über umweltrelevante Aspekte, denn letztlich bestimmt das Handeln eines jeden Beteiligten den Erfolg der Maßnahmen. Diese Informationen müssen stärker zielgruppenorientiert entwickelt werden, in diesem Bereich sind große Anstrengungen erforderlich.

Literatur

Hopfenbeck, W./Zimmer, P. (1993): Umweltorientiertes Tourismusmanagement, Landsberg.

Meffert, H./Kirchgeorg, M. (1998): Marktorientiertes Umweltmanagement, 3. Aufl., Stuttgart.

Suchanek, R. (2004): Eine Marke, die kein Ökolabel sein will; in: Verträglich Reisen, Ausgabe 2004, S. 75-76.

Trittin, J. (2003): Viabono - Eine Marke setzt Maßstäbe für umweltorientiertes Reise, aus: www.umweltdaten.de/nachhaltiger-tourismus (08.08.2004).

Verband Deutscher Naturparke e.V. (Hg.) (2002): Nachhaltiger Tourismus in Naturparken, Bispingen.

DTV 2004
www.deutschertourismusverband.de (08.08.2004).

Viabono 2004
www.viabono.de (08.08.2004).

Europarc 2004
www.europarc.org (08.08.2004).

DAS TOURISMUSSTUDIUM IN DEUTSCHLAND: DIE AUSWIRKUNGEN DER INTERNATIONALISIERUNG AUF STUDIUM UND LEHRE

Katja Loderstedt

1 Der Bologna Prozess 186

2 Bologna und das Tourismusstudium 188

3 Chancen und Risiken der „Bachelorisierung" für Studium und Lehre 191

    3.1 Studium, *employability* und Schlüsselqualifikationen 192

    3.2 Fremdsprachliche Lehre 193

    3.3 Auslandsaufenthalte 193

    3.4 Studiengebühren 194

    3.5 Studiengänge mit doppelten Abschlüssen 195

    3.6 Internationale Hochschulkooperationen 196

4 Schlussfolgerung 197

Literatur 198

Der Tourismus hat sich als international und national nicht mehr wegzudenkende gesellschaftliche Erscheinungsform etabliert. Bedenkt man, dass der Tourismus zu den wichtigsten Branchen der Volkswirtschaft und in 83% der Länder zu den fünf wichtigsten Exportbereichen gehört,[1] verwundert es wenig, dass sowohl die Berufsausbildung im Bereich Tourismus als auch das Studium der Tourismuswirtschaft für junge Deutsche an Attraktivität gewonnen hat. Nicht nur bei Fluggesellschaften, Hotelkonzernen und Reiseveranstaltern sondern auch in Destinationen, touristischen Organisationen oder im Travelmanagement von Unternehmen besteht ein steigender Bedarf an Nachwuchskräften mit Spezial- und Fachwissen. Das Interesse junger Menschen den Tourismus und die Tourismusbranche zu verstehen und aktiv mitzugestalten, ist gestiegen.

Das Bild der deutschen Hochschullandschaft hat sich seit den 1990er-Jahren durch Reaktionen auf internationale und internationalisierende Ereignisse gewandelt. Entstanden ist ein sich derzeit noch in der Metamorphose befindliches Hochschulsystem: vom traditionsreichen deutschen Hochschulsystem in ein modernes, flexibles, europäisiertes und darüber hinaus internationalisiertes System. Oberste Priorität haben in diesem erneuerten System die internationale Wettbewerbsfähigkeit des europäischen Bildungssystems und seiner Absolventen, die erhöhte Mobilität von Studierenden (und Lehrenden) und deren Beschäftigungsfähigkeit, *employability*.

Ziel des vorliegenden Beitrages ist es quantitativ darzustellen, inwieweit und in welcher Art das deutsche Hochschulsystem im Bereich des Studiums der Tourismuswirtschaft auf die Herausforderungen der Internationalisierung reagiert hat. Ein weiterer Schwerpunkt ist die qualitative Betrachtung der Chancen und Risiken, welche die Internationalisierung für Studium und Lehre in sich birgt.

1 Der Bologna Prozess

Die Bologna-Konferenz im Jahr 1999, deren erklärtes Ziel die Schaffung eines einheitlichen europäischen Hochschulraumes bis 2010 ist, war der Startschuss für die Umgestaltung des akademischen Europas. Deutschland verpflichtete sich 1999 in Bologna zusammen mit 29 anderen europäischen Staaten die Ziele der Bologna-Erklärung bis 2010 umzusetzen.

---

[1] vgl. WTO 2000, S.15

Oberstes Ziel des Bologna-Prozesses ist die Einführung eines gestuften Studiensystems. Dieses stützt sich im Wesentlichen auf zwei Hauptzyklen: erster Zyklus: Bachelor-Studium, zweiter Zyklus: Master-Studium; wobei sowohl der erste als auch der zweite Zyklus zu einem berufsqualifizierenden Abschluss führen. Ergebnis ist eine – aufgrund europäisch und international vergleichbarer Abschlüsse – leicht verständliche und damit international wettbewerbsfähigere Hochschullandschaft. Mit dieser Umstellung einher gehen auch die Einführung eines ECTS-kompatiblen Leistungspunktesystems (ECTS = *European Credit Transfer System*) zur Bewertung des Studienumfanges (und indirekt der Studienleistung) und die Modularisierung der Studieninhalte. Dies soll derzeit noch existierende Mobilitätshindernisse für Studierende und Lehrende minimieren bzw. abbauen. Aber auch die europaweite Zusammenarbeit bei der Qualitätssicherung (Akkreditierung) und die Förderung einer europäischen Dimension im Hochschulbereich sind Ziele des Bologna-Prozesses. Durch diese aktive Umgestaltung der europäischen Hochschullandschaft wird eine Erhöhung der internationalen Wettbewerbsfähigkeit der europäischen Hochschulausbildung und ihrer Absolventen (und damit deren *employability*) angestrebt. Inzwischen hat dieser Prozess über die Grenzen Europas hinaus Beispiel gemacht, und einzelne Hochschulen nicht unterzeichnender Staaten erproben die Einführung dieses neuen Systems.

Daraus ergibt sich das derzeit der deutschen Hochschulreform übergeordnete Ziel: die im Rahmen des Bologna-Prozesses vorgesehene Einführung von Bachelor-/Bakkalaureus- und Master-/Magisterstudiengängen.

Eine quantitative Analyse dieses Prozesses der deutschen Hochschulreform ergibt, dass sich Grundsätzliches bereits geändert hat, bis 2010 aber noch viel zu tun ist: Von 9.180 grundständigen in der Bundesrepublik angebotenen und staatlich anerkannten Studienmöglichkeiten zum Wintersemester 2004/05 ermöglichen bereits (oder „erst"?) 14 Prozent der Studiengänge (1.272) einen Bachelor- oder Bakkalaureat-Abschluss.[2] Von deutschlandweit 1.939 weiterführenden Studienmöglichkeiten ermöglichen 62 Prozent den internationalen Master- (1.172) oder Magister- (29) abschluss.

---

[2] Daten basieren auf www.hochschulkompass.de (Stand August 2004)

2 Bologna und das Tourismusstudium

Hochschulen, die Tourismusstudiengänge anbieten, haben auf Bologna reagiert. Eine Auflistung aller im Bereich Tourismus zum Wintersemester 2004/05 deutschlandweit angebotenen grundständigen, staatlich anerkannten Studienmöglichkeiten[3] ergab 19 Studiengänge. Von diesen werden bereits über die Hälfte (53 Prozent) als Bachelor-Studiengänge angeboten. Dem gegenüber stehen sechs tourismusspezifische Masterstudiengänge, in welche zum Wintersemester 2004/05 immatrikuliert wird. Die folgende Grafik erläutert die Verteilung der verschiedenen Abschlüsse, die Studierende grundständiger Tourismustudiengänge (Immatrikulation zum Wintersemester 2004/05) erhalten werden.

Abb.1: *Studienabschlüsse im Bereich Tourismus in Deutschland (19 grundständige Studiengänge, Immatrikulation 2004/05)*

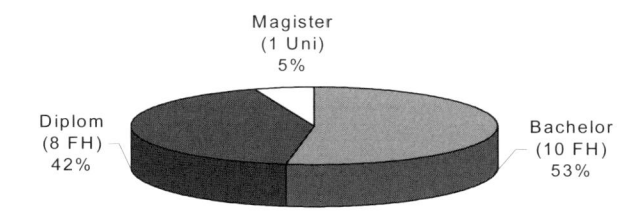

Magister (1 Uni) 5%

Diplom (8 FH) 42%

Bachelor (10 FH) 53%

Ein Teil der Studiengänge wird weiterhin als Diplom-Studiengänge angeboten, was verschiedene Ursachen hat. Viele Fachbereiche oder Fakultäten stellen ihr Studienangebot aus organisatorischen (z.B. Abstimmung aller Studienpläne, Berechnung und Auslastung der Kapazitäten), finanziellen (z.B. um eine einheitliche (Fachbereich-)Akkreditierung anzustreben) und Image-Gründen nur vollständig um, d.h. eine Umstellung einzelner Studiengänge auf „Bachelor" wird i.d.R. nicht vorgenommen. Zum anderen sind der Umstellungsprozess und die damit einhergehenden Änderungen so umfangreich, dass von „wollen umstellen" bis „umgestellt" Jahre vergehen können. Der Umstellungsprozess an sich sowie dessen Operationalisierung wird an vielen Universitäten und Fachhochschulen noch kontrovers diskutiert. In Anbetracht der Erfolge bereits existierender Bachelorstudiengänge und deren Absolventen und der zunehmenden Aufklärung von Abiturienten und Berufsschülern über sich vollziehende Änderungen im deutschen Hoch-

---

[3] Daten basieren auf www.hochschulkompass.de (Stand August 2004)

schulsystem (und die daraus resultierende, zunehmende Beliebtheit von Bachelorstudiengängen) ist es angeraten, verbleibende Diplomstudiengänge schnellstmöglich in Bachelorstudiengänge umzuwandeln. Hauptsächlich, weil sich dieser Umstellungsprozess nur hinauszögern, auf keinen Fall aber verhindern lässt.

Tabelle 1 beinhaltet eine Auflistung der 19 an deutschen Hochschulen zum Wintersemester 2004/05 angebotenen, grundständigen Tourismusstudiengänge und der sechs weiterführenden Tourismusstudiengänge. (Folgende Betrachtungen beschränken sich weitestgehend auf die grundständigen Studiengänge.) Eingang fanden all jene Studiengänge, welche in der Datenquelle unter der Rubrik „Rechts- Wirtschafts- und Sozialwissenschaften", „Wirtschaftswissenschaften", Sachgebiet „Touristik" bzw. Fach/Studiengang „Touristik" erfasst sind.[4]

Die 19 grundständigen Studiengänge werden von einer staatlichen Universität und 15 Fachhochschulen angeboten; vier aller Studiengänge werden von zwei privaten, staatlich anerkannten (Fach-) Hochschulen angeboten. Dass tourismusspezifische Studiengänge insbesondere von Fachhochschulen angeboten werden, ist u.a. darauf zurückzuführen, dass charakteristische Elemente des Faches Tourismus oder tourismuswirtschaftliche Komponente an Universitäten z.T. in das Studium bereits existierender Studienfächer wie z.B. der Wirtschaftswissenschaften, der Geographie oder Verkehrswissenschaften eingebunden sind oder als Wahlfach/Nebenfach angeboten werden. Andererseits ist der Praxisbezug der Fachhochschulen gerade für den Bereich Tourismus von wesentlicher Bedeutung, und dieser wird insbesondere durch die Praxiserfahrung deutscher Fachhochschulprofessoren sichergestellt.

Die rein quantitative Betrachtung der aufgeführten Studiengänge unterstreicht die Bedeutung zweier wesentlicher Merkmale heutiger Tourismusstudiengänge:

a) die Bedeutung des Managementelementes: 14 der 19 grundständigen (und vier der sechs weiterführenden) Studiengänge beinhalten bereits in ihrem Titel das Wort „Management".

b) die Bedeutung einer den Studiengang internationalisierenden Komponente: Sechs der 19 grundständigen Studiengänge (und drei der sechs Masterstudiengänge) werden unter einem rein englischsprachigen Titel angeboten. Zusätzlich werden weitere acht Studiengänge unter dem (fast englischen) Titel

---

[4] In der Datenquelle www.hochschulkompass.de wird der Begriff „Touristik" verwendet. Er ist aber im Sinne des Oberbegriffes „Tourismus" zu verstehen.

„Tourismus*management*" angeboten. Zehn der 19 Studiengänge werden von den jeweiligen Hochschulen sogar als „internationale Studiengänge" deklariert.

Tab. 1: **Grundständige und weiterführende Studienmöglichkeiten im Fach/Studiengang Tourismus in Deutschland (Stand Wintersemester 2004/05)**

Grundständiger Studiengang	Abschluss	Hochschule	Sonstiges
International Hospitality und Tourism Management	Bachelor	Bad Honnef - Bonn (FH) (priv.)	I
Tourismusmanagement	Bachelor	Bremen H	I
Cruise Industry Management	Bachelor	Bremerhaven H	I
International Tourism Studies	Bachelor	Wernigerode FH	I, DD
Tourismusmanagement	Bachelor	Wernigerode FH	
Tourismusbetriebswirtschaft	Bachelor	Heilbronn FH	
Tourism Management, international	Bachelor	Saarbrücken HTW	I
Leisure and Tourism Management	Bachelor	Stralsund FH	I
Tourismusmanagement, internationales	Bachelor	Westküste FH	I
Tourismus	Bakkalaureus	Zittau/Görlitz H	
Hotelmanagement	Diplom (FH)	Bad Honnef - Bonn (FH) (priv.)	I, DD
Tourismusmanagment	Diplom (FH)	Bad Honnef - Bonn (FH) (priv.)	I, DD
Tourismusmanagement	Diplom (FH)	Braunschweig/Wolfenbüttel FH	
Tourismus-, Event-, und Hospitalitymanagement	Diplom (FH)	Dortmund ISM (priv.)	I, DD
Tourismus-Management	Diplom (FH)	Kempten FH	
Tourismus-Management	Diplom (FH)	München FH	
Tourismuswirtschaft	Diplom (FH)	Oldenburg/Ostfriesland/Wilhelmshaven FH	
Touristik	Diplom (FH)	Worms FH	
Tourismusmanagement	Magister	Lüneburg U	
Tourism Management, International	Master	Bremen H	
Cruise Industry Management	Master	Bremerhaven H	
Nachhaltiger Tourismus	Master	Eberswalde FH	
European Tourism Management	Master	Heilbronn FH	
Internationales Tourismusmanagement	Master	Westküste FH	
Tourismus (Masterstudiengang)	Magister	Zittau/Görlitz H	

Erläuterung: I = Internationaler Studiengang
DD = *Dual Degree* Studiengang (mit deutschem und ausländischem Abschluss)
Quelle: www.hochschulkompass.de (Stand August 2004)

Der Rahmen dieses Beitrages erlaubt nicht, Lehrinhalte unter diesen Gesichtspunkten qualitativ näher zu beleuchten. Tourismusfachleuten drängt sich an dieser Stelle zum Beispiel die Frage auf, in wie weit eine tatsächliche Konzentration auf Managementinhalte - unter der Voraussetzung, dass sämtliche touristische und in gewissem Umfang betriebswirtschaftliche Grundverständnisse erst einmal gelegt werden müssen - in einer so kurzen Zeit wie einem i.d.R. dreijährigen Bachelor-Studium zu bewerkstelligen ist. Für die Zukunft bleibt zu überlegen, ob eine Konzentration auf das Tourismusmanagement nicht in besonderem Maße in die Konzeption tourismusspezifischer Masterstudiengänge Eingang finden sollte. Dies ist um so mehr der Fall, da die Mehrzahl der Einstiegspositionen für Bachelor-Absolventen nicht in der Management- sondern der operativen Unternehmensebene zu finden sein wird; Absolventen von Masterstudiengängen jedoch gute Chancen auf Managementeinstiegspositionen haben werden. Damit wird nicht in Abrede gestellt, dass auch Bachelor-Absolventen ein solides Managementverständis nachweisen müssen.

Unbeantwortet bleiben an dieser Stelle auch Fragen nach der Qualität tatsächlicher internationaler oder internationalisierender Lehrinhalte. Es ist nicht eindeutig erkennbar, welche Kriterien die jeweiligen Hochschulen zugrunde legten, um den Status eines „internationalen Studienganges" zu deklarieren. Ist es, weil Tourismus per se bereits international ist? Wird ein Auslandsaufenthalt vorgeschrieben? Wird der Studiengang vollständig oder teilweise in einer Fremdsprache unterrichtet? Sind sämtliche oder ein Teil der Studieninhalte international ausgerichtet? Antworten zur Internationalität dieser Studiengänge kann nur eine weiterführende qualitative Betrachtung von Studieninhalten bringen.

3 Chancen und Risiken der „Bachelorisierung" für Studium und Lehre

Im Folgenden wird die Internationalisierung des Studiums unter Gesichtspunkten der „Bachelorisierung" (Bologna-Prozess) betrachtet. Insofern sind Ergebnisse, Anregungen und Kritiken nicht tourismusspezifisch, sondern können auch auf andere Studiengänge bezogen werden. Ziel der „Bachelorisierung" ist es, Voraussetzungen für eine erhöhte Studenten-, Absolventen- (und Dozenten-)mobilität zu schaffen und die *employability* von Absolventen und deren internationale Wettbewerbsfähigkeit zu erhöhen. Die Operationalisierung dieser Ziele findet ihren Ausdruck in Folgendem:

3.1 Studium, employability und Schlüsselqualifikationen

Employability ist, wenn auch keine textliche, so doch eine zentrale, nachhaltige und allgegenwärtige Forderung der Bologna-Erklärung. Das Erreichen von *employability* durch ein Studium ist eng mit der Vermittlung von Schlüsselqualifikationen, da instrumentell hilfreich, verbunden. Schlüsselqualifikationen umfassen diejenigen Kompetenzen, die zur Sicherung der sozialen Interaktion eine sinnvolle, zielgerichtete und damit erfolgreiche Zusammenarbeit mit anderen ermöglichen, z.B. Kommunikationsfähigkeit, Teamfähigkeit, Analysefähigkeit, Selbstvertrauen, interkulturelle Kompetenzen, Führungsbereitschaft und -fähigkeit, Methodenkompetenz etc. Damit stellt sich weniger die Frage „ob", sondern „wie" sich die Vermittlung von wissenschaftlicher Qualifikation, *employability* und Schlüsselkompetenzen im Studium operationalisieren lässt.

Während akademische Qualifikation und *employability* teilidentische, primäre Bildungsziele sind, ist die Vermittlung von instrumentellen Schlüsselqualifikationen ein sekundäres Bildungsziel. Die verstärkte Vermittlung solcher Schlüsselqualifikationen, die Grundvoraussetzung für eine erfolgreiche praktische Umsetzung des studierten Wissens und erlernter Konzepte sind (und demnach Voraussetzung für eine erfolgreiche Beschäftigungsfähigkeit), ist damit durchaus als eine der Herausforderungen des Bologna-Prozesses an europäische Hochschulen zu verstehen.

Dabei kann die praktische Umsetzung der Vermittlung von Schlüsselkompetenzen fachübergreifend (explizit) oder fachlich integriert (implizit) erfolgen. Welche fachbezogene Methodik Lehrende dabei anwenden und wie Hochschulen Lehrende dazu anhalten, die Vermittlung von Schlüsselqualifikationen in das Studium einzubinden, bleibt abzuwarten. Wichtig ist, *dass* Hochschulen mit der Umstellung auf Bachelorabschlüsse ein Konzept zu Fragen der Einheit von wissenschaftlicher Qualifikation, *employability* und der Vermittlung von Schlüsselkompetenzen erarbeiten. Vielleicht können Schlüsselqualifikationen dabei als Instrumentarium zur Herstellung der Einheit von wissenschaftlicher Qualifikation und *employability* dienen.

Auch die berufliche Praxis wird und hat bereits in gewissem Umfang auf die deutsche Hochschulreform reagiert und sich für die Einführung von Bachelorabschlüssen bzw. für die Einstellung von Bachelor- und Masterabsolventen ausgesprochen. Jetzt ist es an den Hochschulen als Institutionen und an Lehrenden die Rahmenbedingungen für die Einbindung der Anforderungen der Berufspraxis in das Studium zu schaffen. In diesem Prozess müssen sich sowohl die Vertreter der Praxis als auch der Hochschule flexibel zeigen. Nur so können die *employability* der Absolventen und die erfolgreiche Umstellung des deutschen Hochschulsystems auf Bachelorabschlüsse sichergestellt werden.

3.2 Fremdsprachliche Lehre

Im Interesse einer stärkeren Internationalisierung der deutschen Hochschulausbildung werden einige (wenige) Programme bereits ganz oder einzelne Fächer in einer Fremdsprache angeboten. Dies setzt oftmals schon bei Immatrikulation überdurchschnittliche Sprachkenntnisse der Unterrichtssprache voraus und verlangt eine intensive fachliche Sprachausbildung an der Hochschule. Dadurch wird zum einen sichergestellt, dass Studierende ein Auslandsstudium sprachlich souverän bewältigen können, zum anderen, erhöhen sich durch umfangreiche Sprachkenntnisse deutlich die Chancen einer erfolgreichen Bewerbung nach Abschluss des Studiums.

Leider scheitert die Umsetzung fremdsprachlicher Lehre oftmals an den Lehrenden, die entweder selbst keine ausreichenden Sprachkenntnisse vorweisen können oder ihre Sprachkenntnisse unterschätzen. Es sind aber auch Vorbehalte „vor deutschen Studenten als Deutscher fremdsprachigen Unterricht zu geben", die anderen Unterrichtssprachen im Wege stehen. Eine Erhöhung des fremdsprachigen Lehranteils setzt dringende Veränderungen im Vor- und Umfeld von Hochschulen voraus, z.B. ein früher Beginn des Erlernens von Fremdsprachen in der Schule. Ebenso sind die organisatorischen und finanziellen Probleme der nötigen, intensiven Sprachausbildung der Studenten zu bedenken.

Für die Zukunft müssen deutsche Hochschulen Möglichkeiten finden, wie sie die Wettbewerbsfähigkeit und Mobilität ihrer Studenten und Absolventen unter dem Gesichtspunkt der Sprachausbildung gegenüber denen anderer europäischer Staaten, wo Lehre und Prüfungen bereits seit Jahren auf Englisch stattfinden (z.B. skandinavische Länder, Dänemark, Niederlande, Osteuropa), erhöhen.

3.3 Auslandsaufenthalte

Auslandsaufenthalte sind durch Bologna nicht nur möglich sondern auch erwünscht. Die Einführung eines ECTS-Leistungspunktesystems soll es Studierenden ermöglichen, ihr Studium flexibel zu gestalten. *Credits*, die z.B. während eines Auslandsaufenthaltes an einer Hochschule erworben werden, sollen auch an der Heimathochschule anerkannt werden. Dieses scheitert derzeit oft noch an der bürokratischen Praxis deutscher Hochschulen.

Einige Professoren stellen (u.U. vielleicht zu Recht) die Gleichwertigkeit ausländischer Studienprogramme in Frage. Allerdings geht es bei der von Bologna angestrebten Flexibilität der Hochschulen nicht um das Absolvieren von genau definierten Fächern, sondern vielmehr um das Erwerben von Wissen und Qualifikationen und der damit verbundenen Gewährleistung der studiengangsspezifischen *employability* der Studierenden. Dies kann auch durch nicht „eins-zu-eins" umzurechnende Studienleistungen sichergestellt werden.

Das Nichtakzeptieren von im Ausland erworbenen *credits* ist weder im Sinne der Studenten noch der Hochschulen, verlängert es doch die Studienzeit der Studenten und belastet diese und die Hochschulen nicht zuletzt auch finanziell höher.

3.4 Studiengebühren

Eine vergleichbare Mobilitätseinschränkung sind die Auswirkungen der Erhebung von Studiengebühren. Das deutsche Studiensystem ist, wie das vieler anderer europäischer Staaten, (noch) kostenlos für Studierende. Dass Studierende, die ein Semester oder ein akademisches Jahr im Ausland verbringen wollen, Studiengebühren zahlen müssen, stößt bei vielen Studenten noch auf Unverständnis, und zwar in so hohem Maße, dass sie ein Auslandsstudium nicht in Betracht ziehen bzw. aufgrund ihrer finanziellen Lage nicht in Betracht ziehen können. Dass gerade in zwei der drei interessantesten Länder für Hochschulkooperationen, Großbritannien, Frankreich und den USA, grundsätzlich Studiengebühren zu entrichten sind (GB, USA), ist für die Mobilität deutscher Studenten besonders einschränkend.[5]

Hier kann langfristig nur auf eine sich wandelnde Studentenmentalität gesetzt werden, die davon ausgeht, dass sich das in einem Auslandsstudium investierte Geld später durch entsprechende Vorteile bei der Jobsuche oder im Job auszahlt. Allerdings ist ein Auslandsaufenthalt als solcher längst keine Garantie mehr für verbesserte Einstiegschancen, insbesondere in Anbetracht der derzeitigen Arbeitsmarktsituation. Ohne entsprechend gute Studienergebnisse ist das in Studiengebühren für einen Auslandsaufenthalt angelegte Geld wenig erfolgversprechend.

---

[5] Der Anfang 2004 vom britischen Parlament gefasste Beschluss zur Erhöhung der Studiengebühren in Großbritannien (2004 ca. 1.240 GB Pfund) auf bis zu 3.000 Pfund jährlich (ca. 4.500 Euro) wird die Attraktivität des Studienstandortes Großbritannien für deutsche Studenten in der Zukunft stark beeinträchtigen.

Natürlich können in vielen Fällen gut funktionierende Hochschulkooperationen, die den Studierenden ein kostenloses Studium ermöglichen, Abhilfe schaffen. Diese basieren in der Regel auf einem, beide Partner gleichstellenden, zweiseitigen Studierendenaustausch.[6] Derzeit ist jedoch die Anzahl der deutschen *outgoing*-Studenten in den meisten Fällen (Ausnahme: Osteuropa) höher als die der ausländischen *incoming*-Studenten einer bestimmten Partnerhochschule. Die Sicherstellung von ausländischen Studienplätzen an sich ist eine komplizierte und viel Zeit in Anspruch nehmende Angelegenheit. Insbesondere ohne englischsprachiges Lehrangebot wird der Studienstandort Deutschland langfristig zumindest für viele Studenten westlicher Industrieländer an Attraktivität verlieren. Das kann durchaus zur Folge haben, dass auf Hochschulkooperationen basierende, kostenlose Studienmöglichkeiten langfristig zum Erliegen kommen.

3.5 Studiengänge mit doppelten Abschlüssen

Bisher sind Doppeldiplomstudiengänge vierjährige Studiengänge, in denen den Absolventen nach erfolgreichem Bestehen der Studienleistungen der Heimathochschule und nach einem i.d.R. einjährigen erfolgreichen Studium an einer ausländischen Partnerhochschule die akademischen Grade beider Einrichtungen verliehen werden. Für das englischsprachige Ausland ist dies das deutsche Diplom und ein Bachelor-Abschluss. Dies ermöglicht deutschen Diplomanden bestimmter Studiengänge, für welche Bewerber oftmals in anspruchsvollen Eignungsprüfungen selektiert werden, die Chance, mit einem internationalen (Bachelor-) Abschluss einen leichten Einstieg in den internationalen Arbeitsmarkt zu finden. Da diese Studiengänge überproportionale und überregionale Aufmerksamkeit auf sich ziehen, sind internationale Studiengänge dieser Art außerdem imagefördernd für und ein marketingpolitisches Instrument anbietender Hochschulen.

Für die Zukunft stellt sich allerdings die Frage nach dem Sinn solcher internationalen, *dual degree* Studiengänge, an deren Ende doppelte Abschlüsse verliehen werden, da bereits an der deutschen Heimathochschule ein internationaler Abschluss, der

---

[6] Zweiseitige Austauschkooperationen funktionieren gut mit Hochschulen in Ländern, in denen man Deutsch als Fremdsprache bereits in der schulischen Ausbildung einen hohen Stellenwert zuweist oder für die, aufgrund ihrer geographischen Lage, Deutsch eine interessante Sprache ist oder in Studienrichtungen, in denen Deutsch als Fremdsprache besondere Beachtung gefunden hat.

Bachelor-Abschluss, vergeben wird. Denkbar wäre, dass sich die Zahl der Studiengänge mit doppelten Abschlüssen im Zusammenhang mit der Bachelorisierung reduziert.[7]

Eine Alternative sind internationale Studiengänge, die fachlich und organisatorisch so ausgelegt sind, dass sie einen einjährigen obligatorischen Auslandsaufenthalt integrieren und diesen nach Möglichkeit für die Studierenden finanzierbar machen. Das kann insbesondere durch konkrete fachliche und organisatorische Absprachen mit ausgewählten, gleichwertigen Partnerhochschulen sichergestellt werden. Die Erfahrung zeigt, dass solche Kooperationen oftmals, trotz der Existenz von Verträgen, insbesondere durch das persönliche Engagement einzelner Professoren profitieren.

Diese Form des internationalen Studiums würde Studierenden zumindest einige der nicht zu unterschätzenden Mobilitätshindernisse aus dem Weg räumen (Leistungsanerkennung, finanzieller Rahmen etc.). Ein nicht zu unterschätzender Vorteil für Hochschulen ergibt sich aus der neuen Verhandlungsposition zur Sicherstellung solcher spezifischer Studienplätze. Während man bei doppelten Abschlüssen die Vorgaben der Partnerhochschule, die nicht immer im studentischen Interesse sind (z.B. Verlängerung der Studienzeit), fast bedingungslos akzeptieren muss, kauft man sich ohne doppeltem Abschluss „lediglich" (für einen zur Verhandlung stehenden Preis) für ein Studienjahr an der entsprechenden Partnerhochschule ein.

Damit gibt man der Partnerhochschule die Möglichkeit, auf eigene Ansprüche flexibler zu reagieren. Ob dieses Konzept den Studienmarkt erobern wird, bleibt abzuwarten.

3.6 Internationale Hochschulkooperationen

Bedenkt man die Situation steigender Studiengebühren, gerade im englischsprachigen Ausland, *dual degree* Programme oder intensive Austauschprogramme, kommt auch der Organisation und Betreuung von Hochschulkooperationen, und damit der Sicherstellung von ausländischen Studienplätzen, besondere Bedeutung

---

[7] Eine der in Tabelle 1 aufgeführten Hochschulen bietet drei tourismusspezifische Studiengänge an: zwei als Diplomstudiengänge mit doppeltem Abschluss. Absolventen des dritten Studienganges, einem Bachelorstudiengang, werden mit nur einem Abschluss belohnt. Ähnlich das Gesamtbild in Tabelle 1: Drei der vier Studiengänge mit doppeltem Abschluss werden als Doppeldiplomstudiengänge (plus Bachelor-Abschluss) angeboten, dagegen gibt es nur einen Doppel-Bachelor-Studiengang. Diese Zahlen sind zu gering, um einen generalisierenden Trend vorherzusagen, stellen aber eine mögliche Entwicklung dar.

zu. Grundsätzlich müssen Hochschulen klären, ob diese Betreuung auf persönlicher Ebene (z.b. durch einzelne Hochschulprofessoren) oder auf verwaltungstechnischer Ebene (z.b. durch die Akademischen Auslandsämter der Hochschulen) durchgeführt werden kann und soll.

Misst man der persönlichen Betreuung, z.b. für oben beschriebene Hochschulkooperationen, besondere Bedeutung bei, so können viele Fragen, die den Austausch von Studierenden und Lehrenden betreffen, relativ schnell, flexibel und unbürokratisch innerhalb eines Fachbereiches oder einer Fakultät bearbeitet werden. Der Nachteil einer solchen intensiven Form der Betreuung ist, dass diese oftmals von einer Person und deren persönlichem Engagement abhängt. Das heißt, ein Personalwechsel kann unter Umständen eine bis dahin gut funktionierende Kooperation zum Erliegen bringen oder negativ beeinflussen. Betreut ein(e) Professor(in) mehrere Partnerhochschulen oder ist für die gesamten Auslandsbeziehungen eines Studienganges oder Fachbereiches zuständig, kann sich unzureichendes Engagement negativ auf die Sicherung ausländischer Studienplätze und deren Qualität auswirken. Es ist daher gründlichst abzuwägen, welche der Hochschulkooperationen tatsächlich von einer intensiven persönlichen Betreuung abhängen bzw. profitieren. Sollen Kooperationen reibungslos funktionieren, ist es wichtig, die Anforderungen an Hochschulkooperationen zu definieren und die Wahl ausländischer Partnerhochschulen nicht dem Zufall zu überlassen.

4 Schlussfolgerung

Dieser Beitrag hat die Auswirkungen der Internationalisierung, insbesondere des Bologna-Prozesses, auf Studium und Lehre diskutiert.

Der erste Teil dieses Beitrages stützte sich auf eine rein quantitative Betrachtung deutscher Tourismusstudiengänge. Gemäß den Bologna-Vereinbarungen ist eine fortschreitende Umstellung des deutschen Studienangebotes „Tourismus" auf Bachelor-Studiengänge festzustellen. Dabei kommt zwei Merkmalen Bedeutung zu: zum einen, der Dominanz des Managementelementes in den Titeln der Studiengänge, und zum anderen, der Existenz eines internationalisierenden Elementes, sei es, dass Studiengänge als internationale Studiengänge angeboten werden oder unter englischem Titel laufen.

Ein Untersuchungsansatz, der über den Rahmen dieses Beitrages hinausging, aber interessante Perspektiven für weiterführende Aussagen böte, wären qualitative Untersuchungen der Studieninhalte, um die tatsächliche Präsenz dieser zwei Merkmale darzustellen. Unter Umständen könnte eine genauere Analyse zu dem Schluss kommen, dass der Fokus auf Tourismusmanagement Masterstudiengängen vorbehalten sein sollte. Ähnlich unklar bleibt, wodurch genau sich ein Tourismusstudiengang von einem als „internationaler Tourismusstudiengang" angebotenem Studiengang abgrenzt.

Der zweite Teil des vorliegenden Beitrages diskutierte einige der Auswirkungen der „Bachelorisierung" der deutschen Hochschullandschaft auf Studium und Lehre. Die Umstellung von Diplom- auf Bachelorstudiengänge, ist umfangreicher als sich auf den ersten Blick darstellt, da sie große Flexibilität in der Wissensvermittlung fordert. Der Fokus auf *employability* der Absolventen auf einem internationalen Arbeitsmarkt stellt Hochschulen vor die Probleme einer verstärkten Vermittlung von Schlüsselqualifikationen, fremdsprachlicher Lehre oder Flexibilität in der Anerkennung von im Ausland (oder an anderen Hochschulen) erbrachten Studienleistungen. In erhöhtem Maße werden sich Hochschulen und Studierenden Fragen zu Auslandsstudium und Hochschulkooperationen stellen.

Die meisten Hochschulen haben bereits oder werden ihren Weg in das Bachelor-Zeitalter finden. Dabei ist es weniger wichtig, keine Fehler zu machen. Der einzig verhängnisvolle Fehler wäre, die Augen vor den anstehenden Problemen zu schließen oder einzelnen Problemfeldern der Bachelorisierung keine Beachtung zu schenken. Insofern sollte man die Einführung von Bachelor- und Masterstudiengängen als Herausforderung und Chance für das deutsche Hochschulsystem betrachten.

Literatur

World Tourism Organization (WTO) (2000): Tourism Highlights 2000, Madrid.

Der Europäische Hochschulraum, Gemeinsame Erklärung der Europäischen Bildungsminister, 19. Juni 1999, Bologna.

MOBIL OHNE AUTO AM BEISPIEL 'SEMESTERTICKET'

Renate Hesse

1 Einleitung 200

2 Rechtliche Grundlagen zur Beitragsfinanzierung (Beispiel Hochschule Harz) 202

   2.1 Rechtmäßige Befürworter und Anbieter von 'Semestertickets' 203

      2.1.1 Ministerium für Verkehr, Bau- und Wohnungswesen (BMVBW) als verantwortliche Behörde für Verkehrspolitik 203

      2.1.2 Verkehrsunternehmen 204

      2.1.3 Universitäten und Hochschulen 205

   2.2 Rechtmäßige Nutzer von Semestertickets 206

3 Leistungsumfang und Mobilitätsradius von 'Semestertickets' 207

   3.1 Weiterentwicklung und Modifizierung zur Nutzung des Verkehrsangebotes für Studierenden 208

   3.2 Kooperation zwischen Universitäten und Hochschulen mit unterschiedlichen Verkehrsunternehmen 209

4 Zufriedenheit der Studierenden mit dem Semesterticket 210

   4.1 Zufriedenheit der Studierenden am Beispiel des Projektes 'Mobil ohne Auto - Sinn und Erfolg des Semestertickets' an der Hochschule Harz 211

   4.2 Zufriedenheitsstudien an anderen Hochschulen 213

5 Mobilitäts- und Verkehrskultur von Studierenden in der Zukunft 213

Literatur 216

1 Einleitung

'Mobil ohne Auto' kann aus Sicht der Autorin zu einer Reihe von Assoziationen führen auf die obige Aussage zutrifft, z.B. Mobilität für Behinderte, die auf Grund Ihrer Behinderung nicht Auto fahren können, für Personen, die aus Altersgründen (zu jung, zu alt) kein Auto führen dürfen oder für Personen die zwar Auto fahren könnten, aber nicht immer wollen.

Mobilität ohne Auto ist in unserer heutigen Gesellschaft kaum noch denkbar angesichts der Tatsache, dass 80% aller Haushalte in Deutschland Autohaushalte sind. Mehr als zwei Drittel davon haben zwei oder mehr Fahrzeuge. Mehr als 4/5 aller Personenkilometer[1] werden vom motorisierten Individualverkehr (MIV) erbracht. „60 Prozent der Bundesbürger nehmen den Öffentlichen Verkehr (ÖV) nie oder fast nie in Anspruch. Sie drohen es zu verlernen, Bahn und Bus überhaupt zu nutzen"[2]

Auf dem Deutschen Verkehrsexpertentag im Juli 2004 wurde von Prof. Dr. Echterhoff ein **neuer Arbeitsbereich 'Mobilitäts- und Verkehrskultur'** vorgestellt, der nach Meinung des Referenten eine ganzheitliche Systembetrachtung darstellt.

Es wurde der Versuch unternommen, Merkmale von Unternehmens- und Organisationskultur auf den Bereich 'Mobilität und Verkehr' zu übertragen. Die aus den Ansätzen folgenden Vorschläge zur Gestaltbarkeit münden jedoch hauptsächlich in Empfehlungen für die 'Kultur des Autoverkehrs' mit Ausnahme der Empfehlung „Einführung von Dienstleistungsstandards im öffentlichen Verkehr wie sie in anderen Dienstleistungsbereichen (wie etwa in Kaufhäusern oder Restaurants) auch gelten"[3]

---

[1] Personenkilometer = Produkt aus der Anzahl der beförderten Personen und der mittleren Reiseweite, s. Schroeder (1998): Lexikon der Tourismuswirtschaft

[2] Vgl. Dr. Weert Canzler (Projektgruppe Mobilität im Wissenschaftszentrum Berlin für Sozialforschung (WZB)), Statement 'Wertewandel und Mobilität im ÖPNV' anlässlich des 'Deutschen Verkehrsexpertentages' am 01.und 02. Juli 2004, Bonn-Bad Godesberg

[3] vgl. Echterhoff, Wilfried (2004) Papier 'Mobilitäts- und Verkehrskultur', S. 1-8

Die Autorin schließt sich der Meinung etlicher Verkehrsexperten an, dass es nicht darum geht das Auto zu verbannen, sondern einen besseren Kontext des Verkehrsverhaltens (Verkehrskultur i. S. der Autorin) zu erreichen, gemeint ist, den Wechsel zwischen einzelnen Fortbewegungsmitteln bewusster zu gestalten. Dazu bedarf es frühzeitiger Gewöhnung und Verkehrserziehung und nachdem das 'autofähige' Alter erreicht wurde attraktive und flexible Verkehrsangebote, die sich an dem verkehrspolitisch gewünschten 'Modal Split'[4] orientieren und den Bedürfnissen der Nutzer gerecht werden.

Matthias Knobloch vom ACE Auto Club Europa e.V. meint dazu: „In der Diskussion muss der 'Kulturbegriff' weit gefasst werden, er spannt sich von einem anderen Verhalten in der jetzigen Verkehrswelt bis hin zu einer Änderung des Mobilitätsverhaltens und damit einer anderen zukünftigen Verkehrswelt."[5]

Als eine Grundlage für Veränderungen der Verkehrskultur bei Jungen Leuten könnten u.a. die Ergebnisse des **Forschungsprojekts 'U.MOVE. - Jugend und Mobilität'**. Mobilitätsforschung zur Entwicklung zielgruppenspezifischer intermodaler Mobilitätsdienstleistungen für Jugendliche' angesehen werden.[6][7]

Im Rahmen seiner Diagnose von Trends bezüglich **'Wertewandel und Mobilität im ÖPNV'** (Öffentlicher Personen Nahverkehr) stellt Dr. Canzler fünf Thesen zur Neuorientierung im Öffentlichen Verkehr auf. In 'These 2: Neue Produkte' heißt es: „Eine bessere Kundenansprache braucht ein gutes Angebot, andernfalls werden absehbar Enttäuschungen produziert. **Um für anspruchsvolle Kunden attraktiv zu sein, bedarf es nicht zuletzt neue Angebote. Neben dem klassischen Linienverkehr in Großgefäßen müssen verstärkt flexible Bedienformen sowie Auto- und Fahrradangebote treten.**

---

[4] Modal Split meint die bedarfsgerechte Verteilung des Verkehrs auf alle vorhandenen Verkehrsträger im Gegensatz zum einseitigen MIV

[5] Matthias Knobloch (2004): Kurzfassung 'Schulische und außerschulische Mobilitätserziehung als wichtiger Beitrag zur Verkehrskultur'

[6] Das Forschungsprojekt U.MOVE wurde mit Mitteln des Bundesministeriums für Bildung und Forschung zwischen 1998 und 2001 durchgeführt auf Basis einer standardisierte Befragung von 4400 Personen zwischen 15 und 26 Jahren in vier bundesdeutschen Städten.

[7] Rabe, Sebastian (2004): Statement-Kurzzusammenfassung des obigen Projekts

In dem folgenden Beitrag soll von einem Angebot (Semesterticket) für eine bestimmte Personengruppe (Studierende an Universitäten und Hochschulen) z.B. in einer bestimmten 'Öffentlichen Bildungseinrichtung' (u.a. Hochschule Harz in Wernigerode, Studiengang Tourismuswirtschaft) die Rede sein. Als Grundlage dient das Ergebnisse eines Projekts, das im Wintersemester 2002/2003 unter Leitung von Renate Hesse mit neun Studierenden durchgeführt wurde. In diesem Projekt sollte der 'Sinn und Erfolg des Semestertickets' untersucht werden, welches knapp zwei Jahre zuvor auf Initiative der Rektorin Frau Prof. Dr. Assenmacher eingeführt worden war.

2 Rechtliche Grundlagen zur Beitragsfinanzierung (Beispiel Hochschule Harz)

Die an der Hochschule Harz vorliegende Beitragsordnung für das Studentenwerk Magdeburg (als Anstalt des öffentlichen Rechts) beruht auf dem Studentenwerksgesetz (StuWG) vom 30.09.1991, das von der Landesregierung am 21.07.1998 beschlossen und am 28.03.2000 zuletzt geändert wurde. Der Beschluss über die Beitragsordnung erfolgte am 26.10.2000 durch den Verwaltungsrat und wurde am 12.12.2000 vom Kultusministerium genehmigt. Die Beitragsordnung gliedert sich in folgenden 5 Paragraphen:

§1 Beitragspflicht (Auszug)

Die Beitragspflicht regelt im Wesentlichen die zu zahlenden Semesterbeiträge (ohne und mit Semesterticket) und besagt, dass alle Studierenden, die an einer zum Zuständigkeitsbereich des Studentenwerks Magdeburg gehörenden Hochschulen, Otto-von-Guericke Universität Magdeburg, Hochschule Magdeburg-Stendal (FH) und Hochschule Harz (FH) in Wernigerode immatrikuliert sind der Beitragspflicht unterliegen. Ausnahme: Genehmigte Beurlaubung von Studierenden.

§2 Beitragshöhe und Beitragsverwendung (Auszug)

Nur an der Universität in Magdeburg und der Hochschule Harz (FH) werden zusätzlich zum Semesterbeitrag 17,90 Euro (Magdeburg) und 13,80 Euro (HS Harz mit Standorten WR und HBS) erhoben.

§3 Fälligkeit (Auszug)

Bei Einschreibung oder Rückmeldung wird der Beitrag zuzüglich Beitrag für Semesterticket gebührenfrei eingezogen.

§4 Erlass, Rückerstattung

Möglich für **Behinderte mit Ausweis**, da sie ohnehin Vergünstigungen erhalten, für **Studierende, deren Ausbildung ausschließlich außerhalb Magdeburgs stattfindet** (sehr missverständlich, da Wernigerode den Beitrag für das Semesterticket sehr wohl erhebt, gemeint ist sicher der Zuständigkeitsbereich des Studentenwerkes Magdeburg und offenbar Praxissemester, Auslandssemester), **Exmatrikulierte** nach Beginn des Semesters. Anträge auf Befreiung oder Rückerstattung gehen an das Studentenwerk.[89]

2.1 Rechtmäßige Befürworter und Anbieter von 'Semestertickets'

Neben dem 'privaten' Interesse von Anwohnern im Hochschulbereich, die sich durch parkende Autos der Studierenden an den Straßenrändern gestört fühlen, kann man in diesem Zusammenhang ferner von einem 'öffentlichen' (Verkehrspolitik) und von einem 'wirtschaftlichen' Interesse (Verkehrsunternehmen) sprechen.

2.1.1 Ministerium für Verkehr, Bau- und Wohnungswesen (BMVBW) als verantwortliche Behörde für Verkehrspolitik

Die **Verkehrspolitik der Bundesrepublik Deutschland** sorgt mit ihren gesetzlichen Rahmenbedingungen[10] dafür, dass Verkehrsleistungen u.a. zu **sozialverträglichen Preisen** angeboten werden. Mit der Betriebsgenehmigung für Verkehrsbetriebe ist u.a. die Verpflichtung verbunden, dem **Gemeinwohl** zu dienen. In der Praxis bedeutet das, dass neben einem möglichst flächendeckendem Verkehrsangebot mit ausreichender Bedienungshäufigkeit auch spezielle Angebote für besondere (bedürftige) Personengruppen (z.B. Kinder, Schüler/ Studenten, Behinderte) vorhanden sein müssen und dass Tarife genehmigungspflichtig sind.

---

[8] vgl. Beitragsordnung für das Studentenwerk Magdeburg - Anstalt des öffentlichen Rechts

[9] vgl. BverwG „Öffentliche Verwaltung" zu Beitragsfinanziertes Semesterticket, Urteil vom 12.05.99, Aktenzeichen 6 C 14.98

[10] vgl. Grundgesetz (GG) Art.87e, Absatz 4 und Regionalisierungsgesetz §4

2.1.2 Verkehrsunternehmen

Verkehrsunternehmen kann unterstellt werden, dass sie generell aus Eigeninteresse bemüht sind, mehr Fahrgäste für ihr Unternehmen zu gewinnen. Ein **Angebotsgestaltung** die unterschiedliche Zielgruppen anspricht, geht also konform mit der Zielrichtung der Verkehrspolitik und dem Eigeninteresse eines Verkehrsunternehmens. Damit sind jedoch noch nicht die betriebswirtschaftlichen Ziele der 'Kostendeckung' und der 'Gewinnerzielung' eines Verkehrsunternehmens berücksichtigt. Gerade die letzten beiden Punkte können ausschlaggebend sein, ob ein Verkehrsunternehmen 'Semestertickets' anbieten will und kann. Gegenwärtig werden für Semestertickets in Deutschland bis zu 110 Euro (Berlin/Frankfurt(M)) von den Studierenden verlangt.[11]

Als Beispiel für die Entwicklung von zielgruppenspezifischen Maßnahmen soll hier der **Rhein-Main-Verkehrsverbund (RMV)** stellvertretend genannt werden. Ein Vertreter des RMV stellte auf dem Verkehrsexpertentag in Bonn-Bad Godesberg am 02.07.2004 die Ergebnisse aus dem Bereich Marktforschung vor unter Berücksichtigung des neuen Arbeitsbereichs Mobilitäts- Verkehrskultur (Prof. Echterhoff)[12], der drei Aspekte vorsieht:[13]

- Ganzheitliche Systembetrachtung
- Konzeptionelle Lösungen
- Sicht der Nutzer

Entstanden ist dabei ein sogenanntes **Zielgruppensystem**, das wiederum dreifach untergliedert wurde in

1. Eng gebundene Kunden (Exklusive-Nutzer ÖPNV)

2. Potentialgruppen

3. Schwer erreichbare Personen (Verweigerer)

Jeder dieser Zielgruppensysteme wurden weitere **Merkmale** zugeordnet, z.B. gibt es in der **Potentialgruppe „Zweckorientierte ÖPNV und PKW-Nutzer"** (8% = 310.000), **„Erlebnisorientierte Alles-Nutzer"** (12% = 465.000) und **„Anpassungsorientierte PKW-Nutzer"** (16% = 620.000).

---

[11] vgl. www.fh-nuernberg.de/semesterticket, Abruf 21.07.04, S.5

[12] vgl. Echterhoff (2004): Papier 'Mobilitäts- und Verkehrskultur' zum Deutschen Verkehrsexpertentag 2004

[13] vgl. RMV Präsentation des Bereiches Marktforschung am 02.07.04

Diese Untersuchung im Bereich der Marktforschung des RMV berücksichtigt ebenfalls die **Bevölkerungsanteile der genannten Zielgruppen**, hochgerechnet auf deutsche Einwohner (warum nur deutsche Einwohner bleibt unklar. d.Verf.) des RMV-Gebietes ab 15 Jahren[14], die den oben bestimmten Merkmalsgruppen durch die Verfasserin zugeordnet wurden

Die Merkmale der Potentialgruppen treffen nach dieser so defininierten Typologie auch auf die Gruppe der Studierenden zu.

2.1.3 Universitäten und Hochschulen

Zunächst muss die Frage erlaubt sein, ob es Sinn macht, an jeder deutschen Universität und Hochschule die Studenten zu verpflichten, ein 'Semesterticket' mitzufinanzieren. Besonders in regional eingebundenen Hochschulen (z.B. Hochschule Harz) mit einem Studentenpotenzial das sich zwar aus allen Bundesländern rekrutiert, aber mit einem hohen Wohnanteil (Studentenwohnungen) in Wernigerode (mit ca. 36.00 Einwohner) und Heimatwohnungen in anderen Orten und Gemeinden in Sachsen-Anhalt und den benachbarten Bundesländern (Thüringen, Sachsen, Brandenburg, Berlin, Schleswig-Holstein, Niedersachsen, Hessen usw.) ausgestattet ist. Hinzu kommt, das der Harz im Gegensatz zu anderen Regionen eine relativ schwache Infrastruktur für den ÖPNV (Öffentlichen Personen Nahverkehr) ausweist und keinen direkten Anschluss an den Fernverkehr der Deutschen Bahn hat.

Folgerichtig muss zunächst sichergestellt sein, dass ein Semesterticket für eine Hochschule auch von deren Studierenden genutzt werden kann, d.h. der ÖPNV muss über ein genügend ausgebautes Netz, einen Fahrplan mit passenden Abfahrtszeiten und Haltepunkten und über genügend Fahrzeuge verfügen, um das (vermutlich) erhöhte Fahrgastaufkommen bewältigen zu können.

Im Rahmen von Serviceleistungen an den Universitäten und Hochschulen des Staates gibt es seit 1991[15] das 'Semesterticket' an den staatlichen Bildungseinrichtungen. Der Preis für das Ticket wird pro Semester als **Solidarbeitrag** gemeinsam mit den Immatrikulationsgebühren erhoben.

---

[14] vgl. RMV Präsentation des Bereiches Marktforschung am 02.07.04

[15] Darmstadt hat das erste Semesterticket in der Bundesrepublik zum WS 1991/92 eingeführt, vgl. www.uni-bielefeld.de, Verkehrsgruppe der Universität Bielefeld, Abruf 02.08.2004, S.2

Daraus ergibt sich ein dreifacher Nutzen für

1. Studierende

2. Verkehrsbetriebe/ Verkehrsverbünde

3. Verkehrspolitik (Modal Split)

Die Leitung der Hochschulverwaltungen tritt zunächst in Verhandlung mit den Verkehrsunternehmen der Region, unter Einbeziehung von Mitgliedern Studentischer Gruppen (z.B. Studierendenrat), dem Studentenwerk und Berücksichtigung von Voten anderer hochschulinterner Entscheidungsgremien (Fachbereichsräte, Senatsmitglieder). In diesen Prozess können auch zuständige Kultus- oder Wirtschaftsministerien eingebunden sein.

Im Fall der FH Nürnberg sah z.B. das zuständige Wirtschaftsministerium **bislang ca. 40 Euro als Höchstgrenze für den Solidarbeitrag** an. Dieser Betrag ist jedoch nicht gesetzlich fixiert, sonder (...) aus einer Mischung von älterer Rechtsprechung des Bay. Verwaltungsgerichts zum Verhältnis Studentenwerksbeitrag (damals ohne Semesterticket) zu den gesamten Lebenshaltungskosten und den Preisen von bisher in den kleinen Hochschulstandorten genehmigten Semestertickets entstanden und noch nicht vollständig gegen ein derart großes ÖPNV-Verbundgebiet (Öffentlicher Personennahverkehr) geprüft worden.[16]

2.2 Rechtmäßige Nutzer von Semestertickets

Rechtmäßige Nutzer von 'Semestertickets' an Universitäten und Hochschulen sind alle immatrikulierten Studierenden. Sie haben die Möglichkeit, öffentliche Verkehrsleistungen in einem vordefinierten Rahmen (einbezogene Strecken) unentgeltlich nutzen zu können und zwar sowohl beruflich bedingt (zwischen Hochschule-Wohnort und Studienort) als auch in der Freizeit. Aus den überprüften Beispielen ist nicht ersichtlich, dass es für ausländische Studierende einschränkende oder andere Bedingungen gäbe. An der TU Braunschweig sind lediglich Fern- und Online-StudentInnen von der Nutzung ausgeschlossen.

Die Studierendenausweise gelten allgemein als Fahrausweis (bei Bahnstrecken in der 2. Klasse) auf den einbezogenen Strecken. An der TU Braunschweig und auch an der FH Nürnberg gilt der Studierendenausweis ebenfalls gleichzeitig als Fahrausweis allerdings nur im Zusammenhang mit einem Lichtbildausweis.[17][18]

---

[16] Vgl. www.fh-nuernberg.de/semesterticket, Abruf 21.07.04, S.5

[17] vgl. www.asta.tu-bs.de/semesterticket, S. 4, Abruf vom 21.07.04

[18] vgl. www.fh-nuernberg.de/semesterticket, S. 4, Abruf vom 21.07.04

3 Leistungsumfang und Mobilitätsradius von 'Semestertickets'

Der Leistungsumfang umfasst alle am Solidarmodell beteiligten Studierenden, die Gültigkeitsdauer des jeweiligen Semestertickets (meist 6 Monate, Semesterferien, Auslandsaufenthalte, Praktikumszeit eingeschlossen) und den Preis für die Nutzung des angebotenen Streckennetzes.

Der Mobilitätsradius für das Wernigeröder 'Semesterticket' sah anfänglich aus wie in der Abbildung unter dargestellt.

Es kann keinen einheitlichen Preis für alle Universitäten und Hochschulen, die Semestertickets anbieten geben, da einerseits der ÖPNV weitgehend Ländersache ist, zum anderen die zuständigen Hochschulen und Studentenwerke mit einzelnen Verkehrsbetrieben über den einzubeziehenden Leistungsumfang verhandeln und auch die vorhandene Verkehrsinfrastruktur von Standort zu Standort sehr unterschiedlich sein kann.

Beim Solidarmodell zahlt jede(r) Studierende einen festen Betrag zusätzlich zum Rückmelde-Betrag (in Bayern derzeit 28 Euro)[19] für das Semesterticket. Die Erstellung spezieller Ausweise entfällt für den Verkehrsbetrieb, d.h. der Verwaltungsaufwand und damit verbundene Kosten werden verringert und durch die solidarische Gleichbehandlung aller Studierenden bei den Semesterticketkosten wird der höchste Ökologie-Effekt erreicht (Tendenz zu Park&Ride mit geringstmöglichem PKW-Anteil bzw. Komplettumstieg).[20]

In diesem Zusammenhang ist das **Semesterticket der Technischen Universität (TU) Braunschweig** mit einem sehr umfangreichen Mobilitätsradius als ein positives Beispiel zu nennen. „Der Gültigkeitsbereich umfasst die Landkreise Gifhorn, Goslar, Helmstedt, Peine und Wolfenbüttel sowie die kreisfreien Städte Braunschweig, Salzgitter und Wolfsburg; im Bahnverkehr zusätzlich Dedenhausen Bahnhof und Hämelerwald Bahnhof. Das Ticket gilt für alle Busse, Stadtbahnen und Nahverkehrszüge der VRB-Verkehrsunternehmen[21]; für Nahverkehrszüge, RegionalBahn (RB) und den RegionalExpress (RE) sowie dem InterRegioExpress (IRE) jeweils für die 2. Klasse."[22]

---

[19] vgl. www.fh-nuernberg.de/semesterticket, S. 4, Abruf vom 21.07.04

[20] a.a.O. S. 4

[21] VRB = Verbundtarif Region Braunschweig

[22] vgl. www.asta.tu-bs.de/semesterticket, S. 3-4

Von Seiten der Verkehrsunternehmen[23] wird argumentiert, dass nur durch das Solidarmodell ein günstiger (fiktiver) Preis ermittelt werden kann, da als Basis für die Kalkulation die Anzahl der (durchschnittlich) eingeschriebenen Studierenden pro Semester gilt. Ließe man unbegrenzt Ausnahmen zu, wäre der Preis (Semesterticket an der Hochschule Harz: 13,80 Euro) nicht zu halten.

3.1 Weiterentwicklung und Modifizierung zur Nutzung des Verkehrsangebotes für Studierenden

Seit 2002 gibt es Weiterentwicklungen bzw. Abweichungen von dem bisherigen Solidarmodell. **In der Region Heidelberg wurde im SS 2002 erstmalig ein Sockelmodell eingeführt.** Sockelmodell bedeutet, dass alle Studierenden (wie bisher) jetzt nur noch einen relativ geringen Sockelbeitrag aufbringen müssen, mit dem die Aufrechterhaltung des Semesterticket-Systems gewährleistet wird.

Mit dem neuen Sockelmodell ist nicht mehr ein ÖPNV-Nutzungsrecht verbunden, sondern lediglich das **Recht ein stark vergünstigtes Heidelberg-Gesamtraum-Ticket zu kaufen. Eine Kaufverpflichtung für das Ergänzungsticket besteht nicht** (z.B. für diejenigen, die lieber den PKW benutzen). Bei diesem Modell kann das Semesterticket nicht so günstig wie bisher angeboten werden, denn für den tatsächlichen Nutzer erhöht sich der Preis, während er für die Nichtnutzer gesenkt wurde. Daraus kann abgeleitet werden, dass der beim Solidarmodell nebenher erzielte und gewünschte ökologische Effekt nicht mehr erreicht werden kann. Im Wintersemester 2002/2003 wurde das Modell modifiziert, d. h. mit einer Preiserhöhung von 5 Euro kann das Semestertickets zu eingeschränkten Zeiten (abends) genutzt werden.[24]

Da die **tatsächliche Anteil der Studenten, die den ÖPNV mit dem Semesterticket nutzen weitgehend** (wie die Beispielen Braunschweig, Nürnberg, Heidelberg und Wernigerode zeigen) **nicht bekannt** ist, kann eine exakte Preisgestaltung nicht erwartet werden. Dennoch variieren Leistungsumfang und Preise zwischen den Universitäts- und Hochschulstandorten erheblich wie die neuesten Beispiele aus Braunschweig, Potsdam und Berlin zeigen.

Die TU Braunschweig bietet für den Großraum Braunschweig ab dem Wintersemester 2004/2005 ein niedersachsenweites

---

[23] wurde von Vertretern der WVB, HVG und dem Studentenwerk anlässlich der Projektpräsentation am 30.01.03 an der Hochschule Harz in Wernigerode geäußert.

[24] Vgl. .www.fh-nuernberg.de/semesterticket, S. 7

Semesterticket für 29,50 Euro pro Studierendem an (ausgenommen S-Bahn in Hamburg, Eurobahn und Nord-Westbahn). Das Ticket ist an jedem Wochentag und 24 Stunden lang gültig. Wer nachweislich beurlaubt ist oder behindert ist kann sich die Kosten vom AstA erstatten lassen.

In **Potsdam** haben sich am 06.07.2004 19.000 Studenten in einer Urabstimmung für ein **Semesterticket mit dreijähriger Laufzeit zum Preis von nunmehr 119 Euro** (bisher 115 Euro) entschieden. Der Preis soll danach stufenweise auf 128 Euro ansteigen, was von der Studentenschaft als zumutbar und verträglich angesehen wurde.[25]

In Berlin scheiterten hingegen die **Verhandlungen mit dem VBB** (Verkehrsverbund Berlin Brandenburg), weil nach Ansicht der Studierenden die **vereinbarte Kostenneutralität** maximal bei einer Preiserhöhung bis 129,50 Euro gewährleistet wäre; bei der von der VBB angestrebten stufenweisen Erhöhung auf 149,50 Euro der VBB Profit machen würde. Sogar der **'Bund der Steuerzahler'** machte sich stark für die Studenten und stellt folgende Berechnung an: „Setzt man die Preiserhöhung in Relation zu den übertariflichen Vorstandsgehältern der BVG (Berliner Verkehrsbetriebe), müssten 81.159 Studenten für die Überbezahlung von 83 leitenden Angestellten der BVG aufkommen."[26] Im Dezember müsste spätestens der Vertrag unterzeichnet werden, damit das Semesterticket ab dem Sommersemester 2005 weitergeführt werden kann.

3.2 Kooperation zwischen Universitäten und Hochschulen mit unterschiedlichen Verkehrsunternehmen

Für Hochschulen kann ein erheblicher Aufwand dadurch entstehen, dass u.U. mit einzelnen Verkehrsunternehmen (auch bei Verkehrsgemeinschaften) verhandelt werden muss, wenn es in der Region keinen Verkehrsverbund mit einer zentralen Verwaltung gibt. (siehe Fußnote 15). Damit besteht die zusätzliche Schwierigkeit, ein gemeinsames Angebot (Semesterticket) zu erstellen, das von allen beteiligten Verkehrsbetrieben akzeptiert wird.[27]

---

[25] vgl. **www.rbb-online.de** (Rundfunk Berlin-Brandenburg v. 06.07.2004), abgerufen21.07.04

[26] vgl. www.taz.de/pt/2004/07/13/a0, S.2, Abruf am 21.07.04

[27] Für das OWL-Semesterticket in Bielefeld waren 25 Unternehmen der Verkehrsgemeinschaften und der Bahn beteiligt; bei Vertragsabschluss waren 216 Unterschriften erforderlich, (OWL = Ostwestfalen-Lippe), vgl. ww.uni-bielefeld.de, Verkehrsgruppe, S.8

In Wernigerode waren nur zwei Verkehrsbetriebe, der jeweiligen Hochschulstandorte Wernigerode und Halberstadt beteiligt, so dass der Abstimmungsbedarf moderat ausgefallen ist. Wernigeröder Verkehrsbetriebe GmbH (WVB) und Halberstädter Verkehrsgesellschaft mbH (HVG) sind auch an einer Weiterentwicklung des 'Semestertickets' interessiert, wie den Diskussionsbeiträgen anlässlich der Projektpräsentation zu entnehmen war.

Tatsächlich wurde das Angebot für Studierende der Hochschule Harz dahingehend verbessert, dass für die Studierenden am Standort Halberstadt nicht nur die Nutzung des Überlandbusses nach Wernigerode, sondern seit 06.10.2003 auch die Nutzung der innerstädtischen Busse der Halberstädter Busbetriebe (HBB) eingeschlossen sind, was den zusätzlichen Nutzen bringt, auch die von der HBB betriebenen Strecken nach Osterwieck, Oschersleben und Quedlinburg benutzen zu dürfen.

4 Zufriedenheit der Studierenden mit dem Semesterticket

Die Zufriedenheit der Studierenden mit dem Semesterticket hängt also (siehe Zitat Dr. Canzler in der Einleitung) von einem guten Angebot ab, um absehbare Enttäuschungen zu vermeiden. Die Frage wann ein Angebot gut oder schlecht ist hängt sicherlich von vielen weiteren Faktoren ab wie z.B. zurückzulegende Entfernungen, Einsatz von modernen Fahrzeugen in ausreichender Anzahl, Fahrplangestaltung, Einbeziehung von verschiedenen Verkehrsträgern (Bus, Bahn Taxi etc.) und zu welchen Tages- und Nachtzeiten Verkehr angeboten wird.

Um Zufriedenheit herzustellen muss zunächst untersucht werden was von den potenziellen Fahrgästen (Studenten/Jugendliche) gewünscht wird und wie das tatsächliche Mobilitätsverhalten aussieht. Die in der Einleitung vorgestellte Studie U.MOVE - Jugend und Mobilität vom ILS in Dortmund/NRW[28] hat versucht, subjektive Bestimmungsgrößen des Mobilitätsverhaltens mit einem standardisierten Fragenbogen unter 4.400 Personen zwischen 15 und 26 Jahren in vier bundesdeutschen Städten zwischen 1998 und 2001 zu erfassen.

---

[28] ILS = Institut für Landes- und Stadtentwicklungsforschung und Bauwesen des Landes Nordrhein Westfalen in Dortmund

Die Ergebnisse weisen ,wie zu erwarten war, eine hohe Mobilität bei Jugendlichen nach. Die zurückgelegten Wege folgen aber vergleichsweise simplen Mobilitätsmustern mit einfachen Start-Ziel-Relationen, die durchaus vom ÖPNV bedient werden können unter Einbeziehung von Anbindung an Kneipenviertel und Einsatz von speziellen Discobussen. Die Studie weist ferner darauf hin, dass Verkehrsangebote für Jugendliche nicht nur vom ÖPNV geleistet werden müssen, sondern auch die Kommunen in der Verantwortung stehen, mit genügend gut ausgebauten Fußwegenetzen, Stadtteilverbindungen, Boulevards und Radfahrwegen einen Beitrag zur Verbesserung des Öffentlichen (Nah-)Verkehrs zu leisten.

4.1 Zufriedenheit der Studierenden am Beispiel des Projektes 'Mobil ohne Auto - Sinn und Erfolg des Semestertickets' an der Hochschule Harz

Im Wintersemester 2002/2003 wurde von neun Studierenden der Hochschule Harz im Studiengang Tourismuswirtschaft ein Projekt durchgeführt, das den Sinn und Erfolg des 'Semestertickets' knapp zwei Jahre nach der Einführung untersuchen sollte. Für die Online-Befragung standen 2500 E-Mail-Adressen von den beiden Standorten Wernigerode und Halberstadt zur Verfügung. 241 Fragebogen (9,6%) konnten ausgewertet werden.

Die Mehrzahl der befragten Studierenden (39,5%) wohnen weniger als 1km vom Studienort entfernt, nur 5,0% weiter als 50 km. **In Wernigerode dominiert unter den Studierenden das Fahrrad (66,4%) noch vor dem Auto (57,7%)** und dem Motorrad (3,7%) als Fortbewegungsmittel.

Die **Nutzungsgewohnheiten zum 'Semesterticket'** erreichten mit 75,5% einen hohen Anteil gegenüber 24,5% von Nichtnutzern, von denen 66,1% mit dem Auto, aber auch 24,7% zu Fuß und 10,7% mit dem Fahrrad zu den Lehrveranstaltungen kamen. 33,3% der Befragten nutzten das 'Semesterticket' mehrmals in der Woche, um zur Hochschule zu gelangen. Einen ähnlich hohen Wert erreichte die Nutzung des 'Semestertickets' in der Freizeit (33,4%).

Bezüglich der Frage nach Sinn und Erfolg des Angebots 'Semesterticket' war natürlich interessant, herauszufinden. Ob sich die Nutzungsgewohnheiten der Studierenden seit Einführung des Tickets verändert haben. Dabei konnte festgestellt werden, dass sowohl in der berufsbedingten Nutzung als auch für die Freizeitnutzung eine Veränderung festzustellen war. **Der Anteil der Nichtnutzer ging im Bereich 'Weg zur Hochschule' um 21,4% und im Bereich 'Freizeit' um 13,7% zurück.**

Bei der Untersuchungen zur **Zufriedenheit** wurden die **Merkmale Kapazität, Pünktlichkeit, Fahrplan und Streckennetz** abgefragt. Pünktlichkeit und Streckennetz wurde von der Mehrzahl der Befragten mit der Note '2' bewertet. Mit der Kapazität und dem Fahrplan waren die Studierenden weit weniger zufrieden (32,8% mit Note '3' und 29,3% mit Note '4'). Die beteiligten Busunternehmen in Wernigerode (WVB) und Halberstadt (HVG) setzten zu Spitzenzeiten zu wenige Busse ein, so dass es häufig vorgekommen sein soll, dass Fahrgäste (Studierende) nicht mitgenommen wurden. Die Bemängelungen beim Fahrplan bezog sich auf zu wenig Abstimmungen zwischen den Fahrplänen der Gesellschaften HVB und WVB (Nachteil für die Studierenden am Standort Halberstadt mit u.a. Vorlesungen in Wernigerode) und auf das mangelhafte Fahrplanangebot in den Abend- und Nachtstunden. Als Verbesserungsvorschlag wurde von 62% die Einbeziehung der Deutschen Bahn AG zumindest bis zu den nächsten größeren Bahnhöfen (Hannover und Halle) gewünscht, gefolgt von Fahrplanverbesserungen (50,2%), Ausweitung des Streckennetzes (46,9%), Informationsmöglichkeiten (34,8%) und Kapazitätserweiterung (32,4%).

Bei der Beurteilung des **'Preis-Leistungs-Verhältnis'** erstaunte die Gruppe, die mit 32% meinte, es nicht einschätzen zu können. Als Ursache wurde herausgefunden, das viele Studenten den Preis für das Semesterticket (13,80 Euro) nicht kannten und auch nicht wussten, was ein Fahrschein für Bus oder Straßenbahnen im Normalfall kostet. Einem weiteren Teil sind die Strecken, die mit dem Semesterticket genutzt werden können nicht bekannt. Daraus folgte auf die Frage nach Zufriedenheit bezüglich Information auch von 55% ein 'nein'.

Die Gesamtzufriedenheit mit dem 'Semesterticket' ergab eine Mittelwert von 2,8, d.h. 12,5% waren völlig zufrieden und 12,1% waren völlig unzufrieden. Der größte Anteil lag bei 'zufrieden' mit 39,6%.

Die Projektgruppe wertete die Einführung des 'Semestertickets' in Wernigerode und Halberstadt insgesamt als Erfolg, wenngleich kritische Punkte einer Überarbeitung bedürfen. Besonders hervorzuheben ist die 'undurchsichtige' Praxis der Beantragung von Befreiungen wegen Praxissemester und/oder Auslandssemestern. In den knapp zwei Jahren wurden lt. Befragung von 23% ein Antrag gestellt, aber es wurde definitiv nur 1 Antrag bewilligt wegen 'Praxissemester' (in Deutschland). Die Projektgruppe schlägt vor, eine kontinuierliche Erfolgskontrolle des 'Semestertickets', um die Umsetzung der Verbesserungsvorschläge zu beobachten.

4.2 Zufriedenheitsstudien an anderen Hochschulen

Es gibt in der deutschen Universitäts- und Hochschullandschaft eine ganze Reihe von Zufriedenheitsuntersuchungen an den Bildungseinrichtungen, die unter den Stichworten **'Semesterticket und Zufriedenheit'** in der Internet-Suchmaschine 'google' in einer ein schier unendliche Zahl von Meldungen zu finden sind. Allerdings handelt es sich dabei in der Regel um Datenerhebungen zur 'allgemeinen' Zufriedenheit der Studierenden mit ihrem Studium und im Besonderen z.B. um Befragungen zu Leistungen des Studentenwerks zu denen fast immer auch das 'Semesterticket' gehört.

Die weiteren Recherchen zu den einzelnen Beiträgen ergaben, dass z.B. die Studierenden in Dresden, Flensburg, Potsdam, Heidelberg und Köln mit ihrem 'Semesterticket' zufrieden waren. Während in Kassel, Marburg und Würzburg und wie das bereits genannte Beispiel Berlin die Frage offen ist, ob das 'Semesterticket' erhalten bleibt. Diese Frage entzündet sich an den angekündigten Preiserhöhungen bei Neuverträgen oder Vertragsänderungen- und -verlängerungen.

Aber auch die Verkehrsbetriebe wie z.B. die EVAG in Erfurt haben ein Interesse an der Zufriedenheit zur Nutzung der Strecken mit dem Semesterticket und aus diesem Grund 2004 eine Umfrage unter Studenten mit Gewinnmöglichkeit gestartet, deren Ergebnisse noch nicht feststehen.

5 Mobilitäts- und Verkehrskultur von Studierenden in der Zukunft

Aus den bisherigen Recherchen konnte die Autorin die Erkenntnis gewinnen, dass das 'Semesterticket' seit der Einführung in Darmstadt 1991 (Heidelberg meint ebenfalls, dass sie die ersten gewesen wären) eine breite Akzeptanz an den Universitäten und Hochschulen in Deutschland gefunden hat.

Wie das Beispiel Stralsund[29] zeigt, sind es nicht immer die Hochschulen, die Initiative ergreifen, um den Studierenden ein 'Semesterticket' anzubieten. 1999 hat die Nahverkehrs Stralsund GmbH (NVS) dem AStA ein 'Semesterticket' zum Preis von 48,00 DM (ca. 24,00 Euro) angeboten. Bis zur Ausgabe der Studentenzeitung 'Drachenpost' Ausgabe 03 war noch keine Einigung erzielt, da Umfragen bei den Studenten ergeben hatten, dass die Mehrzahl mit dem Nahverkehr nicht zufrieden sind und nur 20,00 DM (70%)

---

[29] vgl. 'Drachenpost' www.user.fh-stralsund.de/~asta, Ausgabe 03, Seiten 1-2

bis 30,00 DM (30%) (ca. 10,00 bis 15,00 Euro) für einen annehmbaren Preis hielten.

Ähnliche Konflikte bezüglich der Preisgestaltung stellen auch an anderen Hochschulen (z.B. Kassel, Marburg und Würzburg) die Weiterführung des Angebots in Frage.

Aus Sicht der Autorin ist nach wie vor das Solidaritätsprinzip als wünschenswert zu favorisieren, da dadurch auch der günstigste Ticketpreis ermittelt werden kann. Die **Formel für den Preis** auf solidarischer Basis lautet in den bekannten Fällen:

Zahl der Studierenden, die 'voraussichtlich' den ÖPNV nutzen multipliziert mit Preis einer Studentenmonatskarte für 6 Monate dividiert durch Anzahl der immatrikulierten Studenten für das laufende Semester
= Preis 'Semesterticket' pro Studierendem und Semester

Die Chronik des Bielefelder Semestertickets zeigt 'Gut Ding will Weile haben'. Den Studierenden dort ist es (innerhalb von 12 Jahren) mit dem OWL-Semesterticket (Ostwestfalen Lippe-Semesterticket) gelungen, erstmals einen Verkehrsverbund zu schaffen, der nicht nur den Studierenden der Region zu gute kommt, sondern auch die gesamte Bevölkerung miteinander verbinden kann.[30]

Inzwischen gibt es auch eine bundesweite Repräsentativumfrage (2500 Interviews). **Die Studie von 'infas'**[31] **mit dem Titel 'Öffentlichen Personennahverkehr: Kunden und Nicht-Kunden im Fokus' vom Juli 2003** aus der hervorgeht, dass 9% der Personen, die den ÖPNV nutzen, **Semestertickets**, Jobtickets und Firmenabo's als Fahrschein nutzen und damit 21% Anteil an den Fahrten im ÖPNV haben (offen bleibt der genaue Anteil).

Das Hauptaugenmerk für die Angebotsgestaltung sollte, wie bereits erwähnt, auf dem Solidaritätsprinzip beruhen um sozialverträgliche Tarife anbieten zu können. Der dadurch mögliche niedrigere Preis kann zu **mehr Motivation zur Nutzung des ÖPNV** und dessen Existenzsicherung beitragen und damit können Studierende auch **umweltbewusst mobil** bleiben. Für Zufriedenheit der Studierenden mit dem Semesterticket trägt maßgeblich der Mobilitätsradius (z.B. TU Braunschweig mit niedersachsenweit gültigem Ticket), die Einbeziehung unterschiedlicher Verkehrsträger (z.B. auch die Bahn) und die Ausdehnung der Nutzungszeit auf die Nachtstunden bei.

---

[30] vgl. verkehrsgruppe der Universität Bielefeld, www-uni-Bielefeld.de:stud/verkehrsgruppe/Reader93/

[31] infas = Institut für angewnadte Sozialwissenschaften GmbH, Bonn

Eine Innovation kann die **Einbeziehung von Car Sharing Anbieter** sein. Es bestehen bereits erste Partnerschaften zwischen 'TeilAuto Mitteldeutschland' und dem Studentenwerk und StuRa in Leipzig sowie dem StuRa in Halle. Dies wäre besonders für Hochschul-Standorte mit geringer ÖPNV-Verkehrsinfrastruktur und damit einhergehend mit geringerer Nutzbarkeit der öffentlichen Verkehrsmittel durch die Studierenden von Vorteil.

Vorausgesetzt, die Benzinpreise steigen weiter an, könnte das Studierende (mit wenig Geld in der Tasche) veranlassen, ein von den Hochschulen angebotenes Semesterticket in den kommenden Jahren mehr als bisher zu nutzen oder sich an Standorten ohne Semesterticket dafür einzusetzen, das es für alle verbindlich und nach dem 'Solidarprinzip' eingeführt wird.

Es muss wohl davon ausgegangen werden, dass die Mobilität der Bevölkerung (Pendler, Senioren) insgesamt bis zum Jahr 2015 sich noch erhöhen wird oder zumindest auf dem bisherigen Niveau bestehen bleibt. Studierende können bereits jetzt der sogenannten 'Potentialgruppe' zugeordnet werden, da sie zumindest zeitweise (während des Semesters) und auch aus ökonomischen Überlegungen (Beitrag für das Semesterticket wird zusammen mit der Einschreibungsgebühr automatisch pro Semester verlangt) den ÖPNV nutzen.

Für die nächsten 10 Jahre spricht also viel dafür, dass es noch ein breiteres Angebot an Semestertickets geben wird, d.h. nicht nur weitere Universitäten und Hochschulen werden sich anschließen, sondern auch das Angebot wird flexibler gestaltet werden als bisher. Erste Ansätze von 'CarSharing'-Angeboten wurden ebenso genannt, wie zeitliche Eingrenzungen bzw. Erweiterungen zur Nutzung. Es wäre durchaus denkbar, neben dem ÖPNV auch Leihfahrräder, Vespas oder Mietwagen in das Angebot einzubeziehen.

Als ein Problem für die Zukunft ist vermutlich die Höhe der Kosten pro Semesterticket anzusehen, da nicht davon auszugehen ist, das Kommunen oder der Bund finanzielle Unterstützungen gewähren können; darum ist es aus Sicht der Verfasserin um so notwendiger, an dem bisherigen 'Solidarprinzip' der Finanzierung festzuhalten.

Literatur

Hochschule Harz, Wernigerode: Abschlussbericht Projekt 'Mobil ohne Auto - Sinn und Erfolg des Semestertickets', Wintersemester 2002/2003 vom 31.01.2003

Deutscher Verkehrsexpertentag 2004 am 01.und 02.07.2004 in Bonn mit Beiträgen und Diskussionspapieren von:

- Prof. Dr. Wilfried Echterhoff, Köln: 'Mobilitäts- und Verkehrskultur'
- Sebastian Rabe, Institut für Landes- und Stadtentwicklungsforschung und Bauwesen des Landes NRW, Dortmund: U.MOVE - Jugend- und Mobilität, Mobilitätsforschung zur Entwicklung zielgruppenspezifischer intermodaler Mobilitätsleistungen für Jugendliche
- Matthias Knobloch, ACE Auto Club Europa e.V., Schulische und außerschulische Mobilitätserziehung als wichtiger Beitrag zur Verkehrskultur
- Dr. Weert Canzler: Projektgruppe Mobilität im Wissenschaftszentrum Berlin für Sozialforschung (WZB), Wertewandel und Mobilität im ÖPNV

Internet:

www.infas.de: Kurzpräsentation der Ergebnisse einer bundesweiten Befragung, Berlin (ohne Seitenangaben) (08.072003)

www.user.fh-stralsund.de: Drachenpost, Ausgabe 03, Jahrgang 01

www.rbb.online.de: RBB aktuell, Potsdamer Studenten stimmen für Semesterticket, (06.07.2004)

www.taz.de: Berlin aktuell, Semesterticket weiter unsicher, taz Berlin lokal Nr. 7407, S.21 (13.07.2004)

www.uni-bielefeld.de: Chronik des Bielefelder Semestertickets (ohne Datum)

www.asta.zu-bs.de: Asta Info der TU Braunschweig, lt. Protoll der Studentischen Vollversammlung (20.01.2004)

www.fh-nuernberg.de: Unabhängige Studentischen Initiative für die Einführung eines Semestertickets im Großraum Nürnberg-Erlangen (23.02.2003)

www.uni-heidelberg.de: Neues Semesterticket enthält erstmals Abendregelung für alle Studierenden, Presseerklärung (17.04.2002)

www.evag-erfurt.de: Erfurter Verkehrsbetriebe AG

www.rmv.de, Rhein-Main Verkehrsverbund (2004):Das RMV - Zielgruppensystem: Der Blick auf den Menschen, Präsentation des Bereiches Marktforschung am 02.07.2004 anlässlich des Deutschen Verkehrsexpertages in Bonn

ZU DEN AUTORINNEN UND AUTOREN

Prof. Harald Bastian

Harald Bastian, Dipl.-Soz., 1972-1978 Studium der Soziologie, Sozialgeschichte und BWL an der Hochschule für Wirtschaft und Politik (Hamburg), anschließend an der Universität Hamburg. Von 1979 bis 1996 Tätigkeit in Konzerngesellschaften der TUI AG (Hannover) in verschiedenen Funktionen und Positionen.

Im Jahre 1996 erfolgte die Berufung zum Professor an der Hochschule Harz (FH) in Wernigerode. Schwerpunkte der Lehre und Forschung sind Reiseveranstalter-Management sowie Unternehmensführung/Organisation.

Prof. Karl Born

Karl Born, Diplom-Betriebswirt, Studium an der Verwaltungs- und Wirtschaftsakademie Mannheim. 1969 Leiter Controlling bei der Fluggesellschaft Condor, später Verkaufschef. 1987 Wechsel zur TUI als Direktor Flugverkehr, ab 1992 Mitglied des Vorstands, ab 1997 Mitglied des Vorstands TUI Group, verantwortlich für den Geschäftsbereich Europa Mitte, zugleich Vorsitzender der Geschäftsführung TUI Deutschland. Im April 2000 Niederlegung des Vorstandsmandats auf eigenen Wunsch. Seit Oktober 2000 Professur für Touristikmanagement an der Hochschule Harz in Wernigerode.

Prof. Dr. Axel Dreyer

Axel Dreyer ist seit 1993 Professor für Tourismusmanagement an der Hochschule Harz und wurde 1996 zum Honorarprofessor für Sportmanagement an der Universität Göttingen bestellt. Dort hatte er sein Studium der Betriebswirtschaftslehre sowie der Publizistik- und Kommunikationswissenschaften absolviert (Abschluss als Diplomkaufmann) und anschließend im Fachbereich Wirtschaftswissenschaften zum Themenbereich Sponsoring promoviert (1986). Zahlreiche Veröffentlichungen zu Marketingthemen im Tourismus. Derzeitige Forschungsschwerpunkte sind: Sporttourismus, Kundenmanagement und touristisches Krisenmanagement.

Dr. Matilde Sophie Groß

Dr. Matilde Sophie Groß hat Fremdenverkehrsgeographie an der Universität Trier studiert und im Jahr 2002 mit dem Thema „CHAID-Analyse als neue Methode der Marktsegmentierung im Tourismus - Multivariate Zielgruppenanalyse am Beispiel Rheinland-Pfalz" promoviert. Von 1997 bis 2002 war sie in den Bereichen touristische Marktforschung und Unternehmensberatung als Geschäftsführerin der FINEIS INSTITUT GmbH tätig. Seit 2002 ist sie Dozentin für Tourismuswirtschaft an der Hochschule Harz (FH) in Wernigerode.

Prof. Dr.-Ing. Andrea Heilmann

Prof. Dr.-Ing. Andrea Heilmann studierte an der Technischen Universität in Dresden Wasserwirtschaft. Nach Abschluss des Studiums arbeitete sie 10 Jahre als Prokuristin und Projektleiterin in einem beratend tätigem Ingenieurbüro in den Bereichen Umweltmanagement und Abfallwirtschaft: In dieser Zeit promovierte sie ebenfalls an der TU Dresden zum Thema „Stoffstrommanagement für Abfälle aus Haushalten". Seit Oktober 2000 ist sie an der Hochschule Harz als Professorin für Umweltmanagement/Umwelttechnik berufen.

Prof. Dr. Karla Henschel

U. Karla Henschel hat seit 1996 eine Professur für Tourismus-Management/BWL, insbesondere Hotelmanagement und Kongresswesen an der Hochschule Harz (FH) in Wernigerode inne. Nach Abitur und anschließender Lehre als Kellner studierte sie Wirtschaftswissenschaften mit der Vertiefungsrichtung Gaststätten- und Hotelwesen an der Universität Leipzig und war nach anschließendem Forschungsstudium, Promotion und Habilitation als Assistentin, Oberassistentin, Dozentin und außerordentliche Professorin auf dem Fachgebiet Ökonomie des Gaststätten- und Hotelwesens bis 1992 an der Handelshochschule Leipzig tätig. Von 1992 - 1996 lehrte sie Betriebswirtschaftslehre Tourismus im Studienprogramm Handelshochschule an der Universität Leipzig.

Renate Hesse M.A.

Renate Hesse ist gelernte Reiseverkehrskauffrau und hat im Anschluss an ihre Tätigkeit im Reisebüro Publizistik, Anglistik und Ethnologie an der Freien Universität Berlin studiert, Abschluss mit dem Magister Artium. Es folgten mehrere Jahre der Lehrtätigkeit bei freien Bildungsträgern in Berlin. Seit 1998 ist sie Dozentin für Tourismuswirtschaft an der Hochschule Harz (FH) in Wernigerode.

Dr. Katja Loderstedt (Ph.D.)

Dr. Katja Loderstedt hat Internationale Betriebswirtschaftslehre an der Hochschule Anhalt (FH) in Bernburg studiert. Ein zweijähriges Auslandsstudium in Großbritannien und Russland im Rahmen dieses Programmes war Motivation für ein Studium in *Russian and East European Studies* an der University of Birmingham in Großbritannien. An dieser Universität promovierte sie anschließend zu dem Thema „*Post-socialist women in management: A comparative study of women managers in West German companies expanding in Russia and Eastern Germany during the 1990s*". Seit 2003 ist sie Dekanatsassistentin an der Hochschule Harz (FH) in Wernigerode und zuständig für die Koordination/Organisation der Einführung von Bachelorstudiengängen und der Akkreditierung des Fachbereiches Wirtschaftswissenschaften.

Prof. Dr. Michael-Thaddäus Schreiber

Michael-Thaddäus Schreiber ist seit 1998 Professor für Destinations- und Kongressmanagement an der Hochschule Harz in Wernigerode. Davor leitete er die „Lübeck- und Travemünde Tourismuszentrale" und war für die Tourismus- und Kongressförderung der Stadt Frankfurt am Main verantwortlich. Darüber hinaus ist er Verfasser und Herausgeber von zentralen Publikationen zum „MICE-Markt"; darunter das Standardwerk „Kongress- und Tagungsmanagement" (2002, 2. Aufl.).

Prof. Dr. jur. Armin Willingmann

Armin Willingmann hat Rechtswissenschaften, Volkswirtschaftslehre und Geschichte an den Universitäten in Mainz, München und Köln studiert, den juristischen Vorbereitungsdienst in Bremen und Rostock absolviert, die große jur. Staatsprüfung in Hamburg abgelegt und wurde 1998 an der Juristischen Fakultät der Universität Rostock mit einer Arbeit über Rechtsvereinheitlichung durch Grundsatzrechtsprechung (Rechtsentscheid. Geschichte, Dogmatik und Rechtspolitik eines zivilprozessualen Vorlagemodells, DUNCKER & HUMBLOT – Berlin 2000) promoviert.1994 – 1999 Wiss. Assistent am Institut für Internationales Recht der Juristischen Fakultät der Universität Rostock und Mitarbeiter einer überörtlichen Anwaltssozietät. Seit 1999 Professor für Zivil- und Wirtschaftsrecht am Fachbereich Wirtschaftswissenschaften der Hochschule Harz (FH) in Wernigerode, seit 2004 Professor für Deutsches, Europäisches und Internationales Wirtschaftsrecht am Fachbereich Verwaltungswissenschaften der Hochschule Harz (FH). Gutachter im Gesetzgebungsverfahren des Bundestages zu Schuld- und Schadensrechtsreform 2000/2001. Gastprofessor an der Ecole Superieure de Commerce Dijon/Bourgogne; seit 2002 stellv. Vorsitzender des Vorstands der Verbraucherzentrale Sachsen-Anhalt; seit 2003 Rektor der Hochschule Harz (FH).

SPENDEN VON STUDIERENDEN UND ABSOLVENTINNEN UND ABSOLVENTEN

Es bedarf nur am Rande der Erwähnung, dass die Hochschule Harz sowie die beteiligten Kolleginnen und Kollegen einen finanziellen Beitrag zum Entstehen der Festschrift geleistet haben. Ganz besonders bedanken wir uns hingegen bei folgenden Studierenden sowie Absolventinnen und Absolventen für ihren Obolus zur finanziellen Realisierung der Festschrift. Sie haben mit ihrer großzügigen Geste ihrer Verbundenheit zu Prof. Dr. Karsten Kirsch zusätzlich Ausdruck verliehen.

- HIT – Harzer Interessengemeinschaft der TorismusstudentInnen e.V.
- Antje Bauer
- Hendrik Bessler
- Katharina Bethge
- Arina Eberhardt
- Silke Enderlein
- Corinna Franke-Hoffmann
- Kristin Geyer
- Markus Glinsky
- Susan Haas
- Angelika Köhler
- Kristina Igelhorst
- Melanie Möller
- Elke Engwicht
- Moritz Mohs
- Anke Müller
- Katja Petri
- Marina Reck
- Klaus Georg Rother
- Marina Runge
- Kathleen Schäfer
- Anja Slawinski
- Sandra Schindler
- Silvia Schlage
- Daniela Schülke
- Jochen Schultheiß/Kathleen Benekenstein
- Bianca Schulz
- Wahied Mofied Galy Tadrus
- Benjamin Weiss
- Diana Wesser
- Anke Wulff
- Nicole Xenodochius

VERZEICHNIS DER UNTER LEITUNG VON KARSTEN KIRSCH ANGEFERTIGTEN DIPLOMARBEITEN

1995:

Dahlhaus, Susanne: „Gestaltungsmöglichkeiten einer touristischen Entwicklungskonzeption für den Landkreis Wernigerode"

Gemba, Karen: „Darstellung der fremdenverkehrlichen Angebotsstruktur des Landkreises Pärnu und der Möglichkeiten der Vermarktung mit Blickrichtung auf die BRD"

1998:

Florschütz, Manuela: „Die Potentiale der Marktsegmentierungsstrategie als mögliche Lösung zur Verbesserung der Kapazitätsauslastung im Panoramic Apart Hotel Bad Lauterberg"

Rödiger, Anke: „Die Potentiale der Marktsegmentierungsstrategie als mögliche Lösung zur Verbesserung der Kapazitätsauslastung im Panoramic Apart Hotel Bad Lauterberg"

Kretschmer, Bettina: „Untersuchung der Situation des Heilbades Bad Elster unter besonderer Berücksichtigung der wirtschaftlichen Bedeutung des Kur - und Bäderwesens für die Gemeinde"

Naroska, Nicole: „Analyse über die Entwicklung des Kreuzfahrttourismus unter Berücksichtigung der Ostsee, speziell der Hafenstadt Rostock als Kreuzfahrtdestination"

Schneider, Anke: „Kulturelle Veranstaltungen und ihre Bedeutung für den Städtetourismus sowie ihre wirtschaftlichen Auswirkungen am Bsp. der Lutherstadt Wittenberg"

1999:

Haas, Susanne: „Clubs als Instrument der Kundenbindung - am Beispiel von Mercedes Benz"

Weise, Babett: „Reittourismus - Ein touristisches Angebotselement einer ländlichen Region, Chancen und Grenzen untersucht am Landkreis Barnim"

Nolte, Christina: „Die Erarbeitung eines Golfpauschalangebotes als eine fremdenverkehrliche Maßnahme im Rahmen der Marketingoffensive des Tourismusverbandes Hannover Region e.V."

Vielitz, Jeannette: „Die Beurteilung der Qualität der touristischen Dienstleistungen durch Gäste am Beispiel des Ostseebades Eckernförde"

Meyer, Jobst: „Entwicklung einer fremdenverkehrsfördernden Marketingstrategie für den Landkreis Wernigerode im Hinblick auf die EXPO 2000 im speziellen und nachhaltige Wirkungen im allgemeinen"

Donath, Sibylle: „Tourismusförderung durch Verbesserung der Finanzausstattung der Museen des Altmarkkreises Salzwedel mittels Erschließung zusätzlicher Einnahmequellen und Entwicklung neuer Organisationsformen"

Pierschel, Bianca: „Marktforschung im Städtetourismus"

2000:

Hoffmann, Karen: „Themenmarketing des Harzer Verkehrsverbandes - Beispiel eines innovativen Ansatzes für Destinationsmarketing für ein Mittelgebirge"

Krabbes, Claudia: „Privatisierung oder Eigenbetrieb? Die Wahl der Rechtsform lokaler Fremdenverkehrsstellen aus finanzwirtschaftlicher Sicht"

Zimmermann, Tilo: „Alternative Tagungsstätten - Resultat einer dynamischen Entwicklung auf dem deutschen Tagungsmarkt"

Stollberg, Vera: „Tourismus für behinderte Menschen" (Allg. Untersuchung des Marksegmentes „Behindertenreisen" und Darstellung einer behindertengerechten Angebotsgestaltung im Bundesland Baden-Württemberg)

Weinberg, Karsten: „Anforderungsprofil an eine multifunktionale Sport - und Freizeitanlage"

Preuße, Alexandra: „Erstellung einer Marketingkonzeption unter Berücksichtigung der Besonderheiten des intensiven Dienstleistungsmarketing am Bsp. einer Eventagentur"

Stahmer, Claudia: „Touristische Traditionsschiffahrt in Mecklenburg - Vorpommern: Entwicklungschancen eines Nischenprodukts"

Wilke, Tom: „Menschliche Arbeit aus betriebswirtschaftlicher Sicht"

Güldenpfennig, Rico: „Die Entwicklung eines touristischen Leitbildes für die Gemeinde Schierke unter Berücksichtigung ausgewählter interner organisationspsychologischer Aspekte"

Hillers, Rainer: „Die Entwicklung eines touristischen Leitbildes für die Gemeinde Schierke unter Berücksichtigung ausgewählter interner organisationspsychologischer Aspekte"

Scheldorf, Sönke: „Kundencontrolling bei Dienstleistungen mittels Database - Marketing"

Werner, Jana: „Aspekte einer dynamischen Marketingstrategie zur Entwicklung zur Entwicklung der Gemeinde Schlema zum Kurort"

Schmidt, Simone: „Qualitätssteuerung des Dienstleistungsangebots der German Convention Bureau- Mitglieder durch den Verband: Notwendigkeit und Möglichkeiten am Bsp. der Mitgliedsstädte"

Berndt, Ulrike: „Darstellung von Umstrukturierungsmöglichkeiten des Amtes für Wirtschaft und Tourismus der Hansestadt Wismar in seiner Rechts- bzw. Organisationsform mit besonderer Zielsetzung der Optimierung der Kundenzufriedenheit"

Michel, Martin: „Die Gestaltung und Vermarktung von Events als ein strategisches Instrument zur Aktualisierung der Wettbewerbsposition am Bsp. der Landeshauptstadt Wiesbaden"

Köller, Maja: „Modellhafte Analyse einer familienfreundlichen Angebotsausrichtung für Dresden als Tourismusstandort"

Gatzemann, Tanja: „Die Entwicklung eines Beschwerdemanagements für den Leipzig Tourist Service e.V."

Franke-Hoffmann, Corinna: „Neuorientierung einer Tourismusorganisation anhand neuer Vertriebswege, am Bsp. des Kurortes Braunlage"

Volkmann, Anja: „Entwicklung gesundheitsorientierter Pauschalangebote"

Polle, Nelli: „Entwicklung eines Qualitätskonzeptes für Schneverdingen Touristik in der Lüneburger Heide"

Fuchs, Nadine: „Das Kurwesen in Wangen im Allgäu unter Berücksichtigung grundlegender Aspekte der Marktforschung am Bsp. der Kurklinik Sonnenhof"

Thom, Daniela: „Die Kongreß-Messe in ihrer kommunikationspolitischen Funk- tion"

Maibach, Sylvia: „Analyse zur Einführung einer Destination Management Company (DMC) in der Ferienregion Sächsische Schweiz"

Pieper, Nadine: „Kritische Aspekte des Tourismus und Betrachtung einer nachhaltigen Tourismusentwicklung als möglichen Lösungsansatz"

Rohde, Annett: „Die Konzeption einer Incentive-Reise am Beispiel der Destination Dänemark"

2001:

Eckert, Silja: „Ziele und Anwendungen von Qualitätsmanagement auf die Zielgruppe Familien mit Kindern am Bsp. der Ferienfluggesellschaft LTU und des Flughafens Düsseldorf"

Heinz, Sandra: „Die Zielgruppe der homosexuellen Reisenden - Gay-Marketing am Beispiel der Tourismus-Zentrale Hamburg GmbH"

Schlobach, Claudia: „Unternehmenskonzept zur Gründung einer Tourismus GmbH Weimar unter besonderer Berücksichtigung der touristischen Strukturen der Destination Weimar (Thüringen)"

Bleeck, Yvonne: „Destinationen im Wandel, dargestellt am Beispiel Land Brandenburg"

Freyer, Denis: „Konzeption des touristischen Marketings für die Stiftung Kloster Michaelstein in Blankenburg/Harz"

Langguth, Anke: „Die Kooperation der Stadt Eisenach mit dem Nationalpark Hainich - Touristisches Stadtmarketing unter dem Aspekt des Umwelt- und Naturschutzes"

Malissek, Manuela: „Entwicklung innovativer Angebote im Städtetourismus - am Beispiel der Special-Interest-Tours der Tourismus GmbH Erfurt"

Stein, Bianca: „Outsourcing im Veranstaltungsbereich"

Wolfram, Romana: „Konzeption des touristischen Marketings für die Stiftung Kloster Michaelstein in Blankenburg/Harz"

Böker, Yvonne: „Lösungswege zur Anwendung des Total Quality Management Gedankens in der Dienstleistungsbranche am Bsp. von Reisebüros"

Schecke, Dagmar: „Kooperationen und Markenpolitik im deutschen Fremdenverkehr - Chance für Bonn, sich als Städtereiseziel neu auf dem internationalen Markt zu etablieren"

Klaiber, Ilka: „Entwicklung einer Konzeption des barrierefreien Tourismus für die Gemeinde Darlingerode"

Kuster, Andrea: „Analyse der Chancen und Risiken der Aufnahme von touristischen Gesundheitsangeboten in die Produktpalette der Tourismus-Marketing Brandenburg GmbH"

Manke, Christoph: „Internes Marketing als Instrument zur Gestaltung der Thüringer Tourismuspolitik"

Feind, Nicole: „Tourismus Awards - Möglichkeiten und Grenzen für die deutsche Tourismusindustrie"

Gamarra Lauer, Sidhan: „Die Umwelt- und Sozialverträglichkeit des Tourismus in Costa Rica"

Mittag, Nicole: „Empirische Kundenzufriedenheitsanalyse und -ableitung von Einflußfaktoren und Verbesserungsmaßnahmen zur Erhöhung der Kundenzufriedenheit beim Paketreiseveranstalter GB Gateway Schleuter Touristik GmbH"

Bludau, Conny: „Jugendtourismus auf Femarn - Empirische Analyse der Freizeitangebots- bzw. der Freizeitbedarfsstruktur für jugendliche Urlauber auf der Insel"

Köhler, André: „Chancen und Risiken der touristischen Vermarktung des Karl - May - Museums"

Rolfes, Elke: „Die Entwicklung des Landkreises Emsland zu einer Fremdenverkehrsdestination"

Lattyak, Corina: „Golf als Highlight einer Destination unter spezieller Betrachtung der Auswirkungen auf den Wirtschaftsfaktor Tourismus am Bsp. Sachsen-Anhalt"

Ott, Katja: „Angebotsentwicklung im Gesundheitstourismus in Sachsen- Anhalt am Beispiel ausgewählter Luftkurorte im Ostharz"

Buchheim, Matthias: „Analyse des Marktes der stationären Pflegedienstleistungen als Grundlage unternehmerischer Entscheidungen am Bsp. des Seniorenzentrums Krosigk-Kaltenmark"

Weise, Stephanie: „Mitarbeitermotivation unter besonderer Berücksichtigung von Incentiv-Reisen"

Artmann, Stephanie: „Umwelt und Tourismus am Beispiel Queensland - Australien"

Bischoff, Jasmin: „Die Institution Nationalpark als ein Instrument der regionalen Strukturentwicklung am Beispiel des Nationalparkes Hochharz"

Schulze, Sandra: „Konzeption für die touristische Vermarktung eines Museums unter besonderer Berücksichtigung der historischen Gesellenherberge Blankenburg (Harz)"

Lange, Kerstin: „Der deutsche Tourismus in Frankreich. Eine Analyse der Marktsituation aus französischer und aus deutscher Sicht."

Kronberg, Doreen: „Untersuchung des Tagungs- und Kongreßmarktes im Freistaat Thüringen mit Schlußfolgerungen für die Gestaltung und Vermarktung des Angebotes"

Henkel, Anja: „Leitfaden zur Vermarktung eines Radfernweges - am Beispiel des Radfernweges Berlin- Kopenhagen"

2002:

Holzwig, Winnie: „Chancen und Möglichkeiten für erfolgreiches Tourismusmarketing von Kleinstädten - ein Soll-Ist-Vergleich anhand ausgewählter Städte in Bayern"

Leukefeld, Silke: „Das Marketing von Musikevents am Beispiel der electro choc Veranstaltungsreihe in der Konzerthalle Le Chabada"

Geitz, Miriam: „The Tourism Ecolabel Market and its Inplications for a Tour-Operator Certification Programm in the Arctic"

Orlopp, Yvonne: „Der Conference Concierge Manager - ein neues Berufsbild in der Luxushotellerie"

Schäfer, Kathleen: „Senioren - der Zukunftsmarkt im Tourismus unter besonderer Berücksichtigung der Tourismusdestination Spreewald (Allgemeine Untersuchung der Zielgruppe sowie Erstellung eines seniorengerechten Reiseangebotes für d. Destination)"

Stampf, Ivonne: „Entwicklung der Erfurter Garten- und Ausstellungs-GmbH unter Berücksichtigung der Besucher- und Unternehmensstruktur"

Brinker, Silvia: „Analyse des kulturellen Potentials im Wendland und Erarbeitung von Vorschlägen für eine kulturtouristische Entwicklung"

Finke, Christine: „Kundenbindungs- und Kundengewinnungsstrategien am Beispiel des Mövenpick Hotels Braunschweig"

Huth, Claudia: „Aufschwung im Kreuzfahrtmarkt - Chancen für einen sanfteren Tourismus?"

Häfele, Jochen: „Die Marke Nationalpark"

Bauer, Antje: „Inforeisen und ihre Bedeutung für die Vermarktung einer Destination"

Schachtschneider, Jens: Entwicklung einer Marketingstrategie für einen mittelständigen südafrikanischen Reiseveranstalter am Beispiel der Firma Daytrippers CC, Kapstadt

Stüber, Nancy: „Erfolgskontrolle des Beschwerdemanagements mit dem Ziel der Qualitätssteigerung am Beispiel der LTU Fluggesellschaft"

Fickert, Tabea: „Tourismus in Jordanien - Ansätze eines Destinations- und Krisenmanagements"

Klepzig, Heike: „Barrierefreiheit im Tourismus - Anforderungen touristischer Einrichtungen hinsichtlich ihrer Eignung für barrierefreies Reisen"

Scholz, Sabine: „Markenbewußtsein von Kindern und Jugendlichen am Beispiel der Tourismusbranche"

Stengel, Jacqueline: „Ansätze zur Entwicklung einer Dachmarke für die Wellnessangebote in den Kurorten Sachsen-Anhalts"

Viscardi, Silvia: „Der neue Gesundheitstourismus - Wellness, eine Alternative zur traditionellen Kur!"

Renke, Andrea: „Gesundheitstourismus in Deutschland - Allgemeiner Überblick mit Schwerpunkt Wellness, Schnittstellen zur Gesundheitspolitik sowie spezielle Vorschläge für die Produkt- und Preisgestaltung, Kommunikation und Distribution im Wellnessbereich einer Wasserfreizeitanlage in Berlin"

Pagel, Stefan: „Erstellung buchbarer Pauschalangebote für die Deutsche Bahn AG im Rahmen der Kooperation „Fahrtziel Natur" mit den Großschutzgebieten in Deutschland am Beispiel der Modellregion Harz/Hochharz"

Rothenburger, Jana: „Dienstleistungsqualität in Beherbergungsbetrieben - dargestellt am Beispiel der Klassifizierung dieser Betriebe in der Destination Wörthersee"

Schädel, Jana: „Gesundheitstourismus im Wandel der Zeit - Dargestellt am Beispiel der Heilbäder und Kurorte des Bundeslandes Thüringen"

Gries, Steffi: „Wellnesstourismus in Deutschland unter Einbeziehung ausgewählter Praxisbeispiele von Standardisierung, Zertifizierung, Gütesiegeln und Marken"

Bastian, Heide: „Analyse der wellnessorientierten Angebotsprofilierung der Stadt Bad Harzburg"

Poeschel, Matthias: „Eine Tourismusdestination unter dem Aspekt der Nachhaltigkeit"

Galeotti, Célia: „Ausbau der Kommunikationswege zwischen Harz - Frankreich zur Ausschöpfung des französischen Gästepotentials"

Schwertfeger, Grit: „Gesundheitstourismus in Sachsen-Anhalts Heilbädern unter dem Aspekt veränderter Konsumentenbedürfnisse"

Lenk, Astrid: „Wellnesstourismus als Alternative und Ergänzung zum herkömmlichen Kurtourismus - zwischen Eigen- und Fremdverantwortung"

Brändle, Claudia: „Barrierefreies Reisen - Anforderungsprofil an eine Pauschalreise für Rollstuhlfahrer"

Feige, Sandra: „Fernreisen in Entwicklungsländer - Eine Analyse des Tourismus in die Dritte Welt unter dem Aspekt der Nachhaltigkeit"

2003:

Erlbeck, Dagmar: „Die Bedeutung des deutschen MICE - Potentials für den thailändischen Tourismus"

Vogt, Maria: „Ökotourismus in Ecuador"

Amlung, Doreen: „Wirkungsmessung und Erfolgskontrolle im Eventmarketing der Audi AG am Beispiel der dynamischen Händlerpräsentation des neuen Audi A 8"

Krauße, Kirstin: „Erarbeitung eines Konzeptes für Citymanagement für den Gesundheitsstandort Blankenburg/Harz"

Linkert, Tobias: „Kultur und Erholung Quedlinburgs Versuch der Prädikatisierung als Erholungsort"

Rühe, Doreen: „Rußland im Transformationsprozeß: Entwicklungstendenzen und Chancen ökonomisch- touristischer Art mit Ansätzen zur Nachhaltigkeit im Tourismussektor"

Ciesielski, Anja: Besucherkonzept für das Naturschutzgebiet „Königsbrücker Heide"

Schmitt, Carola: „Vom Kurbetrieb zur Wellnesseinrichtung - Umstrukturierungsprozeß als Antwort auf die veränderte Situation im Gesundheitswesen"

Vagt, Matthias: „Analyse der Kundenzufriedenheit im Rahmen der Kundenbindung eines Spezialveranstalters - Die Möglichkeiten eines Kleinunternehmens im Hinblick auf ein vertretbares Aufwand/Nutzen - Verhältnis"

Metzner, Kati: „Möglichkeiten des koordinierten Agierens örtlicher und regionaler Leistungsträger auf dem Tourismusmarkt mit dem Ziel der optimalen Entwicklung und Vermarktung eines Kurortes - Dargestellt am Beispiel Bad Sulza"

Richter, Sandra: „Der Kur- und Fremdenverkehrsort Bad Kösen in der Saale- Unstrut Region Analyse der Destination Bad Kösen sowie Konzeption von Angeboten zur Ansprache neuer Zielgruppen und Erhöhung der Aufenthaltsdauer"

Montesinos Contreras, Emmanuela: „Qualitätsmanagement im Gesundheits- Tourismus. Fallbeispiel: Kundenzufriedenheits- Analyse in der Caracalla Therme."

Wegewitz, Anja: „Existenzgründungskonzept für einen Professional Congress Organizer am Standort Berlin mit dem Schwerpunkt der Marktanalyse"

Mölle, Alexandra: „Evaluierung der touristischen Attraktivität sowie der touristischen Entwicklungsmöglichkeiten des sich im Wandel befindenden Industriestandortes Bitterfeld"

Joost, Lars: Entwicklung eines nachhaltigen Marketingkonzeptes für ein touristisches Unternehmen in einem Entwicklungsland am Fallbeispiel des Beherbergungsbetriebes, Sambiya River Lodge"

Werner, Pia: „Wellnesstourismus - Angebote deutscher Reiseveranstalter. Ein kritischer Vergleich"

Bahre, Tom: „Der Eintritt ausländischer Touristikkonzerne in den chinesischen Markt - Das Joint Venture als ideale Markteintrittsstrategie? - Eine Analyse aus der Perspektive der Thomas Cook AG"

Kröger, Melanie: „Barrierefreier Tourismus - Analyse der Angebotsstruktur am Beispiel der Dreiländerregion Harz mit daraus resultierenden Handlungsempfehlungen"

Rohloff, Katja: „Wellnes als Gesundheitsstrategie in Unternehmen"

Friedrich, Nicole: „Nachhaltiger Tourismus in Großschutzgebieten - Impulsgeber für die Entwicklung von Nationalparkregionen"

Friese, Kirsten: „Probleme der Vermarktung von Kreuzfahrten am Beispiel von Cunard Seabourn Ltd."

Körnig, Anne: „Guerilla - Marketing Preiswerte Marketingstrategien für Einzel- und Kleinunternehmen am Beispiel des Club Brasil Individual, Amoreiras´"

Scholze, Daniela: „Positionierung eines Wellness- und Gesundheitsdienstleisters im deutschen Tourismusmarkt unter spezieller Betrachtung von TUI Vital"

Poitz, Stephanie: „Analyse des derzeitigen Entwicklungsstandes des Produktes Kurreisen bei Eberhardt TRAVEL, Marktchancen und Aufgaben für den Aufbau eines eigenständigen Fachbereiches Kur-, Wellness- und Gesundheitsreisen"

Swora, Peggy-Heidemarie: „Wellness in den USA und Ausblicke für Deutschland"

2004:

Berger, Alexandra: „Freizeit und Naherholung am Baggersee - Freizeittouristisches Nutzungspotential unter dem Aspekt der Probleme von Nutzungskonflikten und ökologischen Belastungen"

Hopfstock, Andrea: Familien - Ferienziel Costa Dorada. Veränderungen, insbesondere der Wohn- und Freizeitarchitektur, der traditionellen Küstenbadeorte Salou, Cambrils, La Pineda durch den touristischen Modellplan „Plan de Excelencia turistica"

Lucas, Katrin: „Ökotourismusstrategien und deren Umsetzung im „Fiordland National Park" (Neuseeland)"

Friedrich, Jens: „Gästeführungen in und um Blankenburg/Harz. Eine Bestandsaufnahme und Vorschläge für zukünftige Angebotsmöglichkeiten"

Lehr, Silke: „Chancen und Risiken von Event - Marketing"

Fischer, Christina: „Informationsbedürfnisse Reisender mit Behinderungen als Grundlage für die Bestimmung inhaltlicher Anforderungen an das computergestützte, touristische Informationssystem der Berlin Tourismus Marketing GmbH"

Marklowski, Nicole: „Wellnesstourismus als Neuorientierung für die traditionellen Heilbäder und Kurorte"

Müller, Ivonne: „Wellnesstourismus - Qualitätsansätze in der deutschen Wellnesshotellerie"

Wagener, Sandra: „Die Kombination von Umwelt- und Sportsponsoring bei Großsportveranstaltungen als privatwirtschaftlicher Beitrag zur Überwindung des Sport- Umwelt- Konflikts - Betrachtung am Beispiel der Daimler Chrysler AG-"

Schneider, Katja: „Die Bedeutung einer Corporate Identity für Klein- und Mittelbetriebe"

Gunkel, Christiane: „Qualitätsmanagement im Kurort - Möglichkeiten und Grenzen bei der Einführung eines Qualitätsmanagementsystems"

Erdmann, Anja Ulla: „Sozio - kulturelle und ökologische Einflüsse von Kreuzfahrten in Grönland"

Trautmann, Anke: „Informationserweiterung durch die Etablierung eines touristischen Wegweisungssystems in Städten am Beispiel der Kleinstadt Schöningen in Niedersachsen"

Sowie weitere, beim Buchdruck noch nicht abgeschlossene Diplomarbeiten des Jahres 2004.

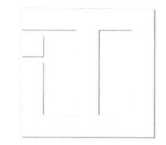

ITD-VERLAG

Linne, M.: ITD-Marketing-Studie 2002 - Die Bedeutung des Marketing im Deutschland – Tourismus, Hamburg 2003.
ISBN 3-9808845-0-3

Linne, M.: ITD-Marketing-Studie 2003 - Qualität touristischer Anzeigenwerbung zur Ansprache
der Zielgruppe "Junge Familien", Hamburg 2003.
ISBN 3-9808845-1-1

Dreyer, A./ Linne, M.: Servicequalität in Destinationen und Tourismus-Informationsstellen,
3. überarbeitete und aktualisierte Auflage, Hamburg 2004.
ISBN 3-9808845-4-6

Linne, M.: ITD-Marketing-Studie 2004 – Tourismus für ältere Reisende – Eine Bewertung von Urteilen und Vorurteilen, Hamburg 2004.
ISBN 3-9808845-3-8

Linne, M.: ITD- Studie: Familientourismus in Deutschland – Urlaub für junge Familien
Eine empirische Untersuchung mit Benchmarks, Hamburg 2004.
ISBN 3-9808845-2-x

international

praxisorientiert

regional

HOCHSCHULE
harz
Hochschule für angewandte
Wissenschaften (FH)
Wernigerode
Halberstadt

www.hs-harz.de

**Fachbereich
Automatisierung und
Informatik**

- Automatisierungs- und
  Antriebstechnik
- Ingenieurinformatik
- International Bachelor of Applied
  Automation & Business
  Administration (B.Eng.)
- Kommunikationsinformatik
- Kommunikationstechnik
- Master of Science in Informatik/
  Mobile Systeme (M.Sc.)
- Medieninformatik (B.Sc.)
- Wirtschaftsinformatik (B.Sc.)
- Wirtschaftsingenieurwesen

**Fachbereich
Verwaltungswissenschaften**

- Europäisches Verwaltungsmanagement
- Öffentliche Verwaltung
- Bachelor Public Management
  (E-Government)
- Verwaltungsökonomie/Öffentliches
  Dienstleistungsmanagement

**Fachbereich
Wirtschaftswissenschaften**

- Betriebswirtschaftslehre (B.A.)
- BWL/Dienstleistungsmanagement (B.A.)
- Tourismusmanagement (B.A.)
- Wirtschaftspsychologie (B.Sc.)

Dual Degree Programme
WS 04/05: engl., franz.
WS 05/06: engl., franz., russ., span.
- International Business Studies (B.A.)
- International Tourism Studies (B.A.)

Weitere Auskünfte erteilen die Studienberatungen
in Wernigerode, Tel. 0 39 43 - 659 127 und Halberstadt, Tel. 0 39 43 - 659 128